크루즈 경영론

권성길 · 김성용 공저

Cruise Management

기문사
www.kimoonsa.co.kr

머리말

최근 소득 및 여가시간의 증대, 글로벌화 등으로 인하여 국제관광이 활발해지면서 관광산업은 가장 빠르게 성장하고 있는 산업 중 하나가 되었다. 또한, 관광산업은 향후에도 가장 전망이 밝은 산업 중 하나라고 할 수 있는데, 여러 관광산업 중 크루즈산업은 향후 가장 전망이 밝은 산업이라고 할 수 있다.

크루즈(cruise)는 일반적으로 왕복여행의 항해로서, 일반적으로 승객들을 출발항구로 되돌려 보내는 형태이나 특정구간을 설정하여 편도의 선박여행을 하기도 한다. 따라서 크루즈는 단순한 운송이라기보다는 위락을 위한 선박여행으로서 숙박, 음식, 위락시설 등 관광객을 위한 각종시설의 구비와 높은 수준의 서비스를 제공하면서 순수관광유람을 목적으로 수려한 관광지를 안전하게 순항하는 선박여행이라고 규정할 수 있다.

여객선은 여객의 수송을 주목적으로 하며, 카페리는 수송목적으로 단시간에 주요 항구간을 운항하는 것이 특징이라고 할 수 있다. 쾌속선은 소규모의 고속 수송을 특징으로 하고 있다는 점에서 위락 추구 여행개념의 크루즈와는 근본적인 차이가 있다고 할 수 있다.

특히, 아시아지역의 크루즈산업은 상대적으로 북미, 유럽 국가들에 비해서 상당히 미비한 상황이라고 할 수 있으며, 국내 크루즈 시장은 규모가 2011년 기준, 약 16만명에서 2020년에는 약 28만명으로 연평균 약 6% 정도 증가할 것으로 전망되고 있다. 국토해양부의 연구결과에 따르면 우리나라의 크루즈시장은 북미지역과 비교하면 아직은 활성화되지 못한 측면이 있지만 소득 및 여가시간의 증가 등에 따른 크루즈 수요의 증가가 예상되고 크루즈 산업이 고부가가치 신성장동력으로 주목받고 있다고 할 수 있다.

이렇게, 크루즈산업 분야는 상대적으로 다른 관광산업과 비교하여 향후 잠재력이 높은 산업이라고 할 수 있기 때문에 이 분야에 관한 체계적인 분석과 연구가 필요하며, 미래에 크루즈산업에 종사할 학생들에게도 크루즈산업 전반에 관한 이해가 도움이 될 것이라고 생각된다.

2013년 1월

저자 일동

차 례

제1장 | 경영의 이해

제2장 | 관광과 크루즈경영

제7장 | 크루즈경영과 서비스 품질

제8장 | 크루즈경영과 인적자원관리

제9장 | 크루즈 마케팅

제1장

경영의 이해

제1장

경영의 이해

크루즈, 호텔업, 여행업 등을 포함한 관광사업은 향후 가장 전망이 밝은 산업 중 하나이며 특히 우리나라는 해마다 관광객이 증가하고, 글로벌화로 인하여 관광사업은 더욱 발전될 것으로 예측되고 있다. 또한, 중국관광객의 증가 등으로 인하여 우리나라의 관광수입의 증가 등 경제적인 효과가 기대되기 때문에 관광사업은 더욱 발전할 것으로 예측된다.

이러한 환경하에서 크루즈(cruise) 경영을 이해하기 위해서는 크루즈사업의 실무적인 측면과 더불어 기업과 경영(management), 경영자(manager) 등에 대한 이해가 선행되어야 한다.

이렇게 기업, 경영, 경영자 등에 관한 기초적인 부분은 어떠한 사업을 경영하던지 간에 공통적으로 적용되기 때문에 본 장에서는 경영, 경영자, 기업 등에 관한 기초적인 부분을 살펴보고자 한다.

특히, 크루즈산업의 경우는 비교적 규모가 대규모인 선사의 운영, 선상에서 서비스를 제공하는 인적자원들에 대한 관리 등 다른 산업에 비해서 상대적으로 특수성이 많은 사업이기 때문에 위에서 언급한대로 management에 대한 이해가 더욱 더 필요하다고 할 수 있다.

1. 경영(management)

크루즈산업은 다른 산업과 비교해서 여러 가지 특수성을 가지고 있는 산업인데 먼저, 크루즈경영에서 경영의 의미를 살펴보면 다음과 같다.

어떠한 기업을 운영한다, 관리한다, 경영한다는 의미를 내포하고 있는 Management의 어원을 살펴보면 여러 가지 내용들이 있는데 프랑스어 lemain(손), 이탈리아어 mannegiaire(정돈하다), man-age-ment 등 다양하다. 아무튼 경영(management)이란 조직내의 나누어진 일과 인적자원들, 그리고 그들이 사용하는 도구 및 원료 등 모든 자원들을 잘 배치하고 연결하여 조직의 공동목표를 최대한 달성하게 하는 복잡한 활동이라고 할 수 있다.

기업을 예로 들면, 기업을 운영하기 위해서는 기술, 자본, 설비, 정보 등 수많은 자원들이 투입되고 서로 상호작용을 통해서 어떠한 제품이나 서비스가 생산되어 고객들에게 공급된다. 이 때 경영이란 이들 자원을 어떻게 연결시킬것인가에 대한 계획을 세우고(planning), 계획한대로 조직을 짜서(organizing), 그대로 실행되도록 진두지휘하고(directing) 서로 협조가 잘되도록 조정과 연결을 잘하며(coordinating) 마지막에는 계획대로 잘되었는지 조사, 감독(controlling)하는 것이다. 이를 간략하게 줄여서 계획(plan)-실행(do)-통제(see)의 과정이 바로 경영이라고 할 수 있으며 이러한 일을 하는 사람을 바로 경영자(manager)라고 한다(임창희, 2002, p.10).

영리조직(profit organization)은 이윤(profit)을 극대화하기 위하여 또한, 비영리조직(non profit organization)은 공공 고객에게 최대한의 편익을 제공하기 위하여 조직의 활동이 원활하게 운영되어야 하는데 이렇게 비즈니스를 효율적으로 운영하는 것이 경영(management)에 있어서 중요한 점이라고 할 수 있다.

이렇게 조직을 효율적으로 운영하기 위해서 경영자들은 경영마인드(business mind)를 갖는 것이 필요한데 경영마인드란 경영자가 조직의 목표를 달성하기 위해서 자원을 가장 효율적으로 활용하고 최대의 효과를 얻으려고 생각하며 노력하는 자세라고 할 수 있다.

또한, 크루즈산업은 선사의 management 뿐만 아니라 선상에서도 여러 다양한 management level에서 management를 이해하는 것이 중요한 부분이라고 할 수 있다.

1) 경영의 기능(management functions)

20세기초에 프랑스의 Fayol은 모든 경영자들은 plan(계획), organize(조직구성), command(지휘), coordinate(조정), control(감독) 등 다섯 가지의 기능을 수행한다고 하였다. 그 이후에 일반적으로 여러 학자들이 planning, organizing, staffing, directing, controlling 등을 경영의 기능으로 받아들이게 되었다. 본서에서는 경영의 기능을 planning(계획), organizing(조직구성), leading(지휘), controlling(감독) 등으로 나누어 보았다.

(1) planning

경영에서 planning의 기능은 조직의 목표를 설정(defining goals)하고, 목표를 달성하기 위해서 전체적인 전략을 수립(establishing overall strategy)하고, 종합적으로 단계별 계획들을 조정하고 통합하는 활동 등을 발전시키는 것(developing a comprehensive hierarchy of plans to integrate and coordinate activities)을 포함한다.

(2) organizing

모든 경영자들은 조직구조(organization structure)의 디자인에 대한 책임을 갖고 있는데 이러한 기능을 우리는 organizing(조직구성)이라고 한다. organizing의 기능에는 어떤 업무를 수행할 것인가(what tasks are to be done), 누가 수행할 것인가(who is to do them), 업무를 어떻게 분류할 것인가(how the tasks are to be grouped), 조직구성원들 중 누가 누구에게 보고할 것인가(who reports to whom), 누가 의사결정을 할 것인가(where decisions are to be made) 등을 결정하는 기능을 포함한다.

(3) leading

모든 조직들은 두 사람 이상의 인적자원들로 구성되어 있기 때문에 모든 경영자들은 이러한 조직구성원들에게 업무를 지시(direct)하면서 조직구성원들의 업무를 조정(coordinate)해야 한다. 이러한 기능이 leading(지휘)의 기능이라고 할 수 있다. 4가지 세부적인 leading의 기능들로는 경영자가 하급자들의 동기부여(motivation)를 시키고, 다른 사람들의 활동을 지시하고, 조직구성원들끼리 가장 효과적인 커뮤니케이션 경로를 선택하고, 조직구성원들끼리의 갈등을 해소(resolve conflicts)하는 기능 등이 leading의 기능에 포함된다고 할 수 있다.

특히 최근에는 리더십에 대한 중요성이 증대하면서 경영의 기능 중 leading과 관련된 부분이 더욱 중요한 부분이되었으며 여행사를 경영하는데 있어서도 경영자의 리더십과 관련된 부분은 사업의 성과에 많은 영향을 미친다고 할 수 있다.

(4) controlling

경영의 마지막 기능으로 controlling(감독)이 있는데 controlling은 위에서 언급된대로 목표가 설정되고, 계획이 수립된 후 조직구성을 위해 인적자원들을 채용해서 훈련시키고 동기를 부여시킨 후 다른 기능(functions)들이 제대로 작동됐는지 조직의 성과(performance)를 점검(monitoring)하는 기능을 의미한다.

2) 경영의 구성요소

재화와 서비스를 산출하기 위해서는 여러 가지 자원이 필요한데, 산업사회 초기에는 경영활동이 이루어지기 위해서 토지나 기계와 같은 물적자원, 인적자원, 자본 등이 필요한 요소들이었지만 현대사회의 복잡한 경영환경하에서는 인적자원, 물적자원, 자본과 더불어 여러 가지 정보(information)와 전략(strategy)이 필요하게 되었다.

(1) 인적자원

최근, 어떠한 조직을 경영하는데 있어서 인적자원(human resources)의 중요성은 과거에 비해서 점점 더 커져가고 있다. 특히, 호텔업. 여행업. 크루즈 산업 등과 같은 서비스산업은 인적자원에 대한 의존도가 높기 때문에 인적자원 요소가 더욱 중요하다고 할 수 있다.

크루즈산업은 산업의 특성상 장기적으로 선상에서 근무하는 인적자원들을 통제하고 관리해야하므로 경영의 구성 요소중 인적자원에 대한 부분은 다른 산업에 비해서 상대적으로 높은 편이라고 할 수 있다.

(2) 물적자원

물적자원(physical resources)이란 기업이 제품이나 서비스를 생산하는데 직접적으로 사용되는 유형의 자원을 의미한다. 크루즈 산업의 경우 물적자원은 선박, 기항지 등과 같은 부대시설이 물적자원의 예라고 할 수 있다.

하루가 다르게 경영환경이 급변하고 있는 최근에는 예전에 비해 부동산, 원재료, 생산설비 등과 같은 물적자원의 비중이 상대적으로 감소하고 있는 상황이라고 할 수 있으며, 특히, 인터넷을 중심으로 한 디지털경제에는 더욱 이러한 현상이 심화될 것으로 예측된다.

크루즈산업의 경우 인적자원들이 고객에게 제공하는 서비스뿐만 아니라 선박을 이용하여 서비스를 제공하기 때문에 선박과 더불어 부대시설과 관련된 물적자원도 매우 중요한 부분 중 하나라고 할 수 있다.

(3) 자본

자본이란 기업을 창업하고 운용하는데 필요한 재무적인 자원(financial resources)을 의미하는 것으로 창업자가 자체적으로 조달할 수도 있으며, 주식이나 채권을 발행하여 투자자들에게 제공받을 수도 있고 금융기관 등을 통해서 마련할 수도 있다.

크루즈산업의 경우는 초기투자비용이 높은 산업이기 때문에 자본에 대한 중요성은 다른 산업에 비해서 더욱 크다고 할 수 있으며, 그렇기 때문에 새롭게 시장에 진입하는 시장진입장벽(market entry barriers)도 높은 산업 중 하나라고 할 수 있다.

(4) 정보

요즘 기업의 경쟁력은 정보력이 좌우한다고 해도 과언이 아닐 정도로 현대사회에 있어서 기업을 경영하는데 가장 중요한 요소 중 하나가 정보(infomation)라고 할 수 있다.

특히, 여행업의 경우 온라인여행업에서의 경쟁이 치열하고 관련정보도 빠르게 변화하기 때문에 여행사를 운영하는데 있어서 정보는 가장 중요한 부분 중 하나라고 할 수 있다.

최근에는 인터넷의 일반화뿐만 아니라 시간과 공간을 초월한 스마트폰을 이용한 정보검색이 가능해졌기 때문에 많은 여행사들이 오프라인 여행업뿐만 아니라 온라인 여행업에 대한 사업의 비중과 몰입도를 증가시키고 있는 추세라고 할 수 있다.

정보와 관련된 기본적인 개념을 살펴보면, 정보란 정보이용자에게 가치를 줄 수 있는 유형과 무형의 모든 내용이라고 할 수 있는데 자료(data)는 정보의 원천이며 정보는 이러한 여러 자료를 처리하여 얻어지게 된다.

자료와 정보는 자주 상호교환적으로 사용되는데 자료는 정보를 제공하는 원자재(raw material)에 해당되며 정보는 특정한 의사결정의 상황에서 가치를 갖는 점에 차이가 있다고 할 수 있다.

정보는 공식적 정보(formal information)와 비공식적 정보(informal information)로 분류할 수 있는데 일반적으로 공식적인 정보가 비공식적인 정보보다 많지만 현실적으로 많은 경영자들은 비공식적인 정보들을 더 유용하게 사용하고 있는 것으로 여러 연구결과들이 나타내고 있다.

(5) 경영전략

위에서 언급된 정보와 더불어 최근 여행사를 포함한 모든 기업들에 있어서 경영전략에 대한 중요성이 매우 커지고 있으며, 기업이 구사하는 전략에 따라서 기업의 성과가 달라질 뿐만 아니라 기업의 존립여부에 큰 영향을 미치기 때문에 경영전략은 매우 중요한 부분이라고 할 수 있다.

경영전략(business strategy)이란 희소한 경영자원을 배분하여 기업에게 경쟁우위를 창출하고 유지시켜 줄 수 있는 주요한 의사결정을 의미한다. 대부분의 기업들은 희소한 자금이나 인력 등을 배분해야 하는 의사결정이 필요한데, 일반적으로 다른 기업들과의 경쟁상황하에서 어떻게 하면 자사에게 경쟁우위를 가져다 줄 수 있는가를 체계적으로 분석해주는 구체적인 사고 방법이라고 할 수 있다. 무한경쟁으로 치닫고 있는 현대의 경영환경하에 경영전략에 대한 비중은 점점 더 커져가고 있다.

크루즈산업도 산업의 특성상 글로벌 대기업들끼리 경쟁이 치열한 환경하에서 크루즈기업들끼리의 전략적 제휴(strategic alliances)와 인수합병(merger and acquisitions)이 활발한 편이기 때문에 경영전략의 중요성은 매우 크다고 할 수 있다.

(6) 기업가 정신(entrepreneurship)

위험을 감수하더라도 기업을 운영하려는 사람이 없다면 아마 새로운 기업이 만들어지는 것이 불가능할지도 모른다. 따라서 기업을 설립하고 더 많은 이익을 내보겠다는 기업가 정신을 경영자들이 가지고 기업의 다른 조직구성원들에게도 이러한 기업가 정신을 심어주는 것이 필요하다고 할 수 있다.

2. 경영자(manager)

일반적으로 경영자(manager)라는 말은 넓은 의미로는 기업내에서 종업원들을 감독하는 관리자로부터 가장 중요한 의사결정을 담당하는 최고경영자에 이르는 집단을 총칭하지만 좁은 의미로는 최고경영자(CEO : Chief Executive Officer)를 의미한다고 할 수 있다.

1) 경영자는 누구인가?(Who is manager?)

경영자를 이해하기 위해서는 먼저 조직(organization)에 대한 이해가 필요하다. 조직이란 두 사람 이상이 서로 연결되어 상호작용을 하면서 공동의 목표를 달성해 나가는 모임을 말한다. 조직내에서는 분업(division of labor), 통합(coordination), 권한체계(hierarchy of authority), 공동목표(common goal) 등과 같은 요소들이 존재한다. 간단하게 정의하면, 경영자(manager)란 이러한 조직 안에서 다른 조직구성원들의 행동을 지시하는 사람이라고 할 수 있다(Managers are individuals in an organization who direct the activities of others).

2) 경영자의 유형

(1) 소유경영자

산업화 초기에는 기업의 규모가 그리 크지 않고 전문적인 경영능력도 별로 요구되지 않아 출자자인 소유주가 직접 경영권을 가지고 경영기능을 수행할 수 있었다. 이와 같은 경우 소유주가 경영자를 겸하는 것이 가능하므로 출자자와 경영자가 분리될 필요가 없는데 이러한 경영자를 소유경영자(owner manager)라고 한다.

(2) 고용경영자

고용경영자(salaried manager)란 소유경영자 에게 고용되어 일부의 기능 혹은 대부분의 기능을 위탁받아 소유경영자에게 도움을 주는 형태의 경영자를 의미한다. 실질적으로는 소유경영자와 고용경영자의 차이가 별로 없다고 할 수 있다.

(3) 전문경영자

전문경영자란 전문적인 경영능력과 지식을 겸비하고 의사결정권한을 소유하여 실질적으로 조직을 운영해 나가는 경영자를 의미한다. 이렇게 전문경영자가 출현한 배경으로는 경영규모의 대규모화와 함께 급변하는 경영환경에 대한 대처, 복잡화된 관리체계, 다양화된 생산요소의 효율적 결합 등을 들 수 있다.

3) 경영자의 역할(What do managers do?)

민츠버그(Mintzberg)는 경영자들이 어떻게 시간을 사용하며, 어떠한 업무를 하느냐를 실증적인 관찰자료에 근거하여 설명하였다. Mintzberg는 경영자의 역할을 크게 대인적 역할, 정보적 역할, 의사결정적 역할의 3가지로 분류하였다.

(1) 대인적 역할

경영자의 역할 중 대인적 역할이란 경영자가 기업을 지속적으로 원만하게 운영하기 위해 도움을 주는 역할을 말한다. 대인적 역할은 다시 3가지로 분류할 수 있는데 첫째, 기업의 외형적 대표자로서의 역할, 둘째, 종업원을 채용 · 훈련 · 동기를 유발시키는 리더로서의 역할, 셋째, 연락자로서의 역할 등이 있다. 연락자로서의 역할이란 기업내의 조직구성원들은 물론 기업밖의 공급자나 고객 등과 같은 여러 이해집단들과의 접촉을 함에 있어 연락자로서의 역할을 의미한다.

(2) 정보적 역할

경영자의 역할 중 정보적 역할이란 경영자가 정보를 수집하고 전달하는 역할을 의미하는 것으로 정보적 역할은 세 가지로 분류할 수 있는데, 첫째는 모니터로서의 역할인데 이는 경영자가 정보를 꾸준하게 탐색함을 의미한다. 둘째는 전파자로서의 역할인데 이는 부하들이 필요한 중요한 정보를 전달해주는 역할을 의미한다. 마지막으로 대변인으로서의 역할이 있는데 이는 경영자가 수집한 정보의 일부를 기업 내부나 외부인들에게 전달해주는 역할을 말한다.

(3) 의사결정적 역할

경영자의 역할 중 의사결정적 역할이란 수집된 정보를 바탕으로 여러 가지 경영과 관련된 문제들을 해결하는 역할을 의미한다. 의사결정적 역할은 기업가로서의 역할, 분쟁해결자로서의 역할, 자원배분자로서의 역할, 협상가로서의 역할 등으로 분류할 수 있다.

첫째, 기업가로서의 역할은 경영자가 기업의 성장과 발전을 위해 노력하는 것을 의미한다. 둘째, 분쟁해결자로서의 역할이란 노사문제와 같은 기업내부적인 상황이나 기업과 고객간의 법률적인 갈등 기업외부적인 분쟁상황이 발생됐을 때, 적극적으로 해결방안을 모색하는 역할을 의미한다. 셋째, 자원배분자로서의 역할이란 기업의 성과를 극대화시키기 위해 기업의 경영자원을 어떻게 배분할 것인가를 결정하는 역할을 말한다. 마지막으로 협상가로서의 역할이란 기업이 공급업자와 계약을 체결할 때 등과 같이 거래에 있어서 협상을 하는 역할을 말한다.

Mintzberg의 경영자의 역할과 관련된 내용은 아래와 같다.

[표 1-1] Mintzberg's Managerial Roles

Role	Description	Identifiable Activities
Interpersonal		
Figurehead	Symbolic head ; obliged to perform a number of routine duties of a legal or social nature	Greeeting visitors; signing legal documents
Leader	Responsible for the motivation and activation of subordinates; responsible for staffing, training and associated duties	Performing virtually all activities that involve subordinates
Liaison	Maintains self-developed network of outside contacts and informers who provide favors and information	Acknowledging mail; doing external board work; performing other activities that involve outsiders

4) 경영층

경영활동의 내용이 많아지고 복잡해지면 한 사람의 경영자로서는 기업을 효율적으로 운영해 나가는 것이 어려워지게 된다. 따라서 여러 사람의 경영자가 서로 다른 경영기능을 나누어서 맡을 수 밖에 없게 되는데 이러한 집단을 경영층이라고 한다. 일반적으로 경영층은 최고경영층, 중간경영층, 일선경영층 등으로 나누어 볼 수 있다(임창희, 2002, p17).

(1) 최고경영층

조직의 전반적 경영을 책임지는 위치에서 조직의 외부환경과 상호작용하는 업무를 주로 맡으며, 회장을 비롯하여 사장이나 대표이사, 전무, 상무, 이사 등의 중역이 최고경영층에 해당한다.

(2) 중간경영층

최고경영층에서 결정한 방침과 계획을 일선 경영층에게 전달하고 지휘하며 중간에서 상하 경영층의 요구사항을 조율해 주는 역할을 한다. 팀장, 부장, 과장 등의 직급으로서 경영자율화에 따라 점차 중요성이 더해가고 있다.

(3) 일선경영층

자기가 맡은 실무 담당자의 과업을 감독하고 조언, 조정해준다. 감독자, 반장, 대리 등의 직급으로서 다른 경영자의 활동은 감독하지 않는다.

3. 기업

1) 기업의 유형

(1) 개인기업

개인기업(sole proprietorship)이란 한 사람이 단독으로 출자하고 지배하여 경영상의 모든 위험과 손실을 부담하는 대신 이윤도 한 사람이 모두 챙기는 형태의 기업을 말한다.

(2) 공동기업

공동기업(partnership)이란 두 사람 이상이 공동적으로 영리를 목적으로 만든 기업을 의미하는데 소수공동기업과 다수공동기업으로 분류할 수 있다.

먼저, 소수공동기업을 살펴보면, 기업의 유형은 여러 가지 관점에 따라 다양하게 나눌 수 있는데 법적으로 분류해보면 합명회사란 출자와 경영을 2인 이상이 공동으로 하고 회사 부채에 대해서 무한책임을 지는 형태이며 합자회사는 일부만 책임을 지는 유한책임자와 무한책임자가 공동을 설립한 회사이다. 유한회사란 모두가 유한책임 사원으로 출자만 하고 경영은 제3자가 하되 지분의 증권화나 타인에의 양도가 자유롭지 못한 것이 주식회사와의 차이점이라고 할 수 있다.

가. 합명회사

합명회사(unlimited partnership)는 2인 이상의 사원이 공동으로 출자하여 각 사원이 회사의 채무에 대하여 연대하여 무한책임을 지는 회사를 말한다. 따라서 각 사원은 출자와 동시에 원칙적으로 사원 전부가 경영을 담당하게 된다. 출자는 현금이나 현물 등의 재산 뿐만 아니라 노무도 출자할 수 있으나 각 사원의 지분은 다른 사원의 승인을 얻지 않고서는 그것의 전부 또는 일부를 자유로이 다른 사람에게 양도할 수 없다.

나. 합자회사

합자회사(limited partnership)란 무한책임사원과 유한책임사원의 두 종류로 구성되는 이원적인 회사로서 무한책인사원은 출자를 함과 동시에 경영을 담당하며, 유한책임사원은 출자만 하고 경영의 관리에는 참여하지 않는다. 출자에 있어서 무한책임사원은 합명회사의 사원과 마찬가지로 금전, 기타의 재산 뿐만 아니라 노무도 출자할 수 있으나, 유한책임사원은 금전과 현물에 한하여 출자할 수 있다.

다. 유한회사

유한회사(private company)는 사원전원이 그들의 출자액을 한도로 하여 기업채무를 변제한다는 유한책임을 부담하는 사원으로 조직되는 회사이다. 유한

회사의 전 사원이 유한책임을 진다는 점은 주식회사의 경우와 같고, 전술한 합명회사 또는 합자회사와는 사원구성에 있어서 상이하다. 유한회사는 비교적 소수의 사원과 소수의 자본으로 운영되므로 중소규모의 기업경영에 주로 이용된다. 다수공동기업의 유형으로는 주식회사(corporation)가 있다.

(3) 주식회사

기업활동이 점점 확대되면서 더 많은 자본이 필요하게 되어 한 두 명이 가진 자본으로 충당하기는 어렵게 되었다. 이때 기업의 신용을 담보로 하고 기업이 책임을 지는 기업명의의 증서(증권 혹은 주식)를 발행하여 수 많은 사람들에게 나누어주고 자본을 모아서 설립된 기업이 주식회사이다. 특히, 산업혁명 이후 대량생산체제로 진입하면서 초대형기업의 필요성 때문에 거의 대부분의 기업들이 주식회사 형태를 취하게 되었다. 주식회사는 다음과 같은 특징을 가진다(임창희 2002, pp. 71~72).

가. 유한책임제도

주식을 산 출자자(사실상의 소유자)들은 자신이 출자한 지분에 대해서만 유한책임을 지기 때문에 많은 사람들이 안심하고 자본을 투자할 수 있게 된다. 무한책임이라면 어느 누구도 선뜻 자본을 출자하려 하지 않을 것이기 때문이다.

나. 주식제도

출자의 단위가 되는 주신의 단위당 금액을 소액(5천 원, 만 원 등)으로 균등화하였기 때문에 적은 자금밖에 없는 소위 소액주주들도 참여할 수 있으며 또한 주식의 매매나 양도가 자유롭다. 그러므로 더 많은 사람들에게 출자를 유도할 수 있어서 주식회사로 자본이 집중되어 거대자본으로 회사를 운영할 수 있는 장점이 있다.

다. 소유와 경영의 분리

주주들은 출자분만큼 회사에 대해 권한을 갖지만 참여자본가의 수가 매우 크기 때문에 일부 주주들이 경영에 대한 결정권을 가지기 어렵다. 따라서 경영은 전문경영인에게 위탁한 셈이 되고 출자자는 배당이나 받으면 되기 때문에 경영능력이 없는 자본가들도 안심하고 투자를 할 수 있다. 그들은 또한 자신들보다 훨씬 경영능력이 뛰어난 전문경영자에게 회사운영을 맡길 수 있다는 장점도 있다.

2) 공기업

공기업(public company)은 영리를 목적으로 운영되는 사기업과는 여러 가지 측면에서 차이가 있는데 공기업의 특성을 정리해보면 다음과 같다.

- 공기업은 국가 또는 지방자치단체가 출자해서 설립한 기업이므로 공공성이 있다.
- 공기업은 공익성이 있다.
- 공기업은 설립시 출자액을 기초로 운영에 필요한 비용은 예산 회계제도에 따라 지출되고, 회계감사를 받을 의무가 있으므로 통제성이 있다

3) 대기업과 중소기업

대기업과 중소기업을 분류할 때 기준이 될 수 있는 요소들로는 자본금, 종업원 수, 매출액 등이 있다. 하지만, 이러한 기준에서 어떤 것을 기준으로 삼을 것이냐의 문제가 발생할 수 있으며, 기준이 정해졌다 하더라도 예를 들어 종업원 수가 과연 몇 명을 대기업, 중기업, 소기업으로 분류할 것인가의 문제가 발생하게 된다.

이렇게, 대기업과 중소기업으로 분류하는 것은 각 국가별로 정치 · 경제 · 사회적인 여건에 따라 정의가 달라질 수 있지만, 일반적으로 중소기업이라 하면

상대적으로 대기업에 비해 그 규모가 작은 기업을 말한다. 우리나라의 경우는 주로 외형적인 기준으로 분류하는데 제조업의 경우 상시종업원수가 50인 이하이면 소기업, 300인 이하까지는 중기업이라 부르며 서비스업인 경우는 10인에서 20인까지가 중기업이 된다.

4) 관광기업의 이해

관광기업을 이해하기 위해서는 관광사업에 대한 이해가 먼저 필요하다고 할 수 있다. 여러 학자들이 관광사업에 대해서 다양한 정의를 내렸지만 일반적으로 관광사업이란 관광시설을 갖추고, 관광자의 이동을 가능하게 하고, 관광정보를 제공하고 관광지를 알리는 것 등과 같이 관광과 관련된 모든 활동이라고 할 수 있다.

관광사업과 관광산업이라는 용어는 서로 유사한 용어로 동시에 사용되고 있으며 우리나라의 관광진흥법상에서는 관광사업이라는 용어를 사용하고 있다. 우리나라의 관광진흥법상에서는 관광사업을 관광객을 위하여 운송 · 숙박 · 음식 · 운동 · 오락 · 휴양 또는 용역을 제공하거나 기타 관광에 부수되는 시설을 갖추어 이를 이용하는 업이라고 정의하고 있다. 위에서 언급된 바와 같이 관광기업이란 관광사업을 운영하는 기업이라고 간략하게 정의할 수 있다. 우리가 일반적으로 알고 있는 관광기업들로서 대표적인 것들은 호텔, 여행사, 카지노, 항공사, 크루즈사업 등이 있다.

최근에는 우리나라의 관광기업들이 해외로 사업의 범위를 활발하게 넓혀 나가고 있는 경향을 보이고 있다. 또한, 크루즈사업의 경우는 다른 관광사업들과 비교하여 아직은 일반화되지 못한 측면이 있지만 소득의 증대, 여가시간의 증대, 글로벌화 등으로 인하여 앞으로 가장 빠르게 성장할 수 있는 관광사업 중 하나라고 할 수 있다.

4. 관리이론의 발전단계

1) 고전적 관리이론

(1) 과학적관리법

과학적 관리법(scientific management)이란 종업원의 능률을 향상시키기 위하여 작업과 작업장의 합리적이고 과학적인 연구에 초점을 맞추는 관리 관점을 말한다. 특히, 테일러(Taylor)는 생산능률을 향상시키기 위한 명확한 지침을 정의하였으며, 이러한 지침은 노동자와 사용자 모두에게 도움이 된다고 주장하였다.

테일러의 4가지 관리원칙

1. 개별작업의 각 요소에 과학적인 방법을 사용함으로써 이전의 주먹구구식 방식(rule-of thumb)을 대신한다.
2. 근로자를 과학적으로 선발한 다음 교육훈련 및 개발을 한다(이전에 근로자들은 자신의 일을 선택한 뒤 최상의 수준을 발휘하도록 스스로 교육을 받았다).
3. 모든 작업이 개발되어온 과학의 원칙과 일치하여 이루어지도록 확신시키기 위하여 근로자들과 마음으로부터 협력한다.
4. 노사 사이에 작업과 책임을 거의 동일하게 나눈다(이전에는 거의 모든 작업과 책임의 대부분이 근로자에게 치중되어 있었다).

(2) 관리일반이론

파욜(Fayol)은 관리를 여러 가지 과업을 수행하는 과정으로 정의하였으며 이러한 과정은 모든 형태의 조직에 적용되는 보편적 원칙이라고 주장하였다. 이러한 보편주의는 조직적, 관리적, 업무적 수준에서 관찰되는데, 조직적 수준에서 하나의 기업은 기술적활동, 영업적 활동, 재무적 활동, 보전적 활동, 회계적 활동, 관리적 활동을 수행하게 된다.

파욜(Fayol)은 관리자가 관리적 수준에서 다음과 같은 다섯 가지 기능을 수행해야 한다고 하였다.

가. 계획

기업경영의 미래에 대한 검토와 조직목표 달성을 위한 행동계획을 수립하고 작성한다.

나. 조직

수립된 계획을 실행하기 위해 물적. 인적자원을 동원하기 위한 조직구조를 편성하고 운영한다.

다. 명령

종업원들이 필요로 하는 과업을 수행하도록 하기 위해 그들에게 지시하고 명령을 내린다.

라. 조정

종업원의 모든 활동을 오로지 조직의 전반적인 목표달성쪽으로 통일하고 조정시킨다.

마. 통제

목표가 계획대로 달성되었는지를 검토하고 평가하여 잘못된 경우를 시정하도록 한다. 또한, 파욜(Fayol)은 관리자는 업무적 수준에서 14가지 관리원칙을 적용해야 한다고 하였다.

[표 1-2] 파욜(Fayol)의 14가지 관리일반원칙

분 류	내 용
1. 분업(division of work)	분업은 주의와 노력을 기울여야 할 작업의 수를 줄임으로써, 똑같은 노력으로 더 훌륭하고 많은 생산을 하기 위해서 이루어진다.
2. 권한과 책임(authority and responsibility)	권한이란 명령을 할 수 있는 권리이며, 책임은 권한을 행사함에 EK가 수반되는 것이다.
3. 규율(discipline)	규율이란 기업과 종업원 사이의 행동에 대한 계약이며 복종관계로 조직의 순조로운 운영을 위해서는 어느 정도의 규율이 필요하다.
4. 명령의 통일(unity of command)	한 사람의 하급자는 항상 한 사람의 직속상급자로부터 명령을 받고 보고를 해야 한다.
5. 지휘의 통일(unity of direction)	한 가지 목표를 가진 개개의 활동집단은 하나의 계획과 한 사람의 상사를 가져야 한다.
6. 공익우선(subordi-nation of indivi-dual interest to general interest)	개인이나 소집단의 이익이 사회나 조직전체의 이익보다 먼저 추구되어서는 안 된다.
7. 보상(remuneration of personnel)	조직이 종업원의 충성과 지원을 얻기 위해서는 적절한 보상체제를 갖추어야 한다.
8. 집권화(centraliza-tion)	의사결정 권한이 상위 몇 사람에게 집중되어 있는 것을 말하는데 분업과 마찬가지로 조직 경영에 있어서 집권화 역시 필요하다.
9. 계층적 연결(scalar chain)	조직은 최고경영자로부터 최하급자에 이르기까지 공식적인 계층적 구조가 형성되어 명령과 보고의 소통이 이루어져야 한다.
10. 질서(order)	조직 내 제 활동이 제대로 이루어지기 위해서는 모든 인적 물적 자원이 제자리에 놓여 있어야 한다는 것으로 곧 적재적소의 원칙을 의미한다.
11. 공정성(equity)	친절과 정의의 개념을 합한 것이 공정성이므로 대인관계에서 애정과 공정한 처리를 하도록 하여야 한다.
12. 재임기간의 안정(stability of ten-ure of personnel)	빈번한 인력의 변경이나 개편은 조직경영에 비능률을 초래하므로 재임기간을 보장하여야 한다.
13. 주도력(initiative)	사업계획을 창안해서 실행하는 힘이 바로 주도력인데, 조직의 모든 계층에서 주도력이 열정적으로 집중되어야 한다.
14. 단체정신(esprit de corps)	생산성을 향상시키려면 구성원 상호 간의 단결이 중요한데, 그것은 개인들 사이의 조화로부터 나오게 된다.

자료 : Henri Fayol. Industrial Management(London: Sir Issac Pitman & Sons, 1949)pp 20~41.

(3) 관료제

관료제(bureaucracy)란 규율, 계층, 분업 및 확고한 절차에 의존하는 하나의 시스템을 가리키는 말로서 막스 베버는 관료제의 속성을 다음과 같이 구체적으로 설명하였다.

- 관료들의 비개인적인 공식적인 의무
- 명확하게 정의된 서열 체계
- 명확하게 정의된 능력
- 자유로운 계약관계
- 선거가 아닌 임명제
- 관료에게 주는 고정 봉급
- 관료의 유일하고 원초적인 직업
- 경력 체계
- 행정의 수단으로부터의 분리
- 엄격하고 체계적인 규율

가. 관료제의 순기능(Perrow의 관료제의 순기능 설명)

- 표준화된 행동과 능률 증대
- 고용의 안정성
- 공정성과 통일성 확보
- 계층을 통한 용이한 책임 수행

나. 관료제의 비판(Bennis의 관료주의 비판 내용)

- 관료주의는 개인적 성장과 성숙한 인격의 발달을 적절히 허용하지 않고 있다.
- 순종과 집단사고를 발전시킨다.
- 비공식조직과 긴급하고 돌발적인 문제를 고려하지 않고 있다.

- 적절한 사법상의 과정을 담고 있지 않다.
- 직위 간 특히 기능적 집단간의 차이와 갈등을 해소하는 적절한 수단을 마련하고 있지 않다.
- 의사소통, 특히 혁신적 생각이 계층적 불화 때문에 왜곡된다.
- 불신임과 보복의 공포 때문에 인력이 충분히 활용되지 못한다.
- 조직에 들어오는 새로운 기술이나 과학자의 유입을 쉽게 동화시킬 수 없다.
- 성격구조를 변화시켜 인간을 우둔하고 조건화된 조직인으로 만든다.

2) 행동과학이론

1930년대부터 인간적 측면을 강조하는 새로운 경영이론이 등장하게 되었는데 이러한 이론을 행동이론이라 한다. 고전적 관리이론은 근로자들을 더욱 능률적으로 이용하는 방법에 주로 관심을 두었던데 비해 행동이론은 조직에서 인간의 행위에 영향을 미치는 다양한 요인들의 중요성을 강조하고 있다.

(1) 인간관계론

생산능률에 있어 인간적 요인이 크게 작용하고 있음은 이미 여러 가지의 실증적 연구에 의해서 증명이 되었으며 인간관계관리를 위한 여러 가지 구체적인 기술도 크게 발전되어 인간관계론(human relations)은 현대산업에 있어서 가장 중요한 경영관리의 방식으로 인정받고 있다. 이러한 인간관계론의 구체적인 관리기술로는 리더십, 인사상담, 동기부여, 커뮤니케이션 등을 들 수 있다. 또한, 이러한 인간관계론이 형성되는데 많은 기여를 했던 것이 호손실험이라고 할 수 있다.

(2) 호손실험

호손실험(Hawthorne experiments)이란 미국 시카고 근교에 있는 웨스턴 전기회사(Western Electric Company)의 호손 공장을 중심으로 산업의 능률과 인간의 관계를 규명하기 위하여 이 공장의 부공장장인 Pennock이 하버드대학교의 Mayo 등과 협력하여 1924년부터 1932년까지 약 8년간에 걸쳐서 실시한 일련의 실험이다.

가. 호손실험의 개요

호손실험의 연구목적 중 하나는 조명의 강도가 종업원의 생산성에 미치는 영향을 관찰하는 것이었다. 여성 종업원들을 집단으로 나누어서 한 집단은 일정한 조명의 강도 밑에서 작업을 수행하였고 다른 집단은 조명의 강도를 체계적으로 변화시키면서 작업을 수행하였다. 하지만, 실험결과는 예상과는 달리 두 집단 모두 생산성이 증가하였다. 그 후 Western 전기회사는 Mayo를 책임자로 하는 전문가집단을 구성하여 계전기 조립실험실 실험(the relay-assembly test room experiment)을 실행하였는데, 그 내용은 휴식시간의 길이, 1일 작업시간 및 1주당 작업일수, 임금지불방법, 작업장소, 오전의 중간 간식 등과 같은 13가지의 요인이 생산성에 미치는 영향을 조사하는 것이었다. 그 결과 예상과 달리 작업환경에 어떠한 변화를 주어도 생산성은 증가하였으며, 최초의 표준적 작업환경 하에서도 생산성은 증가하였다.

배선작업실연구(bank wiring room study)라고 불리는 세 번째 연구에서는 여성대신 남성들이 연구에 참여하였는데, 각 작업자의 성과가 보상과 직결될 때 생산성이 극대화될 것이라는 가정을 검증하기 위한 것이었는데 생산성은 지속적으로 증가하지 않았다. 오히려 근로자들이 생산량을 교묘하게 제한한다는 사실이 밝혀졌는데 이러한 사실은 작업행위의 관찰과 면접에서 확인되었다. Mayo와 연구자들은 작업상황은 복잡한 사회시스템이며 집단 내의 행위를 이해하기 위해서는 근로자의 태도, 근로자간의 커뮤니케이션 등 다른 여러 요인들을 이해할 필요가 있다는 결론을 내리게 되었다. 또한, 이러한 실험들을 통해서 다음과 같은 결론을 도출해 내었는데 첫째, 계전실험에 있어서는 피실험자들이 그들이 연구대상이 되어 있다는 것을 알고 있었으며 그러한 관심을 받는 것을 즐기고 있었기 때문에 성과가 상승하였다. 둘째, 배선작업실 연구결과는 피실험자들이 높은 성과를 올리게 되면 그들의 일일 기준 작업량을 증가시키게 되고 이것은 그들 중 일부가 직장을 잃을 수도 있다는 것을 의미하기 때문에 실험참여자들은 생산량을 조절하며 일정하게 유지하였다.

나. 호손실험의 의의

호손실험의 현대적인 관점에서 보면 실험참여자들이 공장 근로자들을 대표할 수 있는지의 문제, 성과의 변화가 작업환경의 변화보다는 실험에 사용된 방으로부터 기인하지는 않았는지 등 여러 가지 문제점을 가지고 있다. 하지만 호손실험을 통해서 과학적 관리방법에서는 고려되지 않았던 여러 가지 다양한 인간행위의 복잡성과 관련된 요인들에 대한 연구가 필요하다는 점에 기여를 하였다.

(3) XY이론

호손의 연구 외에 인간관계운동과 관련된 이론으로는 McGregor의 XY이론이 있다. McGregor는 작업자들의 태도와 행위가 경영자의 행위에 어떻게 영향을 미치는가에 따라 서로 다른 두 가지의 가정을 제안하였다. 작업자들의 행위에 대해 비판적이고 부정적으로 보는 가정은 X이론(theory X)이라고 하였고, 긍정적으로 보는 가정은 Y이론(theory Y)이라고 하였다. X이론과 Y이론의 가정은 아래와 같다.

가. X이론

- 작업자는 일을 싫어하고 일을 피하려고 한다.
- 경영자들은 작업자들이 열심히 일을 하도록 감시하고 통제하고 강요하고 위협해야 한다.
- 작업자들은 지시받기를 좋아하고 책임을 회피하며 야망을 갖지 않고 다만 직업안정을 원한다.

나. Y이론

- 작업자들은 일을 싫어하지 않고 오히려 생활의 일부라고 생각한다.
- 작업자들은 목적을 달성하기 위해 자극을 받는 것을 허용한다.
- 작업자들은 목표를 달성하였을 때 받게 되는 보상수준에 맞는 목표를 달성하려 한다.
- 작업자들은 좋은 조건하에서는 책임을 맡으려 한다.
- 작업자들은 조직의 문제를 창조적으로 해결할 능력을 갖는다.
- 작업자들은 유능하지만 그들의 잠재력은 충분히 발휘하지 않는다.

3) 현대경영이론

위에서 언급된 고전적 관리이론과 행동과학이론 및 계량적 접근법 등은 서로 다른 가정과 예측을 전제로 하지만 서로 보완적인 측면도 가지고 있다고 할 수 있다. 이러한 이론들을 통합하는 새로운 이론으로서 등장한 것이 시스템이론(system theory)과 상황적합이론(contingency theory)이다(유필화 외, pp. 112~118 참조).

(1) 시스템이론

과학적 관리법은 효과적인 직무설계를 통하여 조직의 생산성을 극대화하는데 초점을 맞추었으며 인간관계론은 연구의 초점을 직무의 설계로부터 사회적 요소로 바뀌게 만들었다. 그러나 이들 이론은 인간의 행동에 영향을 미치는 요소들이 서로 상호관계하여 작용한다는 사실을 간과하였다.

시스템이론은 인간행동의 영향 요소들간의 복잡한 상호작용의 중요성을 강조하였는데, 즉, 모든 것이 다른 모든 것과 관련되어 있다는 것이다. 시스템이론은 조직을 상호 관련된 부분으로 구성되어 있고 그의 특정한 목적을 가진 통합된 시스템으로 보고 있다. 시스템 이론은 조직의 여러 하위시스템을 분리해서 취급하려는 것이 아니고 조직을 하나의 전체로서 보려는 것이다.

(2) 상황적합이론

위에서 언급된 고전적, 행동적, 계량적 접근법은 다양한 상황에서 기업을 경영함에 있어서 하나의 가장 좋은 방법을 적용하려했기 때문에 보편적 관점이라고 한다. 하지만 상황이론(contingency theory)은 각각의 조직은 유일하기 때문에 모든 조직에 일률적인 보편이론을 적용할 수는 없다고 주장한다. 즉, 어떤 상황에 가장 알맞은 경영행위는 그 상황에 유일한 요소들에 의존한다는 것인데 어떤 상황에서는 가장 효과적인 행위일지라도 모든 다른 상황에 이를 일반화할 수는 없다는 것이다. 모든 상황이 다르기 때문에 결과가 다르고 어떤 상황에서는 가장 효과적인 방법이 다른 상황에서는 전혀 다른 결과를 가져오는 것이다. 상황이론에 따르면 경영자의 임무란 특별한 상황에서, 특별한 경우에, 특정 시점에 기업의 목적을 가장 잘 달성할 수 있는 기법이 무엇인가를 찾아내는 것이다.

제1장 경영의 이해에서는 management와 관련된 기본적인 개념을 살펴보았는데 모든 기업들에게 management는 필수적인 부분이기 때문에 크루즈기업들에게도 management는 매우 중요한 부분이라고 할 수 있다.

제2장

관광과 크루즈경영

제2장

관광과 크루즈경영

1. 관광의 이해

1) 관광의 정의

관광(tourism)은 지금까지 많은 사람들에 의해 다양하게 정의되어져 왔으며, 오늘날에도 관광에 대한 정의는 다양하다. 이렇게 tourism이라고 일컬어지는 관광이 다양하게 정의되는 이유는 물론, 공통적으로 의견이 일치되는 부분도 있지만, 부분적으로 학자들마다 의견이 다르고, 시대에 따라 다양하게 발전하면서 변화해 왔기 때문이다.

위에서 언급된 관광의 정의를 종합해보면, 관광은 생활환경의 변화를 바라는 인간의 기본욕구를 충족시키기 위하여 자유시간 내에 일상권을 떠나서 다른 나라 또는 다른 지역으로 영리추구와 관계없이 일시적으로 공간을 이동하면서 그곳의 문물 · 제도 · 풍습 등을 관찰하고 풍광을 감상 · 유람함으로써 휴식 · 기분전환 · 자기계발을 통하여 정신적 · 육체적 상태를 새롭게 향상시키는 인간행동의 총체라고 할 수 있다(김광근 외, 2004: p. 32).

최근에는 글로벌화(globalization)와 빠르게 변화하는 정보통신기술의 발전 등으로 인하여 국제관광이 활발해지면서 새로운 관광에 대한 지식 및 트랜드가 형성되고 있다.

2) 관광의 효과

(1) 경제적 효과

가. 긍정적 효과

관광산업의 경제적 효과 중 긍정적인 효과를 살펴보면, 국제수지개선, 조세수입증대, 소득증대 및 고용창출 등을 들 수 있다.

먼저, 국제수지개선을 살펴보면, 일정 기간 동안 한 나라와 다른 나라 사이에 이루어진 모든 경제적 거래를 국제수지라고 하는데, 한 나라의 관광수입은 무역외수지로 국제수지에 크게 기여한다. 또한, 관광산업은 높은 외화가득률을 갖는데 외화가득률이란 수출상품의 최종판매가격과 생산에 투입된 원자재 비용과의 차이를 말하는 것으로 관광상품은 다른 일반 상품에 비해 높은 외화가득률을 갖는다.

또한, 관광산업은 조세수입을 증대시키는데, 일반적으로 조세수입은 국가나 공공단체가 공공재의 공급과 지출을 위한 재원 확보의 수단을 의미한다. 정부는 관광 산업체를 통해 조세수입을 확보할 뿐만 아니라 관광자가 구입한 상품이나 관세 등으로부터 나오는 세금은 국가재정에 도움을 주게 된다. 관광산업의 경제적 효과 중 가장 중요한 점 중 하나가 소득증대 및 고용창출이라고 할 수 있다.

관광산업은 다른 산업과 비교하여 상대적으로 고용효과가 매우 큰 산업이라고 할 수 있다. 고용효과란 관광고용 승수효과로서 관광자의 최소 한 단위 소비지출 증가가 지역 내 얼마만큼의 고용기회를 증대시켰는지를 말하며, 구체적으로 직접 · 간접 · 유발 고용효과를 의미한다.

직접고용효과는 관광객이 직접적으로 비용을 지출함에 따라 그들로부터 수입을 올리는 호텔, 여행사 등과 같은 관광사업체의 고용효과를 의미하며 간접고용효과는 관광객이 직접적으로 비용을 지출하는 산업이 아닌 관광산업과 관련이 있는 산업의 고용효과를 의미한다. 한편, 유발고용효과란 관광지의 주민들이 관광객이 소비한 비용으로 소득을 얻어 그 소득을 다시 소비하면서 생겨나는 관광승수효과로부터 생겨나는 추가적인 고용효과를 말한다.

관광객의 소비는 지역내 혹은 국가내의 여러 경제활동에 자극을 주어 국민총생산이 증대되고 이러한 국민총생산의 증대는 결국에는 개인의 소득증대로 이어지게 된다.

나. 부정적 효과

관광사업의 경제적 효과 중 부정적 효과로는 관광개발이익의 누출, 물가 상승, 고용의 불안정성 등을 들 수 있다. 먼저, 관광개발이익의 누출은 관광개발 이후 급증하는 관광수요를 지역내에서 자체적으로 충당하는 것이 어렵기 때문에 외부의 재화나 서비스가 유입되면서 발생하게 된다. 특히, 후진국이나 개발도상국의 경우 관광개발로 인해 많은 외국자본과 기업들이 관광개발에 참여하게 되고 이렇게 유입된 외국자본과 기업은 이윤을 창출 한 후 그 이윤을 다시 자국으로 유출시킬 확률이 높기 때문에 관광개발이익의 누출현상이 일어나게 된다.

관광산업의 경제적 효과 중 물가상승과 관련된 내용은 관광산업이 워낙 성수기와 비수기가 뚜렷한 산업이기 때문에 특히, 성수기에 관광수요가 급격히 유입되게 되면 그 지역에 물가가 상승하게 되며, 이러한 물가상승은 그 지역 경제의 전반적인 인플레이션으로 이어질 뿐만 아니라 지가 상승으로도 연결될 가능성이 높다고 할 수 있다.

위에서 언급한 대로 관광산업은 성수기와 비수기가 뚜렷한 산업이기 때문에 일반적으로 계절성을 띄게 되고 이러한 현상을 고용의 불안정성으로 연결되게 된다.

(2) 사회 · 문화적 효과

가. 긍정적 효과

관광산업의 사회 · 문화적 효과에서 긍정적인 측면의 효과들로는 인구구조의 변화, 여성지위의 향상, 문화시설과 교육시설의 개선, 전통문화의 보존과 발전 등을 들 수 있다.

첫째, 인구구조의 변화는 관광산업이 발전하게 되면 전반적으로 지역산업의 발전을 가져오기 때문에 고용기회가 늘어나게 되는데 이러한 고용기회의 증대는 관광지내의 경제인구의 유출을 막고 외부인구의 유입을 증가시킨다. 이러한 인구구조의 변화로 인해서 지역 내 여성인구의 증가와 경제활동이 가능한 젊은 층의 인구증가를 가져오게 된다.

둘째, 여성지위의 향상은 위에서 언급한 대로 고용기회의 증대로 인해서 여성의 고용기회가 늘어나면서 여성들이 경제적 능력도 보유하면서 사회적 지위도 향상되고 가족구성원으로서 역할과 영향력도 커지게 된다. 또한, 관광산업의 발전은 지역 내 뿐만 아니라 외부지역과도 연결되는 도로망, 통신시설, 휴식시설, 인구증가로 인한 교육시설 등과 같은 인프라의 구축도 수반되게 된다. 이러한 인프라의 구축으로 관광지내 필요한 물품의 신속한 조달, 외부지역과의 신속한 정보교류, 교육환경의 개선 등 지역 주민들의 문화와 생활환경의 질에 긍정적으로 영향을 미치게 된다. 문화적인 측면에서 관광지역주민들은 관광자들로 인해서 자신들의 문화에 대해서 새롭게 인식하고 문화의 가치를 재발견할 수 있는 기회가 되기 때문에 긍정적인 영향을 미칠 수 있다.

나. 부정적 효과

관광산업으로 인한 사회 · 문화적 효과 중 부정적인 측면은 사회적 일탈의 증가, 가족 및 인구구조의 변화, 지역 고유문화의 파괴, 과소비 등이 있다. 관광은 많은 문화적 교류를 위한 기회를 제공하기도 하지만 매춘, 도박, 마약 등의 사회적 문제를 야기시키기도 한다. 가족 및 인구구조의 변화의 관점에서는 고용기회의 증대로 인해서 여성의 경제적 · 사회적 지위향상을 가져오기도 하지만 이로 인해서 가장의 권위가 약해져서 가족구조에 부정적으로 작용할 소지도 있을 뿐만 아니라 가족구성원간의 유대감 약화를 가져올 수 있다. 인구구조의 변화를 살펴보면, 너무 많은 여성과 젊은 층의 인구유입은 인구구조를 왜곡시킬 수도 있고 지역민들이 관광개발로 인한 토지전용, 산업구조의 변화로 인한 실직 등의 이유로 지역을 떠나기 때문에 외부에서 유입되는 인구의 증가로 인한 주거환경의 혼란과 불안정의 원인제공도 있을 수 있다.

문화적인 측면에서 관광은 지역 고유문화의 파괴를 가져오기도 하는데, 외래문화의 잘못된 유입은 지역사회의 고유문화를 파괴하거나 변질시킬 수 있다. 또한, 지역주민들이 외래관광객들과 접촉하는 빈도가 늘어나면서 그들의 소비패턴을 부러워하며 가치관의 변화를 일으켜 일상생활에서 과소비를 추구할 여지도 있다.

(3) 환경적 효과

가. 긍정적 효과

관광의 환경적 효과 중 긍정적인 측면으로는 관광자원의 개발과 보전, 자연환경의 정비와 보전의 계기, 관광제반시설의 확충 등을 들 수 있다.

첫째, 관광자원의 개발과 보전의 측면을 살펴보면 관광자원의 효율적인 개발을 통해 방치되어 있던 관광자원을 개발하여 활성화시키고, 기존의 자원을 보호 및 보전하며, 또한 이에 부합된 편의시설을 확충함으로써 관광자원의 가치를 재고시킬 수 있다.

둘째, 자연환경의 정비와 보전의 계기와 관련된 측면을 살펴보면, 관광객들을 유치하기 위해서는 관광과 관련된 환경의 정비가 필수적이므로 이를 위해 자연경관을 효과적으로 정비하고 조성하는 것이 필요할 뿐만 아니라 환경에 대한 인식이 증대되는 효과가 있다.

마지막으로 관광제반시설의 확충과 관련해서는 관광객들이 이용하는 제반 시설의 편이성을 보장하기 위해 지역의 물리적 환경을 개선시킴은 물론 공공환경도 정화하고 접근이 용이하도록 시설을 확충함으로써 관광객뿐만 아니라 지역주민에게도 그 편익이 돌아갈 수 있도록 기회를 제공할 수 있다.

나. 부정적 효과

환경적 효과 중 부정적인 효과로는 생태계의 파괴, 공해 · 소음 및 교통문제 등을 들 수 있다.

먼저, 생태계의 파괴와 관련해서는, 관광개발은 자연파괴나 환경오염을 초래함으로써 생태계를 위협할 수 있다. 특히 개발도상국에서 흔히 볼 수 있는 현상으로 관광자원 개발과정에서 자원을 무차별적으로 훼손하는 등 이러한 난개발로 인하여 고유풍경을 변화 및 자연재해를 발생시키기도 하고, 또한 토양과 식생의 변화를 초래하며, 동물들의 이동경로를 방해함으로써 생태계에 변화를 초래하기도 한다.

둘째, 공해 · 소음 및 교통문제와 관련된 측면을 살펴보면, 관광객들의 유입이 증대됨에 따라 교통수단이 증대되고 이에 따른 교통 혼잡은 물론 주 · 정차 문제, 교통사고 그리고 소음과 오염으로 인하여 지역 환경이 점차적으로 환경문제에 직면하게 된다.

2. 관광사업의 이해

1) 관광사업의 개요

관광산업은 높은 성장잠재력을 지닌 21세기에 가장 유망한 산업 중 하나이며 석유산업, 자동차산업과 함께 가장 규모가 큰 사업 중 하나이다. 관광산업은 21세기 단일산업으로는 최대의 산업으로 성장하여 2003년 세계 전체 GDP의

11%를 점유하고 있다. 또한, 교통의 발달, 무역장벽의 감소 등 세계경제가 국가 간 국경의 개념이 약해지면서 글로벌화가 촉진되어 국제관광수요가 지속적인 성장세를 보이고 있다. 글로벌화의 가속화와 SNS(Social Network Service) 등의 일반화 등으로 인하여 국제관광이 활발해지면서 관광사업은 향후 더욱 발전할 것으로 예측된다고 할 수 있다.

2) 관광사업의 개념

관광사업에 대해서 여러 학자들이 다양한 정의를 내렸지만 일반적으로 관광사업이란 관광시설을 갖추고, 관광자의 이동을 가능하게하고, 관광정보를 제공하고, 관광지를 알리는 것 등 관광과 관련된 모든 활동이라고 할 수 있다. 또한, 관광사업과 유사한 용어인 관광산업을 살펴보면, 관광사업과 관광산업이란 용어는 함께 사용되고 있는데 두 용어는 같은 의미로 볼 수 있으며, 우리나라 관광진흥법상에서는 관광사업이라는 용어가 사용되고 있다.

관광진흥법상의 정의를 살펴보면 관광진흥법 제2조에서 관광사업을 "관광객을 위하여 운송, 숙박, 음식, 운동, 오락, 휴양 또는 용역을 제공하거나 기타 관광에 부수되는 시설을 갖추어 이를 이용하는 업"이라고 정의하고 있다.

3) 관광사업의 분류

(1) 관광진흥법에 의한 분류

가. 여행업

여행자 또는 운송시설 · 숙박시설 기타 여행에 부수되는 시설의 경영자를 위하여 당해 시설 이용의 알선이나 계약체결의 대리, 여행에 관한 안내 기타 여행의 편의를 제공하는 업으로 일반여행업, 국외여행업, 국내여행업으로 나누어진다.

나. 관광숙박업

관광숙박업은 호텔업과 휴양콘도미니엄업으로 나누어진다. 호텔업은 관광객의 숙박에 적합한 시설을 갖추어 이를 관광객에게 제공하거나 숙박에 부수되는 음식 · 운동 · 오락 · 휴양 · 공연 또는 연수에 적합한 시설 등을 함께 갖추어 이를 이용하게 하는 업으로 관광호텔업, 수상관광호텔업, 한국전통호텔업, 가족호텔업 등으로 구성되어 있다. 휴양콘도미니엄업은 관광객의 숙박과 취사에 적합한 시설을 갖추어 이를 당해 시설의 회원 · 공유자가 기타 관광객에게 제공하거나 숙박에 부수되는 음식 · 운동 · 오락 · 휴양 · 공연 또는 연수에 적합한 시설 등을 함께 갖추어 이를 이용하게 하는 업을 말한다.

다. 관광객이용시설업

관광객을 위하여 음식 · 운동 · 오락 · 휴양 · 문화 · 예술 또는 레저 등에 적합한 시설을 갖추어 이를 관광객에게 이용하게 하는 업으로 시설의 규모와 종류에 따라 전문휴양업, 종합휴양업, 자동차야영업, 관광유람선업, 관광공연장업, 외국인전용기념품판매업으로 구성되어 있다.

라. 국제회의업

대규모 관광수요를 유발하는 국제회의(세미나 · 토론회 · 전시회 등을 포함)를 개최할 수 있는 시설을 설치 · 운영하거나 국제회의의 계획 · 준비 · 진행 등의 업무를 위탁받아 대행하는 업으로 국제회의시설업과 국제회의기획업으로 나누어져 있다.

마. 카지노업

전용영업장을 갖추고 주사위 · 트럼프 · 슬러트머신 등 특정한 기구 등을 이용하여 우연의 결과에 따라 특정인에게 재산상의 이익을 주고 다른 참가자에게 손실을 주는 행위 등을 하는 업을 말한다.

바. 유원시설업

유기시설 또는 유기기구를 갖추어 이를 관광객에게 이용하게 하는 업(다른 영업을 경영하면서 관광객의 유치 또는 광고 등을 목적으로 유기시설 또는 유기기구를 설치하여 이를 이용하게 하는 경우를 포함한다)으로 종합유원시설업, 일반유원시설업, 기타유원시설업으로 나누어져 있다.

사. 관광편의시설업

위에서 언급된 관광사업외에 관광진흥에 이바지할 수 있다고 인정되는 사업이나 시설 등을 운영하는 업으로 관광유흥음식점업, 외국인전용유흥음식점업, 관광식당업, 시내순환관광업, 관광사진업, 여객자동차터미널시설업, 관광토속주판매업 등이 있다.

(2) 사업주체에 의한 분류

관광사업은 사업주체에 따라 사적 관광사업과 공적 관광사업으로 나눌 수 있다. 사적 관광사업은 이윤추구를 목적으로 하는 민간기업이 관광사업의 주체가 되는 것을 의미하는 것으로 사업주체를 관광기업과 관광관련기업으로 나누어 볼 수 있다. 관광기업은 여행업, 숙박업, 교통업 등 관광자와 직접적으로 관계를 형성하며 이윤을 추구하는 기업들을 의미하며 관광관련기업은 관광자와 직접적인 관계를 갖지는 않지만 관광기업과 직접적인 관계를 형성하여 관광자와 간접적으로 관계를 형성하게 되는데 예를 들면 호텔에 각종 서비스를 제공해주는 세탁업, 식품업, 청소용역업 등이 관광관련기업에 해당된다.

한편, 공적관광사업은 공공성 중심의 공적관광기관이 관광사업의 주체가 되는 사업으로 그 주체를 관광행정기관과 관광공익단체로 나누어 볼 수 있다. 관광행정기관이란 중앙정부와 지방자치단체의 행정기관을 의미하는 것으로 이들 행정기관들은 관광지를 개발하거나 관광지에 대한 홍보와 정보제공 등의 역할을 담당한다. 관광공익단체란 관광사업을 공적인 측면에서 지원해주는 단체나 조직으로 관광공사, 관광협회중앙회, 관광연구원 등이 이에 해당된다고 할 수 있다.

(3) 기타 분류

위에서 언급된 관광사업의 분류 방법 외에 우리나라 관광진흥법에서 관광사업으로 규정되고 있지는 않지만 현실적으로 관광사업으로 분류되는 사업들로는 외식사업, 리조트업, 테마파크업, 관광교통업 등이 있다.

가. 외식사업

외식이란 가정 밖에서 행하는 식사행위를 총칭해서 의미하는 것으로 우리나라에서는 외식산업이란 용어로 요식업, 식당업, 음식업 등으로 불려졌다가 규모가 커지고 경영적인 측면에서 점점 체계를 갖추어 가면서 생성된 용어라고 할 수 있다. 우리나라의 외식산업은 한국표준산업분류에 의하면 대분류에는 '도소매 및 음식숙박업', 중분류에는 '음식 및 숙박업', 소분류에는 '음식점업'에 포함된다.

음식점업은 다시 식당업, 주점업, 다과점업으로 세부적으로 구분된다. 식당업은 한국음식점, 중국음식점, 일본음식점, 서양음식점, 음식출장조달업, 간이체인음식점, 달리 분류되지 않는 식당업으로 세세분류되고 있다. 주점업은 일반유흥주점업, 무도유흥주점업, 한국식유흥주점업, 극장식주점업, 외국인전용유흥주점업, 달리 분류되지 않는 주점업으로 세세분류하고 있으며, 다과점업은 제과점업, 다방업, 달리 분류되지 않는 다과점업으로 세세분류하고 있다.

나. 리조트업

리조트(resort)의 어원은 프랑스 고어인 resortier에서 유래된 말로, 어떤 장소에 자주 간다와 어떤 장소에 머무른다라는 의미를 가지고 있다. 다시 말하면

리조트란 사람들을 위해 휴양 및 휴식제공을 목적으로 일상 생활권을 벗어나서 경관이 좋은 지역에 위치하여, 다양한 레크리에이션 및 여가활동을 위한 기능과 시설을 갖춘 단지(complex)를 의미한다고 할 수 있다. 리조트사업은 리조트의 기능과 시설에 관련되는 사업 등을 포함하는데 숙박, 식음료, 레크리에이션과 관련된 업종들이 여기에 포함된다고 할 수 있다. 또한, 리조트사업은 경제적, 사회적, 자연적 영향에 따라 수요의 탄력성이 크며, 초기에 많은 투자비용이 들어가는 특성을 가지고 있다.

다. 주제공원

주제공원(theme park)의 정의는 다양하지만 일반적으로 중심 주제나 연속성을 가지고 있는 몇 개의 주제하에 설계되며 매력물의 도입, 전시, 놀이 등으로 구성하여 중심주제를 실현하도록 계획된 공원이다. 주제공원은 1955년 미국 캘리포니아주 애너하임에 디즈니랜드가 만화 주인공들을 중심으로 한 놀이공원을 개장하면서 특히, 미국에서 대중화되었다. 주제공원은 탑승시설, 관람시설, 공연시설, 식음료시설, 특정상품판매소와 게임시설, 고객편의시설, 휴식광장, 지원관리시설 등으로 구성되어 있으며 주제공원을 분류하는 방법으로는 공간별 분류방법, 주제별 분류방법, 형태별 분류방법 등이 있다. 먼저, 공간별 분류방법으로는 자연그대로는 감상하는 자연주제형, 자연을 주제로 하지만 관광자의 적극적인 참여활동을 중심으로 하는 자연활동형 등이 있으며 이밖에도 도시주제형과 도시관람형 등이 있다.

주제별 분류방법으로는 인간사회의 민속을 주제로하는 형태, 역사를 주제로 하는 형태, 구조물을 주제로 하는 형태, 지구상의 생물을 주제로 하는 형태 등이 있다. 마지막으로 형태별 분류를 살펴보면 환경재현형, 문화형, 자연공원형, 이벤트형 등이 있다.

3. 관광사업의 특성

1) 복합성

관광사업의 특성 중 복합성은 사업주체의 복합성과 사업내용의 복합성으로 나눌 수 있다. 사업주체의 복합성이란 관광사업은 그 주체가 공적기관 및 민간기업 등 다양하다는 것을 의미한다. 또한, 다른 산업과 비교할 때 공적기관과 민간기업이 서로 역할을 분담하여 추진하는 부분이 더 많다는 것을 의미한다. 일반적으로 관광지의 유지 및 관리는 공공기관이 담당하고 관광지의 숙박 및 여행관련 사업은 민간기업이 담당한다.

사업내용의 복합성이란 관광사업의 내용이 여러 부분으로 나누어져 있는 것을 의미하는데 여러 관련 업종이 모여져 하나의 관광사업을 존재시키고 있다는 의미이다. 즉, 숙박업, 여행업, 음식업, 교통업, 기념품업 등등 여러 사업이 모여서 하나의 관광사업을 성립시키고 있다고 할 수 있다.

2) 입지의존성

관광사업은 관광자원에 대한 입지의존도가 절대적이기 때문에 입지의존성이 높은 산업이라고 할 수 있다.

그렇기 때문에 모든 관광지는 유형과 무형의 관광자원을 소재로 각기 특색있는 관광지를 형성하고 있지만 관광지의 유형, 기후조건, 관광자원의 우열, 개발추진 상황, 접근의 용이성 등과 같은 입지적 요인과 관광시장의 규모와 체제여부 등과 같은 경영적 환경, 관광객들의 소비성향과 계층 등과 같은 수요의 질에 의해서 많은 영향을 받는다고 할 수 있다. 특히, 관광사업은 경영적, 산업적 성격이 불연속 생산활동형, 생산과 소비의 동시완결형, 노동장비율의 상승이라는 특성을 가지고 있기 때문에 입지의존성은 더욱 높아진다고 할 수 있다.

(1) 불연속 생산활동형

관광사업에 있어 관광자의 소비활동은 계절별, 월별, 주별, 시간별 등에 따라 변동의 차이가 클 뿐 아니라 경기변동, 기후, 관광자의 임의적인 행동에 따라 불연속적인 생산활동이 불가피하기 때문에 불연속 생산활동형이라고 할 수 있다.

(2) 생산과 소비의 동시완결형

관광사업은 관광상품의 저장의 불가능하기 때문에 생산과 소비가 동시에 이루어지는 생산과 소비의 동시완결형이라고 할 수 있다. 즉 경영상의 탄력성이 없는 사업이라고 할 수 있다.

(3) 노동장비율의 상승

관광사업은 소비자들의 다양한 욕구에 부응하기 위해서 관광사업체의 규모가 커지고 고급화되면서 노동장비율이 상승하는 추세를 보이고 있다고 할 수 있다.

3) 서비스성

관광사업은 관광객을 위하여 운송 · 숙박 · 식사 · 운동 · 오락 · 휴양 또는 용역을 제공하거나 기타 관광에 부수되는 시설을 갖추어 이를 이용하게 하는 업을 말하는데, 관광사업에서 편리하고 안락한 시설과 더불어 가장 중요한 부분 중 하나는 관광사업종사원들이 수준높은 서비스를 제공하는 일이다.

4) 공익성

관광사업의 특성 중 공익성은 관광사업은 공적 · 사적 여러 관련사업으로 이루어진 복합체라는 관점에서 볼 때 민간기업들도 이윤추구만을 목적으로 할 것이 아니라 수익성과 공익성을 공동으로 추구할 것을 요구하고 있다는 것을 의미한다.

관광사업의 공익성은 사회 · 문화적인 측면과 경제적인 측면으로 나누어 볼 수 있다. 먼저, 사회 · 문화적인 측면을 살펴보면 국위선양, 국제친선증진, 국제문화 교류, 세계평화에의 기여 등 국제관광부문과 국민보건향상, 근로의욕고취, 교양의 향상 등과 같은 국민관광부문적인 측면이 있을 수 있다. 경제적인 측면을 살펴보면 외화획득, 경제발전, 기술협력과 국제무역증진효과 등의 국민경제적인 측면과 소득효과, 고용효과, 산업기반시설 정비효과, 지역개발효과 등의 지역경제적인 측면을 들 수 있다.

5) 변동성

관광욕구는 생활에 있어 필수적이라기보다는 임의적인 성격을 가지고 있기 때문에 관광사업은 외부와의 변화에 민감하게 반응한다고 할 수 있다. 관광사업의 변동성은 사회적 · 경제적 · 자연적 요인으로 나눌 수 있다. 사회적요인은 사회정세의 변화, 국제정세의 변화, 정치불안, 폭동, 질병발생 등과 같이 신변의 안전에 불안을 주는 요인들이다. 경제적요인은 경제불황, 소득상황, 환율의 등락, 운임의 변동, 외화사용제한조치 등의 요인을 말한다. 자연적 요인은 기후변화, 지진, 태풍, 해일, 혹서, 혹한 등이 있다.

4. 관광사업의 발전요인

1) 가처분소득의 증대

산업기술의 발달로 대량생산, 대량소비가 이루어지면서 세계 여러 나라의 경제가 성장하였다. 이러한 경제적 성장으로 인하여 세계 여러 나라의 국민소득이 향상되었으며 개인의 가처분소득(disposal income)도 증가하게 되었다. 이러한 개인의 가처분소득의 증가는 전반적인 생활수준의 향상과 관광산업을 포함한 문화관련 비용의 증가로 이어지게 되었으며, 이러한 영향으로 관광산업은 더욱 더 발전하고 있으며, 향후 현재보다 더 높은 성장률을 보일 것으로 예측되고 있다.

2) 여가시간의 증대

인터넷을 중심으로한 정보통신기술과 다른 산업기술의 발달로 모든 산업에 있어 업무자동화의 비율이 증가하고 있다. 이러한 업무의 자동화는 근로자들의 근로시간 단축으로 이어지게 되었고 또한, 대부분의 선진국들이 실시하고 있는 주 5일제의 영향으로 여가시간은 더욱 증가하고 있다. 이렇게 늘어나는 여가시간은 자연스럽게 관광산업을 발전시키는 요인으로 작용하고 있다.

3) 교통수단의 발달

교통수단의 발달 또한 관광사업의 주요한 발전 요인 중 하나라고 할 수 있다. 특히, 항공산업의 발달이 관광사업의 발전에 있어서 가장 결정적으로 많은 기여를 했다고 할 수 있는데 제2차 세계대전 이후 항공산업은 기술적으로 고속성, 안정성, 쾌적성, 경제성의 향상과 대량 운송능력을 보유하게 되었다. 또한, 항공사들은 기내 서비스 및 다양한 촉진전략에도 고객들을 세심하게 배려함으로써 고객들의 해외여행욕구를 증가시켜 관광사업발전에 기여하고 있다.

4) 라이프 스타일의 변화

라이프 스타일이란 개인의 가치관 · 행동 · 관심 · 의견 등을 표현하는 생활패턴을 의미하는 것인데 최근 현대인들이 추구하는 가치관이 삶의 질(quality of life) 향상에 많은 비중을 두고 있다고 할 수 있다. 이렇게, 삶의 질 향상을 추구하는 가치관을 지닌 개인의 증가는 다른 국가를 여행하여 지식과 견문을 넓혀서 자기발전을 꾀하려는 욕구의 증대로 이어진다. 이러한 개인들의 라이프스타일의 변화로 인해 관광산업은 더욱 발전하고 있고 향후에 이러한 추세는 더욱 가속화 될 것으로 예측된다. 특히 크루주에 대한 수요는 더욱 증가할 것으로 예측된다.

5) 글로벌화의 가속화

글로벌화(globalization) 또는 우리말로 세계화에 대한 정의는 다양하지만, 일반적으로 기업이 개별국가시장에 대해 각각 다른 전략을 취하기보다는 전 세계 시장을 하나의 시장으로 보고 통합된 전략을 수립하는 것을 의미한다. 이러한 글로벌화의 영향으로 국가별로 나누어졌던 국경의 의미가 약해지고 제품 · 기술 · 서비스 등이 세계 각국 으로 자유롭게 이동하게 된다. 또한, 이러한 글로벌화로 인하여 인적자원과 자본의 이동도 자유로워지며 이러한 현상을 자연스럽게 국제관광도 촉진하게 되며 이로 인해 국제관광을 중심으로 관광산업은 더욱더 발전하게 될 것이다.

5. 향후 관광시장 전망 및 정책과제

관광산업은 자동차산업, 석유산업과 함께 그 규모가 가장 큰 산업 중 하나로서 2003년 전세계 GDP의 12%를 차지하였으며, 2008년에는 전세계 GDP의 20%를 차지할 것으로 예측되고 있다. 또한, 관광산업은 다른 산업과 비교할 때, 높은 고용창출효과 및 소득증대의 효과를 가지고 있기 때문에 성장잠재력이 높아서 우리나라와 같이 천연자원이 부족한 국가에서는 전략적으로 발전시키는 것이 필요한 산업이라고 할 수 있다.

하지만 현실적으로 우리나라는 특출난 관광상품의 부족, 관광기반시설의 취약, 지속적인 국제관광수지의 적자 등으로 인하여 국제관광시장에서 경쟁력이 매우 취약한 상태이다. 특히, 우리나라가 관광산업의 중요성을 인식하고 앞으로 관광산업의 발전방안을 연구해야만 하는 이유는 관광산업이 앞으로 단일산업으로는 가장 규모가 커지고 성장잠재력이 높은 산업일 뿐만 아니라 지역적으로 동북아시아의 관광시장 예측 성장률이 다른 지역에 비해 거의 2배 이상 높기 때문이다. 삼성경제연구소의 자료에 의하면, 2010년 국제관광산업의 성장률은 4%인데 반해 동북아시아지역 관광산업의 성장률은 그 2배인 7.8%에 이르고 있다.

이렇게 동북아시아 지역의 관광산업이 세계 평균성장률에 비해 배 이상 높게 예측되는 이유는 중국의 급속한 성장이라고 할 수 있는데 WTO(World Tourism Organization :세계관광기구)의 자료에 의하면, 중국에서 해외관광을 즐기는 관광객의 숫자는 중국경제의 급속한 성장과 중국정부의 개방정책의 영향으로 인해 2004년 2,900만명에 달했으며, 2020년에는 1억명이 초과할 것으로 예측되고 있다.

위에서 언급한대로 우리나라가 국제관광시장에서 경쟁력이 취약한 이유는 3가지로 요약될 수 있는데 그중에서도 국제관광수지의 적자가 2004년 38억불을 기록하였다. 이렇게 위기에 놓인 한국관광시장을 촉진시키기 위한 방법으로는 영종도, 인천, 태안, 새만금, 군산, 해남, 영암 등 서남해안을 개발시키는 프로젝트를 중앙정부와 지방자치단체가 협력해서 개발시켜야 한다.

궁극적으로 중국, 일본, 홍콩, 마카오 등 동북아시아 국가들이 관광시장에 있어서 우리의 경쟁자들이라고 할 수 있는데 이들 국가들은 관광산업의 중요성을 깨닫고 각각 자국의 관광산업 경쟁력을 증대시키 위하여 많은 노력을 기울이고 있다.

먼저, 중국은 2008년 베이징 올림픽과 2010년 샹하이 세계박람회를 대비하여 많은 호텔을 건축하였으며, 샹하이, 하이난, 센젠 등에 관광인프라를 구축하였다. 홍콩은 정부차원에서 2001년 이후 23억불을 투자하여 관광인프라를 구축하고 있는데 디즈니랜드 건설, 수상스포츠와 리조트 건설 등으로 쇼핑으로 많이 알려진 홍콩의 관광패턴을 레저쪽으로 인식시키기 위하여 노력하고 있다.

마카오는 도박에 의존하던 기존의 관광산업에서 벗어나기 위한 일환으로 "꿈의 도시(Dream City) 프로젝트를 개발하기 위하여 2008년까지 1억불을 투자하여 해저호텔과 카지노 건립을 추진하고 있다. 또한, 예전에 포루투갈의 식민지 당시의 문화와 기존의 동양적인 문화를 융합시킨 새로운 문화유산을 관광상품화하고 있기도 하다.

마지막으로 일본은 위에서 언급된 세 나라와는 달리 실속 있는 관광산업을 운영하려고 애쓰고 있다. 일본은 1987년 새로운 리조트건설법이 통과된 후 1987년부터 1991년 사이에 정부에서 대규모 리조트 개발 프로젝트 35개를 허가하여 줌으로써 수요와 공급의 불균형으로 많은 대규모 리조트들이 문을 닫았기 때문에 지금은 소규모의 실속있는 지역 관광상품들을 개발하기 위해 주력하고 있다.

한국관광산업을 발전시키기 위해서는 위에서 언급한 서남해안 개발 프로젝트와 더불어 소프트웨어적인 관광자원의 개발이 필요하며, 가까운 미래에 우리나라를 방문하는 가장 많은 관광객들이 중국 관광객들이 될것으로 예측되고 있기 때문에 중국관광객들을 위해 저가의 관광상품보다는 고급관광상품을 개발하는 것이 시급한 과제라고 할 수 있다.

마지막으로 정부에서는 관광산업이 국가발전을 위해서 중요한 산업이라는 인식을 가지고 관광기업에 대한 세제지원 및 규제완화 등 바람직한 관광기업운영을 위한 지원이 필요하다고 할 수 있다(강신겸, 2005, pp.13~20참조). 한편, 관광산업은 자동차산업, 석유산업과 함께 그 규모가 가장 큰 산업중 하나이며, 특히 국제관광의 발전으로 인하여 향후 가장 전망이 밝은 산업중 하나라고 할 수 있다.

요즘 우리나라의 상황과 같이 고용 없는 저성장 시대에는 성장 잠재력이 크고 고용창출 효과가 높은 호텔관광산업에 주목할 필요가 있다. 2010년 우리나라를 찾은 관광객수가 880만명으로 1990년이래 3배 증가하는 등 한국 관광산업의 외형은 크게 확대되었다. 그러나 1인당 관광소비액이 1990년 1,203달러에서 2010년 1,108달러로 감소하는 등 관광상품의 품질은 답보상태이며 관광산업 전방의 경쟁력도 취약하다고 할 수 있다. 이러한 환경하에서 우리나라의 호텔관광산업의 미래 트랜드 변화를 파악하여 선제적으로 대응함으로써 한국 호텔관광산업의 수준을 업그레이드할 필요가 있다. 그러기위해서는 먼저 향후 관광산업의 몇몇 트랜드 변화를 예측하고 대비하는 것이 필요한 부분이며 그 내용은 다음과 같다.

1) Culture : 대중문화관광

향후에는 미디어의 발달로 문화 확산 속도가 빨라지며 영화, 음악, 문학 등 대중문화가 호텔관광산업의 주요 컨텐츠로 부상하고 있다. 세트장, 촬영지를 관광상품화하는 영화관광이나 문학. 음악 작가의 흔적과 작품 배경지를 돌아보는 호텔관광상품의 대표적인 예라고 할 수 있다.

2) Edutainment : 체험학습관광

여가의 가치가 증대되며 색다를 체험으로 자기계발을 가능하게 하는 교육관광 컨텐츠가 확산되고 있다. 학습 욕구가 높고 경제력을 갖춘 시니어 세대 대상의 Learning Vacation이나 모험을 즐기는 Trytoursumer 대상의 모험 레포츠가 인기를 끌고 있다.

3) Soul : 마음 치유 관광

복합적인 요인들로 인해서 경영환경의 불확실성이 높아지면서 자기 수양을 목적으로 하는 요가, 템플스태이 등이 각광을 받고 있다.

4) Smart : 스마트관광

SNS 등을 활용한 스마트라이프의 확산으로 호텔관광소비의 플랫폼과 형태가 변화하고 있다. SNS 및 스마트폰을 고객과의 소통을 위한 플랫폼으로 활용하는 기업들이 늘어나고 있는 추세이다.

5) Dream : 꿈을 파는 관광

개인이 실현할 수 없다고 여겼던 우주여행, 심해탐험 등 꿈을 현실화하는 이색 서비스가 시장에 등장하며 호텔관광산업에 새로운 자극을 주고 있다. 극지탐험이나 평생 꿈꾸던 직업을 체험해보는 보케이션 베케이션(vocation vacation) 등이 대표적이다.

6) Fair : 모두를 위한 관광

소비적 여행이 남기는 환경오염, 문화훼손, 관광업 종사자 인권침해 등에 대한 반성에서 출발하여, 지역 주민과 공동체에 도움이 되는 방향으로 여행을 하는 공정여행이 대두되고 있다.

7) China : 관광의 핵심고객 중국

중국이 세계 4위의 관광소비국으로 부상하는 등 세계관광시장의 핵심 고객이 되고 있다. 중국인 관광객 유치를 위한 각국 정부의 노력도 치열하다.

6. 관광과 크루즈산업

소득의 증대, 여가시간의 증대, 글로벌화(globalization) 등으로 인하여 국제관광수요가 증가하면서 최근, 관광산업은 그 규모가 가장 큰 산업 중 하나이며, 향후 전망이 가장 밝은 산업 중 하나라고 할 수 있다. 이러한 환경하에서 크루즈산업(cruise industry)은 앞으로 가장 성장잠재력이 큰 산업이라고 할 수 있다. 아시아지역의 크루즈산업은 북미나 유럽에 비해서 상대적으로 시장규모가 미비하기 때문에 그 발전가능성은 더욱 크다고 할 수 있지만, 그러기 위해서는 크루즈고객을 유치하기 위한 상품개발 및 전략적인 부분이 필요하다고 할 수 있다.

특히, 아시아지역은 중국의 빠른 경제성장과 차별화된 문화 및 관광상품 등으로 인하여 잠재적인 크루즈여행인구가 약 5억 명 정도에 이를 것으로 예상되느니 만큼 관광산업의 발전과 더불어 향후 빠르게 발전될 것으로 예측된다. 또한, 크루즈산업의 발전과 더불어 이를 통한 고용효과도 매우 높아질 것으로 예상된다.

제3장

크루즈경영의 이해

제3장

크루즈경영의 이해

개인소득의 증대, 여가시간의 증대, 글로벌화, 정보화 등으로 인하여 관광에 대한 욕구 증대되면서 관광산업은 가장 빠르게 성장하는 산업 중 하나이며, 향후에도 가장 전망이 밝은 산업 중 하나라고 할 수 있다. 그 중에서도 크루즈산업은 최근에 빠르게 발전하고 있으며 앞으로 더욱 빠르게 발전할 것으로 전망된다.

크루즈상품은 짧은 시간에 다양한 경험을 할 수 있는 매우 전망이 밝은 관광상품이라고 할 수 있으며 크루즈를 이용하는 소비자들이 2000년 약 1000만 명 정도에서 2010년 1800만 명 이상으로 빠르게 성장하고 있어 대규모 다국적 선사들의 경쟁도 매우 치열해질 것으로 전망된다.

1. 크루즈의 개념

크루즈(cruise)란 순수관광의 목적으로 숙박, 식음료, 위락 시설 등 편의시설을 갖추고 수준 높은 서비스를 제공하면서 비교적 장기간 수려한 관광지를 정기 또는 부정기적으로 순항하는 선박을 의미한다. 한편, 유람선, 페리는 운항목적, 숙박시설 등에서 크루즈선과 차이가 있는데 유람선은 단시간에 제한된 지역 내

자연경관이나 관광명소가 있는 만. 연안 등을 주유하며 숙박시설이 갖추어지지 않은 선박을 의미한다. 페리는 자동차를 싣고 운항하는 선박으로 운송이 주요한 목적이며 주로 정기운항을 하고 출발지와 도착지가 정해져 있다고 할 수 있다.

크루즈는 항해 자체가 승객의 휴가활동의 일부이므로 운송목적인 페리와는 달리호텔, 관광, 리조트, 운송의 개념을 포함한다고 할 수 있다. 크루즈는 용어의 사용목적과 시점 그리고 연구자에 따라서 다양한 관점에서 해석될 수 있으며 크루즈 여행을 숙박과 다양한 오락. 여가시설을 갖추며 국내.외 여행목적지를 관광목적으로 12시간 또는 그 이상의 기간을 운항하는 부정기 여행으로 정의된다(류기환, 2010, p.14).

일반적으ᄅ ᄏ루즈에서의 모든 식사와 부대시설, 선상프로그램은 크루즈 요금에 포함되어 있으며 숙박은 호텔수준의 크루즈 객실에서 하면서 글로벌 관광지역을 순항하는 여행으로 운송의 개념 뿐만 아니라 호텔의 개념이 서로 공존하는 새로운 개념의 여행 상품이라고 할 수 있다. 크루즈에 관한 사전적, 법적, 학문적 정의와 관련된 부분은 아래의 표와 같다.

[표 3-1] 크루즈의 정의

구분	연구자	크루즈의 정의
사전적 정의		- 여러 항구를 방문하여 항해하는 것 - 여행목적이나 목적지 없이 여행하는 것 - 신속하고, 평온하게, 또는 힘들이지 않고 움직이는 것
법적 정의	해운법	국내항 간, 국내항과 외국항 간 또는 이국항 간을 13인 이상의 여객정원을 가진 5톤 이상의 선박으로 정기 또는 부정기적으로 운항하는 해상여객운송사업
	관광진흥법	관광유람선업에 해당하며 해상여객운송사업 면허를 받은 자 또는 유선 및 도선업법에 의한 유선사업의 면허를 받거나 신고한 자로서 선박을 이용하여 관광객에게 관광을 할 수 있도록 하는 업
협회 · 연구기관의 정의	Clia(1995)	떠다니는 리조트

구분	연구자	크루즈의 정의
	한국관광공사(1987)	운송보다는 순수관광 목적의 선박여행으로 숙박, 음식, 위락 등 관광객을 위한 시설을 갖추고 수준 높은 관광상품을 제공하면서 수려한 관광지를 안전하게 순항하는 여행
	한국관광연구원(1999)	숙박과 오락 및 여가활동을 할 수 있는 시설을 가지고 수준 높은 서비스를 제공하면서 2개국, 2개 기항지 이상을 연계하여 비교적 장거리의 일정에 따라 관광을 목적으로 운항하는 선박여행
학문적 정의	Kendall(1983)	위락 추구 여행자들에게 다수의 매력적인 항구를 방문하게 하는 해안 항해 여행
	Holloway(1985)	선박을 이용하여 관광을 목적으로 하는 주요 항해
	Ritter and Schafer(1998)	유영성의 여가환경 구조에 맞게끔 만들어진 선상여행
	김천중(1999)	숙박과 오락 및 여가활동을 할 수 있고 비교적 장거리여행도 가능하게 하는 시설을 갖춘 선박여행
	이경모(2004)	운송보다 순수관광목적의 여행으로 국내외항을 정기 또는 부정기적으로 운항하는 선박에서 다양한 등급의 숙박, 음식 및 식당시설, 다양한 위락활동 등에 필요한 시설을 갖추고, 수준 높은 관광서비스를 제공하면서 기항지를 안전하게 순항하는 여행
	하인수(2004)	SIT(Special Interest Tour)성격이 강한 위락 선박 여행으로, 선내에서의 다양한 여가활동과 다수의 매력적인 항구 방문 및 해안에서의 수상 레크리에이션 활동 등을 통해 관광욕구를 충족시키는 여행

자료 : 한국문화관광정책연구원, 김천중(2008, p.15에서 재인용)

한편, 크루즈의 구성요소를 살펴보면, 크루즈는 선박, 일정, 시설, 활동, 서비스로 구성되어 있으며 선박은 그 자체가 관광매력물로서 선박의 안전도, 지명도, 선박의 구조가 중요한 요소이며, 크루즈 일정은 소비자가 느끼는 가장 중요한 편익으로서 기항지 매력, 전체 여행기간, 항해 기간 등이 주요한 구성요소라고 할 수 있다.

승객의 편익과 지루함을 해소시켜 줄 크루즈시설은 여행과 항해의 지루한 이미지를 해소시키며 주요 구성요소는 객실시설, 식당시설, 스포츠시설, 문화시설 등이 있다.

크루즈의 활동은 주요 항구 및 관광지에서의 기항지 활동과 선상에서의 다양한 이벤트, 레크리에이션, 스포츠, 사교 활동 등이 매력적인 요소이며, 크루즈에서의 승객이 제공받는 서비스는 운항서비스, 최고급 호텔수준의 승무원 서비스, 엔터테인먼트 서비스, 의료안전 서비스 등이 승객들의 만족도를 높이고 선사의 이미지를 제고시킨다고 할 수 있다(노윤구, 2009 참조).

2. 크루즈의 역사

1) 크루즈사업의 발전과정

1800년대 외국과 육로가 연결되어 있지 않은 섬나라의 경우 해외여행이나 내방객은 항공기나 선박을 이용할 수밖에 없었는데 당시에는 항공운송의 발전된 상황이 아니었기 때문에 해외여행에 있어서 선박은 거의 유일한 운송수단이라고 할 수 있었다.

이러한 상황에서 해상운송서비스를 승객과 화주에게 제공하고 그 대가를 받는 것을 목적으로 하는 해운업의 근본은 화물운송이 본업이었으며 여객운송은 19세기초 증기기관의 발명으로 범선이 동력선으로 이행되면서 생겨난 것이라고 할 수 있다. 이처럼 증기기관의 발전이 선박에 적용되면서 선박제조기술은 급속하게 발전하게 되었다.

그 후 기술적 발전이 계속 이루어지면서 운송력의 빠른 향상을 가져오게 되었으며 19세기초에는 대서양 연안 각국의 선박회사들은 객선 내부의 설비개선과 속도향상, 서비스수준 제고 등을 통한 경쟁이 본격화되었다. 또한 20세기부터는 이전에 비해서 선박운송사업이 발전하면서 선박을 이용한 국제관광이 점점 증가하게 되었다.

현대 선박여행의 개념이 형성되기 시작한 것은 19세기이며, 당시 여객용 상선은 교통운송의 주요 수단이었고, 주로 유럽과 미국 사이의 구간을 운항하거나 또는 유럽과 아시아. 아프리카에 널리 퍼져있는 유럽의 식민지 사이의 구간을 운항하였다. 또한, 당시에 선박회사들이 상선을 이용해 여객운송에 관심을 가지기 시작하면서 부유층의 탐험여행과 저소득층의 이주여행에 선박이 활용되기 시작하였다.

1821년 스웨덴의 찰스4세는 최초로 크루즈 선박을 출항시켰고, 1824년 아일랜드의 큐라카오(Curacao)호는 정기여객 서비스를 제공한 최초의 선박이다. 1934년 영국은 유명한 대서양 정기여객선 퀸메리호를 출항시켰는데 이 크루즈선은 2천 명 이상의 승객을 담당할 수 있는 천 백명의 승무원들과 함께 승객들에게 가능한 모든 실질적인 편의시설, 안전시설, 오락시설을 제공하였다.

1960년대까지는 선박회사들의 거함을 이용한 사업이 운영되었는데, 거함을 이용한 주요사업은 대서양을 횡단하는 여객운송이었다. 하지만 1958년 최초의 대서양 횡단 제트여객기 사업으로 인해서 거함을 이용한 사업은 점차 쇠퇴하게 되었으며, 이 시기에 선박운항의 주도권을 가진 국가들로는 미국, 영국, 독일, 프랑스, 이탈리아 등이었는데, 이러한 국가들은 선박을 통해 국가의 경쟁력을 나타내려 하였고 당시의 경쟁력으로 인해 아직까지도 미국과 일부 유럽국가들이 크루즈산업에 있어서 매우 중요한 위치를 차지하는 계기가 되었다고 할 수 있다.

제트여객기의 발달은 산업을 발전시키고, 상용여행객의 세계 여행을 편리하게 만들었는데, 제트여객기의 가장 큰 장점은 속도라고 할 수 있다. 따라서 속도 측면에서 상대적으로 열세에 처한 크루즈선박은 새로운 활로를 찾아야 했으며, 선박만의 장점을 내세운 새로운 여행의 개념을 제시해야 했다. 즉, 운송중심 개념의 여객선에서 선상엔터테인먼트, 다양한 식사메뉴, 매력적인 기항지 등을 내세운 크루즈 중심 개념의 도입이 시작되었다(김천중, 2008 참조).

2) 현대크루즈의 시초

1960년대 점보제트기를 이용한 여객운송의 대중화로 대부분의 대양여객선은 무용지물이 되었고, 수익성도 크게 떨어져 운항이 어렵게 되었다. 따라서, 대부분의 선박은 낮은 가격에 판매되거나 운송사업에서 철수하게 되었으며 선박 여객운송을 계속하게 된 회사는 북대서양횡단과 함께 회사를 지속적으로 운영하기 위해 남쪽의 카리브해로 운항을 확장하게 되었다. 이로 인해 새로운 형태의 사업으로 지금의 크루즈(cruise)개념이 형성되었고, 크루즈만을 위한 새로운 선사와 함께 크루즈산업이 형성되기 시작하였다.

카리브해를 중심으로 한 크루즈산업이 형성되면서 대양여객선박의 중심항구가 과거 북대서양 횡단 여행시대의 New York 중심에서 Florida 중심으로 전환되어 선박회사의 본사가 Miami를 중심으로 한 지역에 들어서게 되었다. Florida는 크루즈 사업에서 중요한 요소인 따뜻한 기후, 비교적 평온한 바다, 카리브해 유명 관광지와의 접근성 등으로 인해 새로운 산업을 형성시키는 매우 적합한 지역으로 선택되었다.

한편, 북미 서부지역에서는 California를 중심으로 멕시코해안 크루즈와 캐나다 서부지역을 중심으로 알래스카 크루즈가 형성되기 시작하였으며, 유럽에서는 지중해 중심의 크루즈가 형성되었다.

이러한 상황에서 크루즈 고객들은 승선을 위해 Florida와 California로 이동해야 하는 문제가 발생되었고, 이는 크루즈선사와 항공사간의 업무협조를 통해 항공.해양 프로그램과 승선하기 전과 후에 숙박을 포함하는 크루즈 패키지 프로그램을 탄생시켰다고 할 수 있다.

따라서 크루즈산업의 출현은 전반적으로 관광산업의 발전을 촉진하였다고 할 수 있으며, 선박, 항공, 호텔을 중심으로 한 숙박업등에 긍정적인 영향을 미쳤으며, 크루즈라는 개념을 중심으로 여러 산업이 복합적으로 연결되어 고용유발효과를 상승시키게 되었다고 할 수 있다(김천중, 2008 참조하여 재정리).

3. 크루즈의 분류

크루즈는 일반적으로 목적, 항해지역, 선박의 크기 등에 따라 분류할 수 있는데, 목적에 따라서는 관광크루즈(tour cruise), 세미나크루즈(seminar cruise), 테마크루즈(theme cruise) 등으로 분류할 수 있으며, 항해지역에 따라서는 해양크루즈(ocean cruise), 연안크루즈(coastal cruise), 하천크루즈(river cruise) 등으로 분류할 수 있으며, 선박의 크기에 따라서는 소형크루즈(small ship cruise), 중형크루즈(mid-size ship cruise), 대형크루즈(large ship cruise) 등으로 분류할 수 있다. 크루즈 분류의 기준 및 내용은 다음의 표와 같다.

[표 3-2] 크루즈 분류의 기준 및 내용

기 준	구 분	내 용
항해지역	해양크루즈	대양으로 항해 또는 국가간 이동
	연안크루즈	한 지역의 해안을 따라 이동
	하천크루즈	긴 강을 따라 이동
선박크기	소형크루즈	25,000톤급 이하
	중형크루즈	25,000~70,000톤급 이하
	대형크루즈	70,000~100,000톤급 이하
	초대형크루즈	100,000톤급 이상
크루즈의 목적	관광크루즈	일반적 관광목적
	세미나크루즈	교육, 훈련, 연수 목적
	테마크루즈	특별한 주제로 운영

4. 크루즈의 특성

크루즈는 일반 정기여객선과 달리 부정기 여객선으로서 운항 정기성, 객실의 등급수, 선박의 내부시설, 예약과 판매관리 및 승무원 구조에 있어서 차이가 있다고 할 수 있다.

[표 3-3] 정기여객선과 크루즈 특성 비교

구분	정기여객선	크루즈선
운항정기성	정기운항	부정기운항
객실등급	적은 등급수	다양한 등급선
선박시설	최소한 숙박시설 및 식사시설	호텔수준의 다양한 객실
예약관리	단순	복잡하고 장기적인 예약
승무원	기본적인 서비스	승객활동을 중심으로 다양한 서비스

자료 : 크루즈산업의 이해, 이경모(2004), 대왕사 ; 노윤구(2011)에서 재인용 참조

여행상품의 측면에서 크루즈 여행상품은 선박을 이용하는 여행자를 대상으로 생산, 판매하는 여행상품이며 선박이용 자체가 여행으로서 가치를 갖는 경우와 왕복교통편으로 선박을 이용하는 경우로 분류되는데 유람선 여행상품은 통상 장시간에 걸쳐 시행되어 일반 여행상품에 비해 비교적 가격이 고가격이라는 특성을 가지고 있다고 할 수 있다.

크루즈 여행상품의 주요 대상이 되는 지역은 파도가 낮으며 기후가 온화하고 선박이 항해하기 가장 적절한 지역이 그 대상이 된다. 동남아 지역에서는 홍콩과 싱가폴이 크루즈의 기항지로 가장 각광받고 있으며, 일본의 경우는 크루즈 선박을 직접 운항하고 있다.

크루즈는 일반적으로 왕복여행의 항해로서 보통 승객들을 출발항구로 되돌려 보내는 형태이나 특정구간을 설정하여 편도의 선박여행을 하기도 한다. 따라서 크루즈는 단순한 운송이라기 보다는 위락을 위한 선박여행으로서 숙박, 음식, 위락시설 등 관광객을 위한 각종시설의 구비와 높은 수준의 서비스를 제공하면서 순수관광유람을 목적으로 수려한 관광지를 안전하게 순항하는 선박여행이라고 규정할 수 있다.

여객선은 여객의 수송을 주목적으로 하며, 카페리는 수송목적으로 단시간에 주요 항구간을 운항하는 것이 특징이라고 할 수 있다. 쾌속선은 소규모의 고속

수송을 특징으로 하고 있다는 점에서 위락 추구 여행개념의 크루즈와는 근본적인 차이가 있다고 할 수 있다.

이러한 점에서 일반패키지여행과 크루즈여행을 비교해서 요약하면 다음과 같다고 할 수 있다(노윤구, 2009, pp.10-11).

[표 3-4] 일반패키지여행과 크루즈여행의 특성 비교

구분	일반패키지여행	크루즈여행
관광지 교통	- 여정에 따른 다양한 교통수단 이용시 불편	- 크루즈 기항지 이동과 지상관광시 간단한 복장으로 버스 이용
수하물관리	- 목적지 이동시 수하물 이동 불편	- 최초 승선후 최종 하선까지 각자 선실에 보관 및 사용
숙박/식음료	- 관광지마다 호텔 이용 - 식당 이용시 제한된 식음료 서비스	- 최고급 호텔수준의 캐빈 이용 - 다양한 식음료 서비스 제공
자유시간 /위락시설	- 일정에 따른 프로그램 - 원하지 않는 프로그램 참여 - 제한된 위락시설 이용	- 기항지 관광과 선상관광활동 등 다양한 관광코스상품 선택 - 선상 내의 다양한 위락시설(수영장, 사우나, 영화관, 카지노, 바 등) 자유이용
지상관광	- 계획된 여정에 따른 고정된 관광형태	- 항구마다 다양한 기항지 관광코스가 있고, 개인의 취향과 컨디션에 따라 코스 선택
입출국수속	-CIQ(개인이 특정인의 도움 없이)	- 전용 터미널이 없을 경우 국제여객터미널에서 CIQ 개별 수속후 선박이동 - 선상수속은 선내 라운지 안내에 따라 CIQ 개별 수속하거나 대면 없이 CIQ 일괄 수속 후 입국
건강/안전	- 질병 시 병원이용 어려움 - 강도 및 절도 등 안전사고	- 선내병원과 응급구조체계 확립 - 안전금고 등 승객과 보안시스템 구축

자료 : 노윤구, 동해안 크루즈관광의 타당성 연구, 대구경북연구원, 2009, p.11 참조.

또한, 크루즈산업은 고용유발효과가 매우 큰 산업이라고 할 수 있는데, 크루즈관광의 경제적 효과는 크루즈선 승선객의 기항지 연계관광으로 외래관광객이 증가함에 따라 현지에서의 현지 관광지출, 식음료 쇼핑 등의 소비가 일반 관광객과 비교하여 더 많은 소비를 한다는 것이다. 즉, 관광 소득승수에 의한 연관산업 파급효과 및 고용증대를 통한 지역경제 발전 효과는 지역주민의 가계소득과 정부의 조세수입을 증가시키게 되므로 경제적 파급효과가 타 산업에 비해 매우 큰 산업이라고 할 수 있다. 이러한 이유로 인해서 국제관광분야 중에서도 크루즈 산업이 급성장하고 있다고 할 수 있다(Clia, 2006; 노윤구, 2009).

5. 크루즈 여행 분류

크루즈 여행은 선박의 규모나 여행지, 여행거리에 따라 가격이 달라지므로 일반적으로 선박, 거리, 가격에 따라 분류 할 수 있다. 이러한 관점에서 크루즈 여행은 4가지로 분류할 수 있다(김천중, 2008 참조).

1) 대중 크루즈

대중크루즈(volume cruises)는 대중시장 크루즈라고 불리는데, 대략 모든 크루즈 수익의 약 60%를 차지하며, 2~5일 일정의 단기 크루즈, 7일 일정의 일반 크루즈, 9~14일 일정의 장기 크루즈로 분류할 수 있다.

대중 크루즈는 여행비의 지불방식에 따라 할부 크루즈와 보통 크루즈가 있으며, 숙박시설 및 서비스는 일반 호텔급이고, 대중 크루즈의 노선은 짧은 여행경로에 중점을 둔다.

2) 고급 크루즈

고급 크루즈(premium cruises)는 크루즈 사업에서 두 번째로 큰 비중을 차지하고 있으며, 전체 수익 중 약 30%를 차지한다. 고급 크루즈는 1주일 항해에서부터 2주에서 3개월 일정 장기항해까지 있다.

3) 호화 크루즈

호화 크루즈(luxury cruises)는 높은 수준의 서비스를 제공하는 크루즈 중에서 가장 가격이 비싼 종류의 크루즈라고 할 수 있다. 호화 크루즈는 호화 정기선들과 관련되는데, 대중시장의 크루즈들이 단기 일정에 초점을 두는 것과 반대로 긴 여행 일정과 이국적인 대상지들에 초점을 맞추고 있다.

4) 특수목적형 크루즈

특수목적형 크루즈(specialty cruises)는 고래구경, 스쿠버다이빙, 연구목적의 크루즈 등 특수한 목적에 초점을 맞춘 크루즈라고 할 수 있다.

제4장

현대크루즈 운영현황

제4장

현대크루즈 운영현황

1. 국가별 크루즈사업 규모

세계 크루즈 시장 환경을 살펴보면 항공산업, 호텔산업과 유사하게 큰 규모의 기업들끼리의 인수 · 합병이 활발해지고 있으며, 규모의 경제에 의해서 시장 경쟁구조가 과점화되고 있다고 할 수 있다. 이러한 현상은 위에서 언급된 항공산업, 호텔산업과 마찬가지로 크루즈산업도 시장에 진입하기 위해서는 초기투자비용이 많이 소요되어 시장진입장벽(market entry barriers)이 다른산업에 비해 상대적으로 매우 높은편이기 때문이라고 할 수 있다.

크루즈산업은 선박의 경쟁력 확보, 선상 매력물 확보 등을 통한 경쟁우위를 확보해야 하기 때문에 크루즈 선박이 점점 대형화되고 있으며, 공급초과에 따른 경쟁이 점차 치열해져 상품가격 하락과 시장의 세분화가 진행되고 있다고 할 수 있다. 이러한 시장환경하에서 전세계적으로 크루즈선을 보유한 국가는 러시아, 파나마 등 20여 개국이 있으며, 규모나 활동면에서는 미국, 영국, 노르웨이 등이 활발한 활동을 보이고 있다고 할 수 있으며, 세계 크루즈 관광선의 국가별 보유현황은 아래의 표와 같다.

[표 4-1] 세계 크루즈 관광선의 국가별 보유 현황

순위	국가	척수	순위	국가	척수
1	러시아	39	9	일본	6
2	파나마	25	10	리베리아	5
3	그리스	21	11	중국	5
4	노르웨이	16	12	네덜란드	3
5	바하마	11	13	프랑스	3
6	이탈리아	10	14	덴마크	3
7	미국	10	15	독일	2
8	영국	9			

자료 : 김천중, 크루즈관광의 이해, 백산출판사, 2008, p.46

2. 세계 주요 선사 현황

세계의 주요 선사는 일반적으로 4대 선사 또는 8대 선사로 구분하는데, 4대 선사로는 카니발크루즈(Carnival Cruise), 프린세스크루즈(Princess Cruise), 로얄캐리비언크루즈(Royal Caribbean Cruise), 스타크루즈(Star Cruise) 등으로 구분하며, 세계 8대 선사는 4대 선사와 더불어 셀러브리티크루즈(Celebrity Cruise), 코스타크루즈(Coasta Cruise), 홀랜드어메리카라인(Holland America Line), 노르웨이언크루즈(Norwegian Cruise) 등이 있다.

세계 4대 선사는 세계 크루즈선실의 약 75% 이상의 점유율을 차지하고 있으면서 세계 크루즈산업을 선도하고 있다고 할 수 있다. 이들은 기항지 선정에 있어서도 시장을 선도하고 있으며, 비교적 재구매 고객을 확보하고 있는 편이라고 할 수 있기 때문에 동일 고객에게 서로 다른 여행 목적지를 추천함으로써 매출을 증대시키고 있다고 할 수 있다.

[그림 4-1] 세계 8대 선사 로고

아시아에서 유일하게 세계 4대 선사에 포함된 스타크루즈는 동남아시아와 극동아시아를 중심으로 운항하고 있으며, 그 이외의 선사는 주로 카리브해와 알래스카 지역에 중점적으로 취항하고 있다. 따라서 현재는 아시아와 극동아시아를 운항하고 있는 선사의 활동은 매우 미약한 편이며, 향후 크루즈지역의 확대와 함께 많은 크루즈선박들이 아시아 지역을 기항할 것으로 예측된다.

3. 세계의 주요 크루즈지역

[표 4-2] 크루즈 지역별 계절 주요 승선항 및 기항항

지역	주요 승선항 및 기항항	시즌
알래스카(Alaska)	밴쿠버, 시애틀, 앵커리지	5월-10월
북미 북동부(Northeast)	뉴욕, 몬트리올	늦은 봄-가을
북미-리버 (North America-Rivers)	미시시피강 하구	매년
멕시코 태평양 연안 (Mexico Pacific Coast)	로스앤젤레스, 샌디에고, 아카풀코	겨울

지역	주요 승선항 및 기항항	시즌
바하마(Bahamas)	마이애미, 카나버럴, 탬파, 에버글레이즈	매년
카리브해-동부 (Caribbean Eastern)	마이애미, 에버글레이즈, 산후안	매년
카리브해-남부 (Carribean-Southern)	산후안, 아루바, 바베이도스	매년
카리브해-서부 (Carribean-Western)	마이애미, 에버글에이즈, 카나버럴, 탬파, 휴스턴, 갤버스턴, 뉴올리언스	매년
중해-서부 (Mediterranean-Western)	바르셀로나, 차비타베키아, 니스	늦은봄-초가을
지중해-동부 (Mediterranean-Eastern)	베니스, 이스탄불, 파레우스	늦은봄-초가을
유럽-대서양 (Europe-Atlantic)	말라가, 런던, 리스본, 르아브르	늦은봄-초가을
아일랜드, 영국, 북해(Ireland, England, North Sea)	런던, 코펜하겐	늦은봄-초가을
유럽-발틱해 (Europe-Baltic Sea)	함부르크, 코펜하겐, 상트페테르부르크	늦은봄-초가을
유럽-리버(Europe-Rivers)	론, 라인, 엘바, 볼가, 다뉴브항구	늦은봄-초가을
중남미	산후안, 리오데자네이루	10월-4월
태평양(Pacific Islands)	다양한 항구 이용	11월-4월
아시아(Asia)	다양한 항구 이용	10월-5월
아프리카-북서 (Africa-Northwest)	다양한 항구 이용	5월-10월
아프리카-동부 (Africa-East Coast)	몸바사, 다르에스살람	11월-3월
아프리카-서부 (Africa-West Coast)	다양한 항구 이용	11월-3월

자료 : Marc Mancini, Cruising : A Guide to the Cruise Line Industry; 김천중, 크루즈관광의 이해(2008), 백산출판사, pp.214-215에서 재인용.

4. 크루즈 터미널

크루즈 터미널이 갖추어야 할 기본시설에는 CIQ, 선사 데스크, 승객대기실, 수화물 처리시설 등이 있다. 그리고 승객을 위한 편의시설에는 스낵바와 같은 식음료 판매시설과 공항터미널과 같은 안내전광판 시스템, 면세점, 은행, 환전소, 우체국 등과 같은 시설이 있다.

그 외의 유관시설로는 환영 및 환송데스크, 버스 및 택시 정거장, 컨퍼런스 시설 등이 있다.

제5장

크루즈상품판매 및 선사업무

제5장

크루즈상품판매 및 선사업무

1. 여행업과 크루즈사업

1) 여행업의 이해

(1) 여행업의 출현

여행업의 시초에는 여러 가지 다양한 견해가 있지만 근대적인 여행업의 출현에 대해서는 일반적으로 토마스 쿡(Thomas Cook)을 실질적인 여행업의 시초로 보는 견해들이 많이 있다. 토마스 쿡은 1845년 영국에서 본격적으로 여행업을 시작하였는데 초창기의 여행사는 철도, 버스, 기선표만을 판매하였으나 항공수단의 발달로 본격적인 여행업이 시작되었다고 할 수 있다.

1845년 영국에서 토마스 쿡사가 설립된 이후 1850년에 미국에서 아메리칸 익스프레스사가 설립되었으며, 아시아에서는 1912년 일본에서 일본교통공사(JTB: Japan Travel Bureau)가 설립되었다. 우리나라 여행업의 시초는 1912년 12월 일본국의 일본교통공사 조선지부가 설립, 운영된 것으로부터 시작되었다. 당시 일본교통공사의 주된 설립목적은 일본국에 외국인을 유치하고 내방객에게 편의를 도모해 주는 한편, 일본인들의 한반도 이민업무 그리고 식민지화를 위해 필요한 업무를 지원, 제공해 주는 데 그 목적을 두었다. 우리나라에 지부로 설립되어 운영되어 온 일본교통공사의 조선지부는 일본국의 침략야욕 확대와 함께 활발히 활동해 오던 중 1945년 8월 15일, 광복을 계기로 한국인 직원들이 재산과 관리일체를 인수받게 되었고, 같은 해 10월에는 조선여행사라는 이름으로 여행사를 설립, 운영하였다.

1949년 조선여행사는 사단법인 대한여행사로 개명하게 되었고 한국전쟁으로 업무가 일시 중단되었다가 1953년 휴전과 함께 12월 재발족 되었다. 대한여행사는 1962년 발족된 한국관광공사에 1963년 2월 1일 흡수 · 합병되었으며, 1973년 6월 31일 민영화됨으로써 현재의 대한여행사라는 명칭으로 우리나라 여행사의 효시가 되었다(변우희 외, 2002: PP. 115-116).

(2) 여행업의 개념

최근 여행업은 여가시간의 증대, 소득의 증가, 교통수단의 발달 등으로 인하여 빠른 속도로 성장하고 있는 업종 중 하나라고 할 수 있다. 여행업의 개념에 대한 정의는 다양하지만 여행업은 일반적인 개념과 법률적인 개념으로 나누어서 생각할 수 있다.

먼저 법률적으로 살펴보면 관광진흥법상에서 여행업은 “여행자 또는 운송시설 · 숙박시설 기타 여행에 부수되는 시설의 경영자 등을 위하여 당해시설이용의 알선이나 계약체결의 대리, 여행에 관한 안내 기타 여행의 편의를 제공하는 업”이라고 정의되고 있다. 일반적인 관점에서의 여행업을 정의해 보면 여행업이란 운송시설 · 숙박시설업자 등과 같이 여행자들을 대상으로 사업을 운영하는 시설업자와 이를 이용하게 될 여행자와의 중간의 위치에서 여행자를 위하여 예약 · 수배 · 알선 등과 같은 서비스를 고객들에게 제공하고 시설업자들로부터 일정한 비율의 수수료(commission)를 받는 사업이라고 할 수 있다.

(3) 여행업의 특성

여행업의 특성은 다양한 관점에서 설명될 수 있지만 다른 업종과 비교해볼 때 여행업만의 경영적인 특성을 종합적으로 살펴보면 다음과 같은 특성을 갖는다고 할 수 있다.

가. 입지의존성

디지털경제의 도래와 그 중심에 있는 인터넷 사용의 일반화로 모든 산업에서 오프라인(off line)에 대한 의존도가 줄어들고 온라인(on line)에 대한 의존도가 급속하게 증가하고 있다. 이러한 경영환경 하에서도 여행사는 다른 업종과 비교해서 고객들이 찾기 쉬우면서도 고객의 눈에 잘 띄는 곳에 위치해야 한다는 특성을 갖는다. 그래서 대부분의 여행사는 대도시의 중심가에 위치하고 있다. 여행업에 있어서 입지의존적 특성이 중요시되는 이유는 여행사의 입장에서 고객들의 접근의 용이성이 여행사의 매출에 직접적으로 영향을 미치기 때문이다.

특히, 아웃바운드의 경우 잦은 해외출장으로 항공권의 수요가 많은 기업체들이 밀집되어 있는 지역이나 여권 및 비자수속이 용이한 대사관 근처에 위치해야 보다 더 경쟁력을 가질 수 있다고 할 수 있다. 또한, 여행업은 다른 업종에 비해 신용이 중요시되는 업종이기 때문에 여행사의 위치와 규모가 신용도에 미치는 영향도 크다고 할 수 있다.

나. 노동집약적 산업

여행업은 다른 서비스산업과 마찬가지로 인적자원에 대한 의존도가 매우 높은 노동집약적 산업이다. 이렇게 여행업이 노동집약적산업인 이유는 여행업의 주요업무로는 여행상품기획 및 개발업무, 상담업무, 수속대행업무, 예약 및 수배업무 등이 있는데 이러한 업무들이 여행업의 특성상 업무의 자동화가 이루어지기 어렵다.

여행업은 소비자들의 욕구가 다양하고, 여행상품의 특성상 모방이 용이하기 때문에 제품들 간의 차별화가 어려워 결국 인적자원의 서비스가 상품의 품질을 결정하는 중요한 요소가 되기 때문에 다른 업종에 비해 상대적으로 인적자원에 대한 의존도가 매우 높다고 할 수 있다.

다. 과당경쟁구조

여행업은 다른 업종에 비해서 상대적으로 소자본 창업이 가능하다. 따라서 계속해서 많은 업체가 생겨나기도 하고 문을 닫기도 한다. 그렇기 때문에 다른 업종에 비해서 시장진입장벽이 낮기 때문에 경쟁이 더욱 치열하다고 할 수 있다. 또한, 여행상품은 모방이 용이하기 때문에 특화된 상품이나 서비스품질로 경쟁을 하는 것이 아니라 가격이 중요한 경쟁력이 되고 있기 때문에 더욱더 치열한 경쟁이 일어나고 있다고 할 수 있다.

라. 계절적 수요탄력성

여행업은 계절적, 요일적, 시간적 요인 등에 의해 집중성이 강한 업종이기 때문에 성수기와 비수기의 수요탄력성이 매우 높다. 일반적으로 방학기간과 주말에, 계절적으로는 겨울보다는 봄 · 가을에 여행수요가 집중되어 있으며 국외여행은 자녀들이 방학을 하게 되는 여름과 겨울에 집중되는 현상을 보이고 있다. 여행사들은 여행상품의 가격차별화와 여행조건의 차별화 등을 통하여 수요의 탄력성에 적절하게 대처할 수 있는 여행상품의 개발이 필요하다.

마. 신용사업

여행업은 유형의 상품이 아닌 무형의 상품을 판매하고 서비스를 제공하기 때문에 더욱 신용이 중시되고 있는 업종으로서 여행업의 특성 중 신용사업은 여행소재공급업자인 시설업자와의 신용관계와 소비자인 여행객과의 신용문제 두 가지로 나누어서 생각할 수 있다.

신용은 여행사의 사업성을 좌우할 수 있는 중요한 요소로써 소비자들은 여행상품을 구매할 때 선불로 여행경비를 지불하고 있으며 여행관련 소재업자도 여행사에 대한 신뢰성을 바탕으로 공급량을 조절하고 있기 때문에 여행사를 운영하는데 있어서 신용은 사업의 성공과 실패를 결정하는 가장 중요한 요소 중 하나라고 할 수 있다.

바. 낮은 위험부담률

여행업은 다른 관광사업에 비해 고정자본의 투자가 적기 때문에 경영실패로 인한 위험부담률이 상대적으로 매우 낮다고 할 수 있다. 현재, 관광진흥법에 규정된 법적 자본금이 일반여행업 3억 5천만 원, 국외여행업 1억 원, 국내여행업 5천만 원이지만 설립자본금은 사무실 임대보증금 등의 설비자본과 운영자금을 포함한 것이며, 등록신청 시 납입자본금을 증빙하기 위한 금액으로 볼 때 사무실 임대와 사무실 설치를 위한 집기, 비품과 사무기기 등을 갖출 수 있는 설비자본금만 가지고도 여행업을 개업할 수 있다.

또한, 여행상품도 대부분 주문생산방식이기 때문에 재고나 먼저 투자 할 것에 대한 염려를 하지 않아도 되기 때문에 타 업종에 비해 위험부담률이 낮다고 할 수 있다.

2. 여행업의 분류

여행업은 일반적으로 여행업의 사업범위와 대상에 따라 일반여행업, 국외여행업, 국내여행업으로 분류할 수 있다. 또한, 유통형태에 따라 모든 여행업무를 취급하는 종합여행사, 다른 여행사에 도매만을 취급하는 도매형 여행사, 소매업을 하는 소매형 여행사, 여행상품의 조성부터 판매까지 일괄적으로 취급하는 직판형 여행사로 분류할 수 있다.

1) 여행업법에 의한 분류

(1) 일반여행업

일반여행업은 내국인의 국내여행과 국외여행(outbound tour) 알선업무뿐만 아니라 외국인을 대상으로 국내여행을 유치하고 안내하는 업무(inbound tour)까지 수행하는 종합적인 여행업을 말한다.

(2) 국외여행업

국외를 여행하는 내국인을 대상으로 하는 여행업을 말한다.

(3) 국내여행업

국내여행업이란 내국인에게 국내여행상품을 개발하여 판매할 뿐만 아니라 이를 알선하고 안내하는 여행업을 의미한다. 즉, 국내를 여행하는 내국인을 대상으로 하는 여행업을 말한다.

2) 유통형태에 의한 분류

(1) 종합여행사

여행관련 공급업자가 제공한 단위상품들을 결합하여 하나의 완전한 여행상품으로 만들어 여행소매업자 및 일반여행객들에게 판매하는 여행사를 말한다.

(2) 도매형 여행사

여행공급업자로부터 여행소재를 제공받아 직접 소비자에게 판매하는 것이 아니라 소매업자에게 판매하는 여행사를 말한다.

(3) 소매형 여행사

여행도매업자가 생산한 여행상품을 제공받아 최종소비자들에게 판매하는 여행사를 의미한다.

(4) 직판형 여행사

여행상품의 조성부터 판매까지 모두 자사에서 취급하는 여행사를 말한다.

3) 여행업과 크루즈 업무

여행사가 크루즈 예약업무를 수행함에 있어서 고객은 선박과 항해 날짜를 선택한 다음 요금의 종류를 선택한다. 일반적으로 크루즈상품을 예약하게 되면 크루즈회사는 구두로 예약을 확인하며, 대부분의 경우 고객은 7일 안에 크루즈 회사에 비용을 지불해야 최종 예약이 이루어지게 된다. 고객이 지정한 날짜까지 요금 지불이 이루어지지 않으면 예약은 자동적으로 취소되게 되며 마지막 요금 지불은 일반적으로 선박의 항해 전 45~60일 사이에 완료된다.

여행사에서 예약업무를 수행할 때 필요로 하는 고객의 정보로는 승객이름, 여행 스케줄, 이용할 수 있는 시간, 경비, 서비스 등급, 객실 요구사항, 활동 정도, 원하는 항해 날짜, 식사준비시 요구사항, 육지에서의 짧은 여행 등이 있다.

일반적으로 대부분의 크루즈여행의 예약은 취소수수료를 지불하게 되는데 취소수수료의 규정과 여행조건은 계약금이 지불되기 전에 승객들에게 정확하게 명시되어져야 한다.

3. 크루즈 상품

1) 크루즈 상품 가격

크루즈 상품의 가격은 크루즈 운항기간(duration of cruise), 계절(season), 객실 위치 및 사용객실의 크기(cabin location and size), 크루즈 선박의 프로필(ship profile) 등에 따라 달라지는데, 일반적으로 크루즈 선사는 가동률과 객실 점유율 제고가 중요하므로 촉진수단으로 할인요금의 적용, 비수기 요금설정, 단골 승객에 대한 요금할인, 한 객실을 여러명의 승객이 사용할 때 제공되는 할인

제도, 일정기간 전에 예약을 한 승객에 대한 할인율 적용 등의 방법에 의해 신규 수요를 창출하거나 기존고객의 이탈을 최소화하는 전략을 구사하게 된다(김천중, 2008 참조).

고객이 선사에 제공하는 크루즈 요금에 포함된 사항으로는 운송(transportation), 선상에서의 각종 편의제공(various convenience on ship), 식사(meal), 오락프로그램의 참석과 각종의 선상활동(recreation activities), 기항지에서 선박으로부터 육지에 도착하는 운송수단 이용 및 그 반대 방향으로 이루어지는 운송수단의 이용(pilot service) 등과 관련된 부분이 있다.

크루즈 요금에 포함되는 비용이 아니라 선택적인 요금사항으로는 기항지관광(shore excursion), 치료비용(medical expense), 세탁비용과 같은 개인서비스 비용(service charge), 카지노(casino) 비용 등이 있다고 할 수 있다.

2) 크루즈 상품 예약

크루즈 상품의 예약을 위해서는 여행 목적지 결정, 여행 시점 결정, 선실 등급의 결정, 예약 시 승객에 관한 필요 정보, 예약 확정서 발급 및 신청금 입금, 잔액의 완납 및 승선 서류 발급 등의 과정이 필요하다.

먼저, 여행목적지와 여행시점의 결정은 일반 패키지 상품과 동일한 부분이며, 고객들을 상담을 통하여 언제 어느 곳을 크루즈를 통해서 여행할 것인지를 결정해야 한다. 특히, 알래스카, 지중해, 북유럽의 경우는 연중 운행하지 않으므로 여행시점의 결정을 하기 위해서 미리 정보를 수집한 후 에 결정하는 것이 매우 중요한 부분이라고 할 수 있다.

선실등급의 결정은 내측, 오션뷰, 발코니, 스위트 선실로 구분되며 각 등급별로 요금이 다르기 때문에 여행경비 예산에 따라서 결정을 해야 한다. 예약시 필요한 승객과 관련된 부분은 예약을 원하는 일정 및 날짜, 성명, 생년월일, 여권번호 등이다.

예약확정서 발급과 관련해서는 예약일정, 선실요금, 항구이용료, 세금, 신청서 입금 요청사항, 취소료 적용 일자가 안내되어 있는 예약확정서가 발급되며 예약 확정 1주일 내에 신청금을 입금하면 예약이 최종확정된다.

4. 크루즈선상 주요시설

1) 선내시설

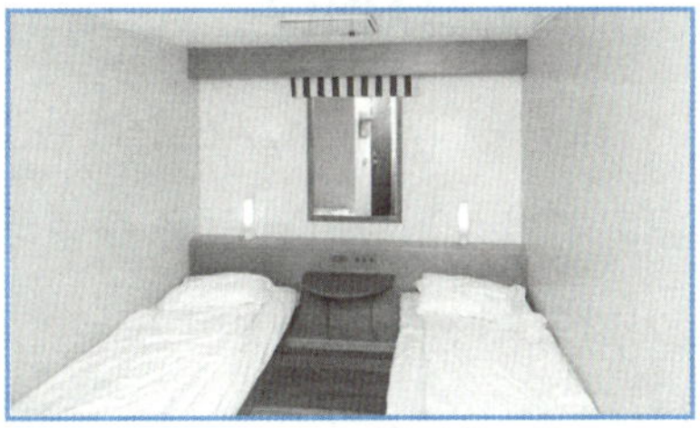

크루즈의 침실은 캐빈과 스테이트룸으로 구분할 수 있는데, 캐빈은 다른 고객들과 함께 사용하지만 스테이트룸은 개인실을 의미한다. 예전에 운항하는 크루즈들은 스테이트룸이 한 두 개 정도 밖에 없었지만 지금은 대형선박의 경우 몇 개의 스테이트룸을 가지고 있다.

최근 대부분의 크루즈 선사들은 캐빈이나 스테이트룸으로 고객을 구분하며 캐빈의 공간은 크루즈선의 크기, 침대 수, 앉을 공간에 따라 다양하며 샤워시설도 제공된다.

2) 갑판

크루즈의 갑판은 단층부터 10층 이상까지 다양하며 갑판 설계는 각 갑판마다 선실과 공동사용실의 위치를 편리하고 쉽게 알 수 있도록 배치한다.

다기능 선박에서 층의 위치는 고객이 캐빈을 선택할 때 중요한 요인이 될 수 있는데, 그 이유는 낮은 층일수록 흔들림이 적으며, 중간층은 식사와 유흥에 적합하고, 고층의 캐빈은 전망을 즐길 수 있기 때문이다.

3) 크루즈 설비

크루즈 설비는 크루즈의 종류, 여행노선, 일정에 따라 다양하다고 할 수 있는데, 대부분의 기본시설들은 식음료와 여가서비스를 제공한다. 보통의 크루즈들은 최소한 한 개 이상의 식당과 칵테일 라운지를 보유하고 있으며, 대형 크루즈 정기선들은 이 뿐만 아니라 카지노와 오락라운지, 상점들을 보유하고 있다.

4) 식음료서비스

대부분의 크루즈들은 3~4일간의 일일식사를 요금에 포함시키고 있으며, 식음료 서비스와 관련된 높은 수준의 서비스를 제공하고 있다. 대부분의 크루즈는 2가지의 만찬식사 시간이 있는데, 정규식사시간과 늦은식사시간이 있다. 또한, 대부분의 크루즈는 어린이와 노인 승객들에게는 특별한 배려를 하고 있으며, 고객 개개인의 요구를 최대한 수용하기 위해서 노력하고 있다.

5) 기항항

크루즈 여행을 하면서 이국적인 항구관광은 관광객들에게 가장 중요한 요소라고 할 수 있으며, 크루즈의 종류, 지역의 매력도 등 여러 요인들에 의해서 목적지와 체류기간이 달라질 수 있다.

5. 크루즈 위생안전 및 보안

1) 위생안전

대부분의 크루즈의 승무원 캐빈과 승무원 공간은 승객들이 이용하는 공간 아래층에 위치해 있는데, 일반적으로, 승무원들은 2개의 침대와 개인 욕실시설을 갖춘 숙소를 배정받게 되는데 항상 위생과 관련하여 주의를 기울여야 한다.

크루즈에서의 위생과 관련하여 모든 직원들은 회사에 방침에 따라야 할 책임이 있으며, 규정에 따르지 않는 것을 보고해야 할 의무가 있다.

위생과 관련하여 승무원들은 위생에 대해서 항상 주의를 기울여야 하며, 몸이 좋지 않을 시에는 즉시 치료를 받아야 한다. 또한, 용모는 항상 단정하게 유지해야 한다.

2) 보안

크루즈의 승무원들은 육지의 근무환경과 매우 다른 환경에서 근무하게 되기 때문에 승객들에게 긴급상황에서 신속한 서비스를 제공해 주어야 한다. 언제든지 긴급상황이 발생하기 때문에 승무원들은 이러한 긴급상황에 항상 대처할 능력을 갖추고 있어야 한다.

6. 크루즈 선상생활

크루즈는 숙박을 할 수 있는 운송수단이기 때문에 육지에서와 같이 호텔숙박료와 교통운송비를 따로 지불할 필요가 없는 관광상품이다. 또한, 크루즈 여행을 통해서 바다 한가운데서 분위기 있는 식사를 즐길 수 있으며, 선상에서 제공되는 다양한 레크리에이션 프로그램에도 참여하여 즐거움을 만끽할 수 있다.

크루즈에서는 여러 가지 다양한 프로그램들을 고객들에게 제공하고 있는데, 이러한 다양한 프로그램을 통해서 고객들은 지루함을 달래고 편안한 여행을 즐길 수 있다. 일반적으로 크루즈에서 제공되는 서비스로는 골프, 요가 등과 같은 동적인 서비스와 편안한 휴식을 위한 바 혹은 라운지 등을 제공하고 있다.

이러한 점으로 인하여 크루즈는 이동시간을 즐겁게 즐길 수 있으며, 세계의 여러 다양한 문화도 함께 체험할 수 있는 기회를 가질 수 있으며, 선상에서 벌어지는 화려한 파티를 통해서 크루즈 여행의 즐거움을 최대한 느낄 수 있다.

제6장

글로벌화와 크루즈경영

제6장

글로벌화와 크루즈경영

1. 글로벌화의 개념

최근 세계경제가 큰 변화를 겪고 있는데 그 핵심적인 내용은 여러 가지 장벽에 의해서 국가별로 운영되던 경제시스템이 국가별로 언어(language), 문화(culture), 거리(distance) 등의 차이에도 불구하고 점점 하나의 경제 시스템으로 통합되는 경향을 나타낸다는 것이다.

이러한 현상속에서 여러 국가들간의 상호의존성(interdependence)도 점차 높아지고, 모든 산업은 더욱 빠른 속도로 글로벌화 되어 가고 있고 글로벌기업들은 서로 무한경쟁을 하고 있는 현실이다.

글로벌화(globalization) 또는 우리말로 세계화에 대한 정의는 다양하지만 일반적으로 기업이 개별국가시장에 대해 각각 다른 전략을 취하기 보다는 전세계 시장을 하나의 시장으로 보고 통합된 전략을 수립하는 것을 의미한다(Porter, 1986; 장세진, 2004).

글로벌화는 시장의 글로벌화와 생산의 글로벌화의 두 가지 주요한 부분으로 구성되어 있는데, 시장의 글로벌화란 국가별로 나누어져 있던 시장을 하나의 거

대한 글로벌시장으로 합병하는 것을 의미한다. 생산의 글로벌화는 기업들이 노동력. 토지. 원자재. 에너지 등의 생산요소들을 가격과 품질측면에서 국가별 차이를 이용하여 제품과 서비스를 다른 지역에서 생산하는 경향을 나타내는 것을 의미하는데, 생산의 글로벌화가 일어나는 이유는 기업들이 경쟁기업들보다 경쟁우위를 확보하기 위하여 낮은 비용구조와 높은 품질을 소비자들에게 제공하기 위하여 노력하기 때문이다.

글로벌화와 국제화(internalization)를 비교해보면, 국제화는 국가 단위로 시장이 구성되었던 상황에서 한 국가에 있던 기업이 다른 국가로 진출하는 것을 의미했던 반면, 글로벌화는 국가별로 시장을 구분하는 의미가 없어졌다는 것이다. 글로벌화된 환경하에서는 제품. 서비스. 기술 등이 각 국가에서 국가로의 이동이 자유롭고, 인적자원과 자본의 흐름도 자유롭다고 할 수 있다.

특히, 글로벌화가 관광산업에 미치는 영향은 매우 크다고 할 수 있는데 글로벌화로 인해 국제관광이 촉진되어 관련 산업이 빠른 속도로 성장하고 있다. 이러한 글로벌경영환경하에서국제관광과 관련된 기업인 호텔, 항공사, 외식업체, 여행사 등이 다국적기업화 되어가고 있는 추세이다. 따라서, 글로벌화는 이제 일반적인 현상이 되었으며 국제관광경영적인 측면에서도 많은 국제 관광기업들이 급변하는 글로벌 경영환경에 적합한 경영전략을 수립하는 것이 필요하다고 하겠다.

2. 글로벌화의 촉진요인

1) 자본집약적인 생산방식과 규모의 경제의 중요성 증대

우리나라의 많은 기업들이 해외로 진출하는 것을 일반화하고 있는데 가장 큰 이유 중 하나우리나라 소비자들만을 대상으로 제품을 판매하게 되면 생산비용을 충당하기가 어렵기 때문이다. 그만큼 이제는 글로벌화가 일반화되었고 글로벌 경영환경의 변화도 급속하게 일어나고 있다.

이러한 환경하에서 최근 모든 산업의 생산방식에서 공통적으로 일어나는 현상 중 하나는 노동집약적인 생산시스템에서 자본집약적인 생산시스템으로의 전환 가속화를 들 수 있다. 이러한 현상은 생산 활동에 있어서 노동비용의 비중이 점차 감소하는 동시에 자본비용이 증가한다는 의미인데, 자본비용 증가의 주요한 이유는 연구개발비용의 증가와 첨단생산설비로 인한 비용 증가이다.

이러한 현상은 정보통신(telecommunication)과 생명공학(biotechnology) 등의 첨단산업과 자동차, 화학 등 생산비용이 많이 소요되는 산업에서 더욱 두드러지게 나타나고 있다. 이러한 생산활동비용의 증가로 기업의 입장에서는 규모의 경제(economies of scale)를 이용한 대량생산을 하게 되고, 각 국가별 내수시장만으로는 대량생산된 제품의 수요가 한정되어 있기 때문에 전세계시장으로의 제품판매를 모색하게 된다. 우리나라의 현대, 기아자동차가 세계 곳곳에 생산기지를 건설하고 전 세계시장을 대상으로 자동차 판매에 힘쓰는 것이 좋은 예라고 할 수 있다.

2) 기술의 발전

글로벌화를 촉진시키는 요인 중 하나는 기술의 발전인데, 특히, 교통기술의 발전, 정보통신기술의 발전, 첨단산업기술의 발전 등을 이유로 들 수 있다. 먼저, 교통기술의 발전과정을 살펴보면, 제2차 세계대전 이후 항공산업기술의 발전과 컨테이너 운송의 도입으로 급격한 교통의 발전을 가져왔으며 이러한 교통산업의 급속한 발전이 글로벌화를 더욱 촉진시키는 중요한 원인이 되었다. 빠른 기술의 발전과 더불어 많은 연구개발(R&D)에 대한 투자가 글로벌화를 촉진시키는 원인이 되었다.

예를 들어 첨단산업이라고 할 수 있는 전자, 통신, 컴퓨터, 의약품제조산업 등에서는 총매출액에서 연구개발비용이 차지하는 비율이 평균적으로는 7~8%, 높게는 15%까지도 소요되고 있는데, 이와 같이 연구개발비용이 많이 투자되는 사업에서는 국내시장의 수요만으로는 그처럼 높은 연구개발비를 충당하기 힘들다. 그렇기 때문에 위에서 언급된 첨단산업의 경우 전세계시장을 대상으로 신제품개발과 판매가 지속되어야 연구개발비용을 충당할 수 있게 된다. 따라서 이렇게 첨단산업에 속해 있는 다국적기업들이 시장을 전세계를 대상으로 하고 있기 때문에 글로벌화는 더욱 가속화되고 있다고 할 수 있다.

3) 전 세계 소비자 취향의 동질화

글로벌화의 가장 큰 요인 중 하나는 이질적이었던 각국 소비자의 취향이 점점 동질화되어가고 있다는 점이다. 이렇게 전세계소비자의 수요와 구매행태가 과거에 비해 동질화되어가고 있는 가장 큰 이유는 인터넷을 중심으로 한 정보통신기술의 발전이라고 할 수 있다.

이와 같이 하루가 다르게 발전하고 있는 정보통신기술의 발전으로 기업들은 전 세계를 단일시장으로 보고 빠른 시간내에 전세계소비자들의 수요에 부응할 수 있는 제품을 만들어야 경쟁력을 가지고 생존할 수 있게 되었다.

여기서 한 가지 비교해야 할 점은 최근 전세계 소비자 취향의 동질화는 과거의 국제화의 영향으로 선진국에서 먼저 개발된 제품이 점차 저개발국가로 이동되어 시차를 두고 전 세계 소비자 취향이 동질화 되었던 이른바 제품수명주기이론(product life cycle theory)과는 다르다는 것이다. 예전에는 시차를 두고 전세계 소비자 취향의 동질화가 있었던것에 비하여 최근에는 인터넷의 일반화로 선진국과 후진국과의 약간의 시차는 있겠지만 거의 비슷한 시기에 같은 제품이나 서비스에 대해서 전 세계의 모든 소비자들의 취향이 동질화 되었다고 할 수 있다.

또한, 소비자취향의 동질성이 비슷한 시기에 나타나는 다른 이유로 전세계 소비자들의 구매력 증대를 꼽을 수 있다. 개발도상국들의 경제적 발전이 국민들의 소득증대로 나타나고 이러한 국민들의 소득증대가 선진국에서 생산되는 제품을 소비하려는 경향으로 나타나고 있다.

4) 무역장벽의 감소

최근 전 세계적으로 극소수의 국가를 제외하고 무역장벽이 낮아지고 있는 상황이며, 자본의 이동도 자유로워지고 있다. WTO(World Trade Organization : 세계무역기구)체제의 출현으로 이러한 현상을 앞으로 더욱 가속화될 것으로 예측된다.

요즘 활발하게 진행되고 있는 여러 국가들과의 자유무역협정(free trade agreement)의 진행 등에 힘입어 가까운 시일안에 국가간의 무역장벽의 감소는 더욱 더 가속화 될 것으로 예측된다.

이러한 글로벌 경영환경의 변화속에서 우리나라의 관광기업들도 글로벌화된 세계적인 관광기업들과 경쟁하기 위해서는 우리나라 기업들만이 보유한 경쟁우위를 활용할 수 있는 적합한 방법을 찾아보는 것이 시급하다고 할 수 있다.

사례 글로벌라이제이션

롤랜드 빌링어(Roland Villinger) 맥킨지 서울사무소 대표
강혜진 맥킨지 서울사무소 부파트너

기업의 글로벌라이제이션(globalization)이란 기준으로 평가할 때 한국은 소수정예라는 특징을 갖고 있다. 글로벌 시장이란 링에 오른 기업은 많지 않지만, 챔피언은 많이 배출했다는 얘기다. 맥킨지가 2005년 말 기준으로 전 세계 시가총액 상위 2000개 기업(G2000)을 글로벌 경쟁력에 따라 등급을 평가한 결과, 3.4%인 68개 기업이 최고 등급인 '글로벌 챔피언(global champion)' 으로 분류됐다. 글로벌 챔피언은 과거 10년간의 경영성과, 진출지역 및 사업의 다각화 정도, 매출액 · 시가총액 등 다양한 항목에서 강력한 글로벌 위상을 갖고 있는 기업으로, MS(마이크로소프트) · GE(제너럴일렉트릭) · 존슨앤존슨(Johnson&Johnson) · HSBC 등 내로라하는 서구 기업들과 함께 인도 릴라이언스그룹(Reliance Group) 등 아시아 기업들도 포함돼 있다.

■ 소수정예 한국의 글로벌 기업

조사결과를 들여다보면, 한국 입장에서 고무적인 현상과 우려스러운 대목이 한 가지씩 눈에 띈다. 먼저 고무적 현상은 한국이 경제규모에 비해 글로벌 챔피언을 많이 배출했다는 것이다. 세계 GDP에서 한국의 비중은 2% 남짓이지만, 글로벌 챔피언 중 4%(3개)를 한국 기업들이 차지했다. 실제로 GDP 1조 달러당 글로벌 챔피언의 수는 한국이 3.7개로, 미국(2.2개), 일본(0.7)개, 중국(0.4개) 등을 능가한다.

반면 우려스러운 대목은 한국에 글로벌 기업의 저변이 취약하다는 것이다. G2000 중 한국기업의 비중은 2%(41개)로 글로벌 챔피언(4%)의 절반 수준이다. 또 글로벌 챔피언의 다음 등급인 '글로벌 유망주(global contender)' 로는 G2000 중 426개 기업이 선정됐는데, 이중 한국기업의 비중은 2%(9개)에 그쳤다. 글로벌 유망주는 내수 시장에서 강력한 경쟁력을 갖추고 있지만, 사업규모와 진출지역, 사업분야의 다양성 등에서 글로벌 챔피언만큼의 수준을 확보하지 못한 기업이다. 인도 복제약(generic) 의약품 시장의 선두주자인 란박시(Ranbaxy)같은 기업들이 글로벌 유망주에 해당한다.

반면 중국의 경우, 글로벌 챔피언에서 차지하는 비중은 2%로 낮지만, 점진적으로 세계화를 진행하는 G2000이나 글로벌유망주에서 차지하는 비중은 각각 4%로 한국보다 높다. 특히 중국과 인도 기업들이 빠른 속도로 글로벌화하고 있다는 점을 감안할 때, 한국의 소수정예주의가 오래 지속되기는 어려울 것으로 보인다. 단적인 예로, 해외직접투자액의 경우 한국은 2003년 34억달러에서 2006년 71억달러로 연평균 28% 증가하는 데 그쳤지만, 중국과 인도는 같은 기간 연평균 77%, 68% 급증했다.

■ 글로벌라이제이션의 6가지 과제

글로벌라이제이션은 한국 기업이 피할 수 없는 숙명적 도전이자 극복해야 할 과제다.하지만 성공적으로 글로벌화하는 것은 쉬운 일이 아니다. 실제로 성공보다는 실패 사례가 더 많다. 글로벌화 추진 과정에서 기업들이 직면하게 되는 주요 도전과제는 다음과 같다.

①"왜 글로벌인가?" 목표와 전략을 명확히 하라

의외로 글로벌화를 주장하는 많은 기업들이 왜, 어디서, 어떻게, 언제 글로벌화할지에 대한 명확한 전략을 갖고 있지 않아 실패하곤 한다. 글로벌화를 추진하는 기업들은 다음과 같은 몇 가지 질문을 던져봐야 한다. 진출하려는 시장이 매력적인가, 새로운 사업을 구축할 것인가 아니면 기존 업체를 인수 할 것인가, 언제 어떻게 글로벌 전략을 실천에 옮길 것인가, 언제까지 임직원들의 역량을 글로벌 수준으로 키워야 하고 그를 위해 얼마만큼의 노력1이 필요한가 등이다. 한발 더 나아가, 기업들은 R&D부터 판매까지 가치사슬(val-ue chain)의 어떤 부분을 어느 지역에서 특화시킬 것인지를 고민해야 한다. 예컨대 원가경쟁력이 중요하면 인건비 · 재료비 · 운송비 등이 싼 지역에, 기술 경쟁력이 중요하면 인재 선발과 활용이 유리한 곳에 거점을 두는 식이다. 의류업체 리앤펑(Li&Fung)은 37개국 7500개의 협력기업 네트워크를 구축해 활용하고 있다. 방한복을 만들 때 직물 공급은 중국, 디자인은 홍콩, 지퍼는 대만, 재봉 작업은 방글라데시에서 이루어지는 식이다.

② 항상 M&A에 준비된 자세 갖춰야

HSBC와 미탈스틸 등 글로벌 챔피언의 약 65%는 인수합병(M&A)을 통한 성장에 크게 의존하고 있다. 반면 한국 기업들은 글로벌 M&A에 소극적이다. 언제라도 M&A를 추진할 수 있는 철저한 준비가 돼 있지 않을 경우, 매물이 시장에 나온 뒤에야 다급하게 검토하게 되므로, 인수기회를 놓치거나 너무 비싼 가격을 지불하는 잘못을 저지르기 쉽다. 이를 해결하려면 먼저 M&A의 전략적 목적을 명확히 한 후 잠재적 인수대상 리스트를 작성해 관리해야 한다. 또 회사 내에 M&A 전담팀을 구성해 내부적으로 전문성을 쌓고, 외부에 신뢰할만한 투자은행(IB)과 컨설팅회사 같은 자문단을 확보해야 한다. 세계 1위 철강업체인 미탈스틸 회장의 회고록에는 "그의 성공은 전 세계 지도를 놓고 손실을 내는 철강회사를 찾아 인수하고 흑자로 돌려놓는 노력에 있었다. 그는 끊임없이 다음 거래를 찾고 있다"는 평가가 실려 있다.

③ 외국의 법적 · 사회적 리스크를 고려하라

해외 M&A를 추진할 때는 노동법, 퇴직금 제도, 환경규제 등 그 나라만 독특하게 갖고 있는 위험요소를 고려해야 한다. 예컨대 미국의 경우, S&P500대 기업의 85%는 퇴직연금을 지급하기 위한 내부 유보금이 부족한 상태이며, 부족금액은 총 1500억 달러에 달한다. 이러한 사안들을 제대로 평가하지 않고 인수했다가는 큰 낭패를 겪게 된다. 기업들은 정치 · 여론 등 경영 외적인 변수를 과소평가하는 경향이 있다. 중국 국영 해양석유공사(CNOOC)는 미국의 에너지 회사인 유노칼(Unocal) 인수를 시도했다가 반대 여론 때문에 실패했다. 중국의 유노칼 인수를 반대했던 측은 "기간산업을 '적성국(敵性國)' 에 매각하는 것은 국가안보를 위협하는 것"이라며 반대여론을 조성했다. 중국은 대대적인 홍보캠페인을 벌였지만 효과를 보지 못했다.

④ 자사의 브랜드와 기업이미지 구축에 투자하라

글로벌 기업으로 성장하겠다는 야망을 가진 회사는 브랜드 가치와 기업이미지를 구축하는 투자를 게을리해서는 안 된다. 기업 이미지는 해외 시장에서 빨리 성장하는 데 큰 장애물이 될 수도 있다. 급성장하는 중국이 이미지 관리에 실패한 대표적 국가다. 글로벌 브랜드 담당자들을 대상으로 'Made in China' 표시가 중국기업의 이미지에 도움이 되는가, 해가 되는가"를 물어봤을 때 79%가 "해가 된다"고 답했다. 또 중국 제품을 봤을 때 떠오르는 5가지 단어는 '싸다' '품질이 낮다' '가치가 낮다' '신뢰할 수 없다' '정교하지 않다' 로 조사됐다.

⑤ 글로벌 인재를 유치하고 충분한 책임과 권한을 부여하라

글로벌 경영을 주장하는 한국기업들이 가장 취약한 분야다. 선도적인 한국전자회사들은 매출액의 80%가 해외에서 발생하지만 외국 임원 비중은 평균 2~3%에 불과하다. 해외사업장의 주요 요직은 대부분 한국 본사에서 파견된 임직원들이 차지하고 있다. 이들은 다국적 문화에 대한 경험과 이해도가 낮을 뿐 아니라, 공식적인 보고체계를 무시하고 본사의 직속상사에게 비공식적으로 보고함으로써 현지 임직원들의 사기를 떨어뜨린다.

한국 기업들이 진정한 글로벌 기업으로 발돋움하고 싶다면 보다 적극적으로 외국인 경영진과 인재를 영입하고, 이들에게 적절한 책임과 권한을 부여해야 한다. 그러지 않으면 역량 있는 글로벌 인재의 유치는 더욱 어려워진다.

⑥ 조직과 문화의 통합을 위해 최고경영진이 직접 나서라

마지막으로, 장기적인 관점에서 조직과 문화를 통합하는 노력이 필요하다. 기업이 세계화할수록 조직은 더욱 복잡해지고, 임직원들은 자신의 생각을 정확히 전달하는 데 어려움을 겪게 된다. 문화 · 언어 등의 차이로 여러 국적의 동료와 일할 때 쓸데없는 오해와 갈등이 발생하기도 한다. 따라서 최고경영진은 외국의 문화와 언어를 이해하고 국가 간 네트워크를 구축하는 데 적극적으로 나서야 한다. 해외 M&A를 추진할 때도 문화적 진단과 함께 인수 후 통합 계획을 세워야 한다.

진화론의 창시자인 찰스 다윈은 "살아 남는 생물은 가장 강한 생물도, 가장 영리한 생물도 아니라 변화에 가장 잘 적응하는 생물"이라고 말했다. 역동적인 글로벌 경제의 변화 속에서 살아남기 위해서는 그 어느 때보다 민첩한 적응력이 필요하다.

공동기획 | McKinsey & Company

자료 : 조선일보, 2007.10.19

3. 국제경제기구 및 지역경제통합

1947년 미국의 주도하에 GATT(General Agreement on Tariffs and Trade: 관세와 무역에 관한 일반 협정)가 체결되었다. GATT는 관세. 수입할당. 보조금 등과 같은 보호무역장벽을 철폐함으로써 무역을 자유화하기 위한 다자 간 협정으로 2003년 146개국이 가입할 정도로 규모가 커지게 되었다. 한편 우루과이 라운드는 1980년대 들어 위축된 GATT의 영향력을 회복하고 체계적인 국제무역 질서를 확립하기 위하여 1995년부터 효력이 발생하였다.

우루과이라운드의 효력발생으로 공산품에 대한 관세가 1/3 이상 감축되었다. 또한 농업부문에 대한 보조금이 대폭 삭감되었고, 서비스산업부문에서의 공정한 무역과 시장의 접근이 가능하도록 되었으며, 지적재산권에 대한 보호의 범위가 넓어지게 되었다. 이와 같은 우루과이라운드의 효력발생으로 GATT가 위반국에 대해서 제재를 가하지 못했었던 것에 비해 제재조치를 실행할 수 있는 WTO(World Trade Organization : 세계무역기구)가 설립되었다. WTO와 그밖의 국제경제기구 및 지역경제통합에 관련된 내용들은 다음과 같다(조동성, 2001: 80-103 참조).

1) WTO

1995년 공식 출범한 세계무역기구는 스위스의 제네바에 본부를 두고 있으며, 각국의 무역분쟁을 중재하고 GATT에 참여하는 국가의 무역정책을 감시하는 역할을 수행한다. WTO와 GATT의 차이점은 중재안을 채택하는 것을 막을 수 있는 거부권을 행사할 수 없다는 것이다. 즉 무역분쟁에 대한 중재보고서는 WTO에 의하여 자동적으로 채택되어지며, 중재위원회에서 GATT의 규칙을 위반한 것으로 판정된 나라는 WTO의 중재안을 받아들여야 한다. WTO는 최고의 사결정기관으로 각료회의를 두고 있고, 각료회의는 최소한 2년에 1회 개최의 원칙하에 타기관에 속하지 않는 모든 사항의 결정권한을 가지며, 다자 간 무역협정의 모든 사항에 대해서도 세계무역기구협정에 따라 권한을 행사한다.

일반이사회는 각료회의가 열리지 않는 동안에 각료회의 업무를 수행하며 분쟁해결기구와 무역정책검토기구로서의 임무도 수행한다. 각료회의 산하에는 무역환경위원회, 무역개발위원회, 국제수지위원회, 예산행정위원회 등 분야별 상설위원회가 있다. 일반 이사회 산하에는 상품교역이사회와 서비스교역 이사회 및 지적재산권이사회가 분야별로 나누어져 있으며, 민간항공기위원회와 정부조달위원회 및 우육위원회 그리고 낙농위원회 등의 복수국간 협정하의 기구들이 있다.

WTO는 네 가지 기본원칙을 중심으로 운영되고 있다. 첫째는 최혜국 대우의 원칙으로 회원국은 한 국가에 부여한 대우보다 불리하지 않은 대우를 다른 회원국에게 부여하여야 한다. 둘째는 내국민 대우의 원칙으로 회원국은 내국민에게 부여한 대우와 동일한 대우를 회원국의 외국인에게도 부여하여야 한다. 셋째는 시장접근보호의 원칙으로 회원국은 외국인이 국내에 재화나 서비스를 공급함에 있어서 관세나 조세를 제외한 일체의 제한을 두어서는 안된다. 넷째는 투명성의 원칙으로 무역에 관하여 시행되는 국가기관의 법규나 행정조치는 합리적이고 예측가능 해야하며 이유가 고지되어야 하고, 이에 기초가 되는 자료가 공개되어야 한다. 이상과 같이 네 가지 운영원칙하에 의사결정방식은 GATT체제에서와 같이 합의제(consensus)를 원칙으로 하고 있으나 합의가 이루어지지 않을 경우에는 다수결 투표로 의사결정을 함으로써 신속성을 확보할 수 있게 되었다.

2) 지역경제통합의 유형

지역경제통합(regional economic integration)이란 한 지역 내의 여러 국가들이 상호간에 관세 및 비관세장벽을 철폐하여 재화 및 서비스와 생산요소가 자유롭게 이동할 수 있도록 보장하는 협정을 말한다.

(1) 자유무역지역

자유무역지역

(free trade area)

이란 경제통합가맹국 상호 간의 상품이동에 대한 무역제한조치를 철폐하여 자유무역을 보장하고, 역외의 비가맹국에 대해서는 각국이 독자적인 관세와 무역정책을 시행하는 형태의 경제통합을 의미한다.

(2) 관세동맹

관세동맹(customs union)은 가맹국 상호간에 상품의 이동이 자율롭게 보장되고, 역외의 수입에 대하여 공통의 수입관세를 부과하는 형태의 경제통합이다.

(3) 공동시장

공동시장(common market)은 가맹국 상호간에 상품뿐만 아니라 자본이나 노동력 같은 생산요소의 이동이 자유롭게 보장되며, 역외국가에 대해서는 공통의 수입관세를 부과하는 형태의 경제통합을 말한다.

(4) 경제동맹

경제동맹(economic union)은 가맹국 상호간에 상품, 자본, 노동 등 생산요소의 이동을 자유롭게 하며, 비가맹국가에 대해서는 공동의 무역정책을 취하고, 가맹국 상호간에 경제정책을 조정하여 수행하는 현태의 경제통합을 의미한다.

3) 주요지역 경제통합 현황

(1) NAFTA

NAFTA(North America Free Trade Agreement: 북미자유무역협정)는 1989년 미국과 캐나다의 자유무역협정에 이어 1992년 미국, 캐나다, 멕시코 등 3개국이 회원국으로 협정을 체결하여 1994년부터 발효되었다. NAFTA의 주요내용을 살펴보면, 미국. 캐나다. 멕시코 등 3개국에서 거래되는 재화의 관세를 향후 10년 내에 철폐하기로 하였으며, 서비스의 자유로운 이동을 보장하기로 하였다. 또한 지적재산권을 보호하고, 해외직접투자에 대한 제한을 철폐하기로 하였다.

(2) EU

EU(European Union : 유럽연합)은 1951년 서독, 프랑스, 이탈리아 등 유럽 6개국이 유럽석탄철강공동체를 결성한 것이 오늘날 유럽연합의 효시였다. 이후 1957년 로마협약에 의한 유럽경제공동체(EEC : European Economic Community)의 출범과 함께 유럽원자력공동체가 설립되었고, 1967년 EEC는 유럽석탄철강공동체와 유럽원자력공동체를 통합하여 유럽공동체(EC: European Community)로 발전하였다. 1986년까지 유럽공동체에는 서유럽 12개국이 가입함으로써 서유럽의 단일 경제권을 형성하게 되었으며, 같은 해 공동시장의 조속한 완성을 위하여 유럽단일법이 제정되어 1993년 공동시장이 완성되게 되었다. 그리고 1993년 오늘날의 유럽연합(EU : European Union)일 발족됨으로써 단일시장단계를 넘어 보다 강화된 경제통합기구로 발전되었다. 유럽연합은 경제기구로서의 차원을 넘어 궁극적으로 정치. 사회적인 차원에서의 통합체를 목표로 하고 있다.

(3) APEC

APEC(Asia Pacific Economic Cooperation: 아시아 · 태평양 경제협력체)은 1989년 한국, 미국, 일본, 캐나다, 호주, 뉴질랜드 및 아시아 6개국 등 12개국으로 결성되었고, 그 후 중국 등이 추가 가입하여 현재 18개국으로 구성되어 있다. APEC은 지역내 무역 및 투자의 자율화, 경제협력 및 기술이전, 공동경제정책의 수립과 협력 등을 주요 사안으로 추진하고 있다. APEC은 회원국들의 교역량이 세계교역량에서 차지하는 비율이 높고, 회원국들의 높은 경제성장률로 세계경제에서 차지하는 영향력이 증가하고 있는 상황이다. 그러나 경제통합에 있어서 중요한 요소인 동질성의 측면에서 볼 때, 회원국들끼리 경제. 사회. 문화적인 측면에서 동질성이 크지 않고 지리적으로도 분산되어 있는 문제점이 있다.

(4) IMF

IMF(International Monetary Fund : 국제통화기금)는 1946년 국제통화제도의 건전한 발전을 위해서 창설된 국제기구이다. IMF의 주요 목적은 국제통화협력의 증진, 외환의 안정, 통화의 자유교환성 확립 및 국제 유동성의 원활화, 국제무역의 확대와 세계경제의 균형적인 성장을 위해 국제적인 협력을 하는데 있다.

(5) OECD

OECD(Organization for Economic Cooperation and Development : 경제협력개발기구)는 유럽경제협력기구를 모체로 하여 1961년 프랑스 파리에서 20개국을 회원국으로 하여 설립되었다. 현재 29개 회원국으로 구성되어 있는 OECD는 자유시장경제를 추구하는 국가들이 모여 세계 경제현안에 대하여 협의를 거쳐 합의에 의해 운영되는 국제경제기구로서 실질적으로 선진국 중심으로 구성되어 세계경제의 흐름을 주도하는 세계경제운용의 중심체로서의 역할을 하고 있다. OECD의 설립목적은 경제성장과 개발도상국 원조 및 무역확대의 3가지로 압축할 수 있다.

이러한 국제경영환경하에서 크루즈 산업도소득의 증대, 여가시간의 증대, 글로벌화의 가속화로 국제관광이 활발해지면서 관광사업중 향후 가장 잠재력이 높은 산업 중 하나라고 할 수 있는 크루즈산업도 빠른 속도로 성장하고 있다고 할 수 있다.

제7장

크루즈경영과 서비스 품질

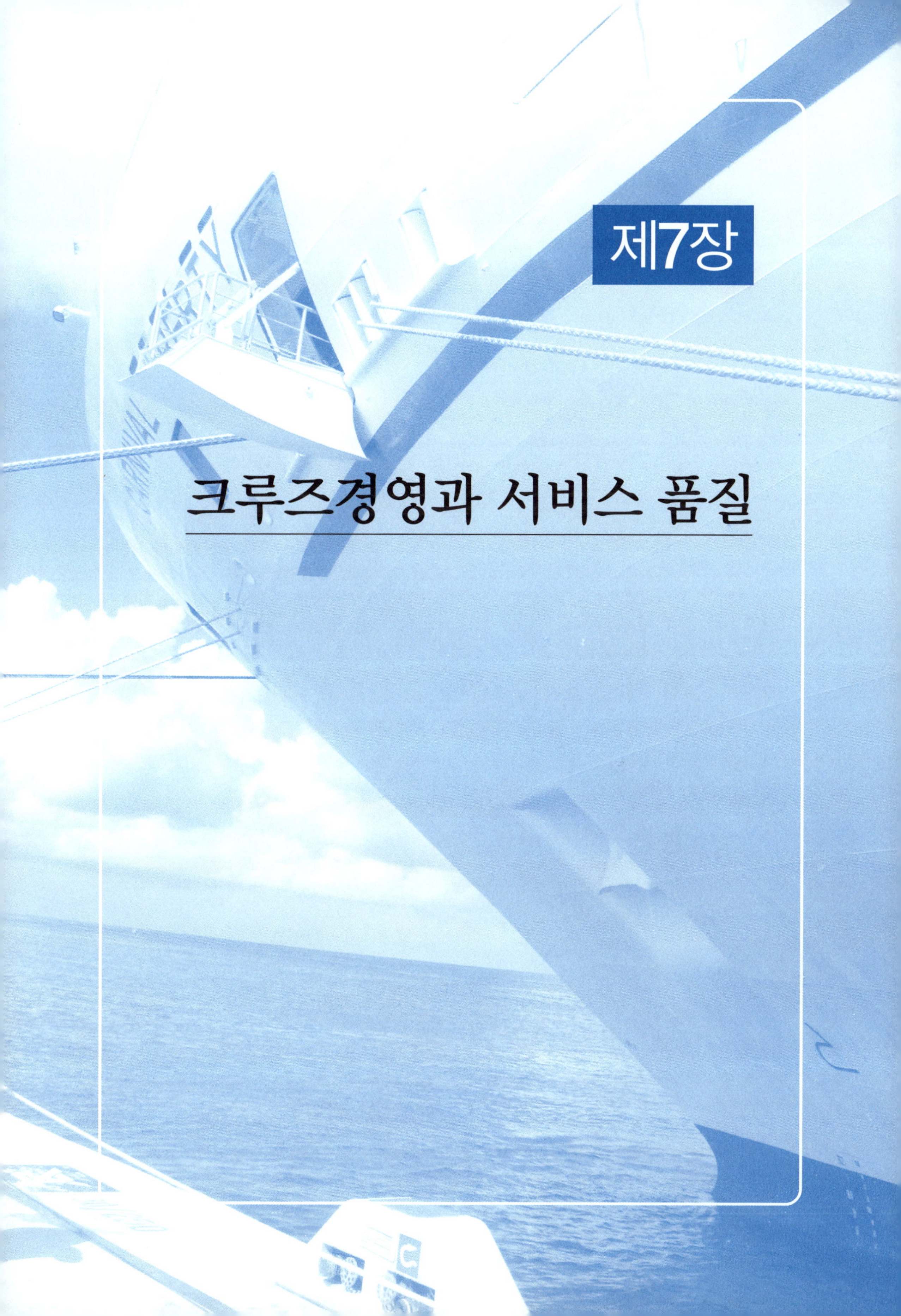

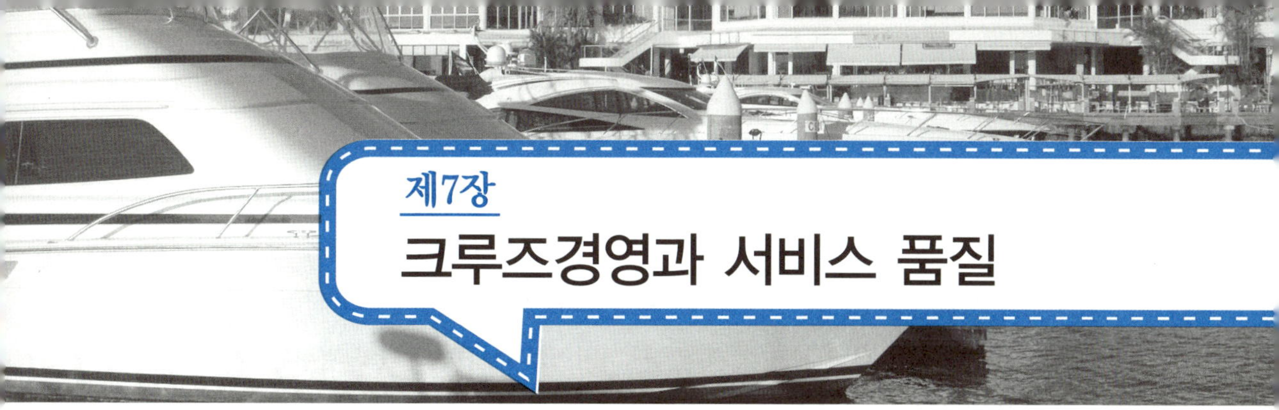

제7장
크루즈경영과 서비스 품질

1. 서비스의 개념 및 특성

우리가 일상생활에서 사용하는 서비스에 관한 정의는 매우 다양하다고 할 수 있다. 예를 들어, 이 물건을 하나 서비스로 드립니다의 의미는 어떠한 제품을 구입할 때 무료로 하나 준다는 의미이고, 직원들의 서비스가 좋다는 의미는 직원들이 고객을 대하는 자세와 태도가 좋다는 의미이다. 하지만 이러한 서비스에 대한 해석은 매우 좁은 의미의 해석이라고 할 수 있다.

간단히 말해서 서비스는 행위(deeds), 과정(process) 및 그 결과인 성과(performance)라고 할 수 있는데, 호텔, 병원, 은행 등의 서비스도 고객을 위해 종업원이 수행하는 행위이다. 이와 같이 넓은 의미로 서비스를 정의할 때 서비스는 서비스업에서 제공될 뿐만 아니라 여러 제조업에서 제품과 결합되어 제공되고 있음을 알 수 있다. 예를 들어 자동차회사는 판매차량에 대해 보증 및 수리 서비스를 제공하는데 이러한 예도 행위, 과정, 성과의 예라고 할 수 있다. 위에서 정의한 대로 간단하면서도 넓은 의미의 서비스의 의미와 더불어 서비스의 정의가 다양함을 인지하고 있으면 서비스를 정의할 때 생길 수 있는 혼동이나 의견의 불일치를 이해할 수 있다. 위에서 언급된 넓은 의미의 정의와 부합할 수 있는 정의는 서비스는 산출물이 물적인 제품이나 구조물이 아니며, 일반적으로 생산되는 시점에 소멸되고 구매자에게 무형적인 형태의 가치를 제공하는 모든 경제적인 활동을 포함한다고 할 수 있다. 서비스의 다양한 의미와 관련된 정의는 아래와 같다.

1) 서비스의 정의

경영학에서 서비스에 관한 연구는 1960년대 초반부터 시작되었으며, 연구 초기에는 제품과 서비스의 특성 및 서비스마케팅의 적용에 관한 연구가 활발하게 이루어졌으며 1990년대부터는 보다 체계적으로 서비스에 관한 이론과 전략적인 측면에서의 서비스의 중요성에 관한 연구가 이루어지고 있다고 할 수 있다.

서비스의 활동론적인 정의를 살펴보면 미국마케팅학회(1960)는 서비스를 판매목적으로 제공되거나 상품판매와 연계해 제공되는 모든 활동, 편익, 만족이라고 정의하였다.

[그림 7-1] 제품의 유형성 스펙트럼

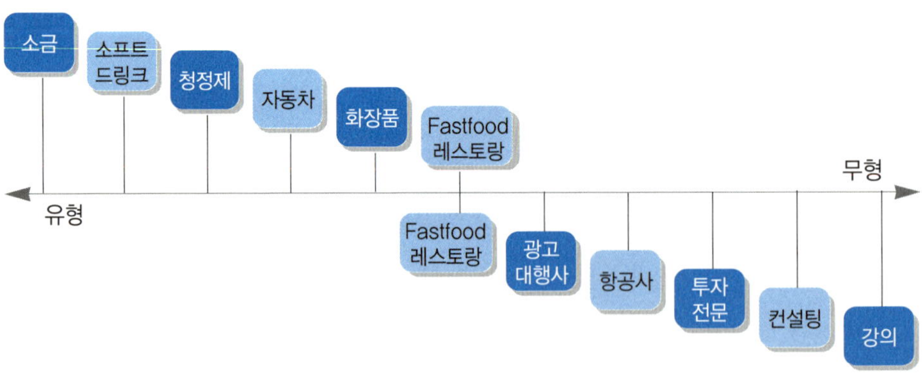

상호관계론적인 관점에서 대부분의 경우 서비스는 고객이 서비스 제공자와 상호작용을 하게 된다. 따라서 서비스란 "무형의 성격을 띠는 일련의 활동으로서 고객과 종업원의 상호관계에서부터 발생해 고객의 문제를 해결해 주는 것"이라고 할 수 있다.

2) 서비스의 특성

서비스는 제품과는 다르게 서비스만의 여러 가지 특성을 가지고 있다.

(1) 무형성

무형성(tangibility)은 서비스의 특성 중 가장 대표적인 특성으로 일반 제품들은 구매 이전에 소비자들이 제품을 시험해 보거나 만져볼 수 있지만 서비스는 무형적인 특성을 가지고 있기 때문에 미리 시험해 보거나 만져볼 수 없는 특성을 가지고 있다. 예를 들면 여행사의 관광상품의 경우 소비자들은 브로셔나 관광 가이드들의 경험효과 등을 통해서만 제한적으로 정보를 접할 수 있으며, 호텔의 객실이나, 항공사의 좌석과 같은 경우도 소비자들은 서비스를 구매하기 전에 미리 서비스를 접할 수 없다.

이와 같이, 서비스의 특성 중 무형성은 두 가지 의미를 내포하고 있다고 할 수 있는데, 첫째는 실체를 보거나 만질 수 없다는 객관적인 의미이고, 둘째는 이렇게 서비스는 보거나 만질 수 없기 때문에 그 서비스에 대해서 상상하기가 어렵다는 점이라고 할 수 있다.

이러한 서비스의 특성 중 무형성이 우리에게 주는 시사점을 몇 가지 살펴보면, 호텔의 경우 서비스를 받기 전에는 고객들이 그 호텔의 서비스 수준을 모르기 때문에 호텔의 유형적인 측면을 보고 그 호텔의 서비스 수준에 대한 기대수준을 갖게 된다고 할 수 있다. 무형성과 관련하여 또 하나 중요한 점은 완전히 유형적이거나 완전히 무형적인 서비스나 제품은 존재하지 않는다는 점이다.

(2) 이질성

서비스의 이질성(heterogeneity)이란, 서비스의 생산 및 인도 과정에는 여러 가지 가변적인요소가 많기 때문에 한 고객에 대한 서비스가 다른 고객에게 제공되는 서비스 품질과 다를 수 있다는 것을 의미한다. 예를 들면, 같은 서비스 기업의 종업원일지라도 각각 제공되는 서비스의 품질을 달라 질 수 있다고 할 수 있다. 기업들은 이러한 서비스의 이질성을 통해서 위기와 기회를 함께 맞을 수 있는데, 서비스 품질의 균일화가 어렵기 때문에 기업으로서는 어떻게 하면 서비스의 품질을 일정수준 이상으로 유지시킬 것인가와 표준화시키는가에 대해서 많은 고민을 하게 된다.

(3) 소멸성

소멸성(perishability)이란 서비스는 일반 재화와는 다르게 재고에 대한 저장이 불가능하다는 의미이다. 일반 재화의 경우는 재고에 대한 저장이 가능하기 때문에 오늘 판매하지 않으면, 내일 판매가 가능하지만 항공사의 좌석이나 호텔의 객실같은 경우에느 저장했다가 수요가 있을 때 다시 판매하는 것이 불가능하다는 의미이다.

호텔의 경우, 호텔이 일년 내내 보유하는 객실의 수는 일정하지만, 성수기에는 객실이 가득 차거나 혹은 객실이 모자랄 수 도 있지만, 비수기에는 고객이 없어 객실이 많이 비어 있을 수 있는데, 이렇게 비어 있는 객실을 저장했다가 성수기에 사용할 수 없다.

(4) 비분리성

비분리성(inseperability)이란 서비스의 생산과정에서 소비가 동시에 이루어지는 것을 의미하는데 제품의 경우는 생산이 먼저 되고, 나중에 판매될 수 있지만 서비스는 서비스의 제공과정에서 서비스를 제공받는 고객이 존재해야 한다.

이렇게 재화와 비교해서 서비스의 특성과 관련된 연구들이 활발하게 진행되었는데 주요한 연구들을 살펴보면 아래의 표와 같다.

[표 7-1] 재화와 서비스의 특성 비교

재화	서비스	관리적 의미
유형	무형	• 서비스는 저장할 수 없다. • 서비스는 특허를 낼 수 없다. • 서비스는 쉽게 전시되거나 전달할 수도 없다. • 가격책정이 어렵다.
표준	이질	• 서비스 제공과 고객만족은 종업원의 행위에 달렸다. • 서비스품질은 많은 통제불가능한 요인에 달렸다. • 제공된 서비스가 계획되거나 촉진된 것과 일치하는 지를 확신하기 어렵다.
생산과 소비가 분리	생산과 소비가 동시	• 고객이 거래에 참여하고 영향을 미친다. • 고객은 서로에게 영향을 미친다. • 종업원이 서비스 결과에 영향을 미친다. • 분권화가 필수적이다. • 대량생산이 어렵다.
비소멸	소멸	• 수요와 공급을 맞추기가 어렵다. • 서비스는 반품될 수 없다.

위에서 언급한 바와 같은 특성을 서비스는 가지고 있는데, 이러한 특성으로 인해 장점도 있지만 문제점도 발생할 수 있다. 따라서 이러한 서비스의 특성으로 인한 문제점을 해결하기 위한 대응전략은 다음과 같다.

[표 7-2] 서비스의 특성, 문제점 및 대응전략

제품	서비스	문제점	대응전략
유형성	무형성	• 저장이 불가능함 • 특허를 통한 서비스 보호가 불가능함 • 진열 및 커뮤니케이션을 할 수 없음 • 가격설정기준이 모호함 • 표본추출이 곤란함	• 유형적인 단서 강조 • 인적 원천을 정보제공에 사용 • 구전 커뮤니케이션을 활성화 함 • 강력한 기업이미지 창출 • 대고객 접촉빈도 제고 • 제공되는 효익 강조 • 구매 후에도 커뮤니케이션에 관여함
비소멸성	소멸성	• 저장 및 재판매 불가능 • 수요 및 공급의 균형 문제	• 수급 및 제공능력의 동시 조절 • 비수기의 수요변동에 대한 대비
분리성	비분리성	• 서비스 제공자의 현존 • 서비스 생산에 고객 참여 • 직접 판매만이 가능 • 집중화된 대규모 생산의 어려움	• 종업원 선발 및 교육에 비중을 둠 • 서비스 제공자의 자동화 강화 • 세심한 고객관리가 필요함 • 복수점포 입지전략 사용
동질성	이질성	• 표준화 및 품질 통제의 어려움	• 서비스 표준의 설계 및 수행 • 사전 패키지 서비스 제공 • 서비스의 기계화, 산업화 강화 • 서비스의 맞춤화 시행

자료 : 이명식, 2004, p.30 참조 수정.

이렇게 재화와 서비스의 특성 차이로 인하여 서비스마케터들은 여러 가지 문제점에 직면하게 되는데 서비스에 대한 고객의 욕구와 기대에 대한 이해, 서비스제공물의 유형화에 관한 문제, 서비스 제공과정에서 생기는 문제를 관리하는 문제, 고객과의 약속에 관한 문제 등 여러 가지 문제점에 부딪힐 수 있다.

2. 서비스의 분류

일반적으로 제품과 관련된 연구에 비해서 서비스와 관련된 이론적인 연구가 미비한 것은 서비스의 정의를 너무 넓은 관점에서 보면 깊게 분석하는데 어려움이 있고, 너무 좁은 관점에서 살펴보면 일반화시키는데 어려움이 있기 때문이라고 할 수 있다.

서비스를 분류하는 것은 여러 가지 측면에서 도움이 될 수 있는데, 먼저, 잘 분류된 서비스의 체계는 특정 서비스를 이해하는데 큰 도움이 될 수 있으며, 분류된 서비스의 유사점과 차이점을 조명할 수 있다. 이렇게 서비스의 유사점과 차이점을 조명할 수 있게 되면 기업의 입장에서는 마케팅전략을 수립하는데 크게 도움이 될 수 있을 뿐만 아니라 고객의 입장에서도 서비스를 이용하는데 더 많은 정보를 획득하여 더 좋은 품질의 서비스를 제공받을 수 있게 된다. 서비스 분류에 관한 선행연구들을 살펴 보면, Judd(1964)에 의해 처음 시도되었으며, 이후 Rothmell(1974), Shostack(1977), Hill(1977), Thomas(1978), Chase(1978), Kotler(1980), Lovelock(1980) 등에 의해서 지속적으로 연구가 이어져 왔으며, 서비스 분류와 관련된 연구의 내용은 다음 표와 같다.

[표 7-3] 서비스 분류에 관한 연구

학자	분류기준
Judd(1964)	• 임대된 상품 서비스(일정 기간에 상품을 소유하고 사용할 권리를 가짐) • 소유된 상품 서비스(고객이 자신이 보유한 상품을 유지하고 보수함) • 비상품적인 서비스(개인적 경험, 경험적 소유)
Rothmell (1974)	• 판매자 유형 • 구매자 유형 • 구매동기 • 구매형태 • 규정제도
Shostack (1977)	각 제공물 단위에 포함되어 있는 물리적인 제품과 무형적인 서비스의 비율
Hill(1977)	• 사람에게 영향을 주는 서비스와 사물에 영향을 주는 서비스 • 시비스의 영원한 효과와 일시적인 효과 • 이러한 효과의 전환가능성과 비전환 가능성 • 물직적인 효과와 정신적인 효과 • 개별적인 서비스와 집단적인 서비스

학자	분류기준
Thomas(1978)	• 기본적으로 설비중심의 서비스 • 자동화 서비스(자동세차) • 미숙련 작업자에 의해 운영되는 서비스(영화관) • 숙련 작업자에 의해 운영되는 서비스(비행기) • 기본적으로 사람중심의 서비스 • 미숙련 노동자(잔디깎기) • 숙련 노동자(수선업무) • 전문가(의사, 변호사)
Chase(1978)	• 서비스 제공에서 요구되는 대고객접촉의 정도에 따라 분류 • 높은 수준의 접촉(호텔, 레스토랑) • 낮은 수준의 접촉(우편, 도매)
Kotler(1980)	• 사람중심과 설비중심 • 고객의 참여가 필요한 정도 • 개인의 욕구충족과 기업의 욕구 충족 • 영리추구와 비영리추구에 대한 공적 서비스 혹은 사적 서비스
Lovelock (1980)	• 수요의 기본적 특성 • 서비스 대상(사람과 사물) • 수급불균형의 정도 • 고객과 서비스 제공자 사이의 단절적 관계와 지속적 관계 • 서비스의 내용과 효익 • 물리적 제품의 포함 정도 • 개인적 서비스의 포함 정도 • 단일 서비스와 서비스의 묶음 • 서비스의 제공 절차 • 복수 입지와 단일 입지의 서비스 제공 • 서비스 역량의 배분(예약과 선착순) • 독립적 소비와 집합적 소비 • 정해진 사간에 따른 거래와 정해진 과업에 따른 거래 • 서비스 제공 동안에 고객이 참여해야 하는 정도

자료 : Lovelock, Christopher H.(1983), Classifying services to gain strategic marketing insight, Journal of Marketing, 47, p.11

이러한 서비스의 분류와 관련된 연구들을 종합하여 서비스 속성에 따른 분류를 해보면, 서비스 행위의 성격에 따른 분류, 고객과의 관계유형에 따른 분류, 고객별 서비스의 변화와 재량의 정도에 따른 분류, 수요와 공급에 따른 분류, 서비스제공방식에 따른 분류, 서비스상품의 특성에 따른 분류 등으로 나누어서 살펴볼 수 있다.

[표 7-4] 서비스의 성격에 따른 분류

구분	내용
서비스 행위의 성격에 따른 분류	서비스행위의 성격은 유형적인 성격과 무형적인 성격으로 나눌 수 있으며, 서비스의 직접적인 대상은 사람과 사물로 나눌 수 있다. • 유형적이면서 사람을 대상으로 하는 서비스(호텔, 의료, 여객운송) • 유형적이면서 사물을 대상으로 하는 서비스(화물운송, 장비수리) • 무형적이면서 사람을 대상으로 하는 서비스(광고, 컨설팅, 교육) • 무형적이면서 사물을 대상으로 하는 서비스(은행, 법률서비스)
고객과의 관계유형에 따른 분류	서비스 제공의 성격은 계속적인 제공과 단발성 제공으로 나눌 수 있으며, 서비스 조직과 고객과의 관계유형은 회원관계와 공식적으로 관계가 없는 유형으로 나눌 수 있다. • 계속적인 제공이면서 회원관계인 서비스(은행, 전화, 보험) • 계속적인 제공이면서 공식적인 관계가 없는 서비스(라디오, 경찰) • 단발성 제공이면서 회원관계인 서비스(국제전화, 정기승차권, 연극회원) • 단발성 제공이면서 공식적인 관계가 없는 서비스(렌터카, 우편서비스)
고객별 서비스의 변화와 재량의 정도에 따른 분류	종업원이 고객욕구에 따라 발휘하는 재량정도가 높은 성격과 낮은 성격으로 분류할 수 있으며, 고객에 따라 서비스를 변화시킬 수 있는 정도가 높은 성격과 낮은 성격으로 분류할 수 있다. • 종업원의 재량이 높으면서 고객에 따라 변화시킬 수 있는 정도가 높은 서비스(별률, 의료, 사교육) • 종업원의 재량이 높으면서 고객에 따라 변화시킬 수 있는 정도가 낮은 서비스(교육, 예방의료) • 종업원의 재량이 낮으면서 고객에 따라 변화시킬 수 있는 정도가 높은 서비스(호텔, 전화, 은행, 고급음식점) • 종업원의 재량이 낮으면서 고객에 따라 변화시킬 수 있는 정도가 낮은 서비스(대중운송서비스, 영화관, 패스트푸드)

구분	내용
수요와 공급의 관계에 따른 분류	공급의 제한을 피크수요를 충족시킬 수 있는 정도와 시간에 따른 수요의 변동성 정도가 많고 적은 서비스로 분류하였다. • 피크수요를 충족시킬 수 있으면서 시간에 다른 수요의 변동성이 많은 서비스(전기, 전화, 소방) • 피크수요를 충족시킬 수 있으면서 시간에 다른 수요의 변동성이 적은 서비스(보험, 법률, 은행, 세탁서비스) • 피크수요를 충족시킬 수 있는 능력이 적으면서 시간에 다른 수요의 변동성이 많은 서비스(호텔, 회계, 식당, 극장, 여객운송) • 피크수요를 충족시킬 수 있는 능력이 적면서 시간에 다른 수요의 변동성이 적은 서비스(위와 비슷하지만 기본적으로 불충분한 설비능력을 지님)
서비스 제공방식에 따른 분류	고객과 서비스의 관계 및 서비스 지점으로 분류한다. • 고객이 서비스 기업으로 가면서 단일입지인 서비스(극장, 이발소) • 고객이 서비스 기업으로 가면서 복수입지인 서비스(버스, 패스트푸드, 레스토랑) • 서비스 기업이 고객으로 가면서 단일 입지인 서비스(잔디관리, 택시, 방역) • 서비스 기업이 고객으로 가면서 복수입지인 서비스(우편, 긴급자동차수리) • 떨어져서 거래하면서 단일입지인 서비스(신용카드, 케이블 텔레비전) • 떨어져서 거래하면서 복수입지인 서비스(방송네트워크, 전화)
서비스 상품의 특성에 따른 분류	서비스가 사람에 근거한 정도와 서비스가 설비 또는 시설에 근거한 정도와 관련된 서비스가 높고 낮은 정도 • 서비스가 사람에 근거한 정도가 높으면서 서비스가 설비 또는 시설에 근거한 정도가 높은 서비스(고급호텔, 병원) • 서비스가 사람에 근거한 정도가 높으면서 서비스가 설비 또는 시설에 근거한 정도가 낮은 서비스(컨설팅, 회계) • 서비스가 사람에 근거한 정도가 낮으면서 서비스가 설비 또는 시설에 근거한 정도가 낮은 서비스(지하철, 렌터카) • 서비스가 사람에 근거한 정도가 낮으면서 서비스가 설비 또는 시설에 근거한 정도가 낮은 서비스(전화)

자료 : 이유재, 2004, p.34 기초로 재작성

3. 고객만족과 서비스

고객만족(customer satisfaction)의 사고는 1980년대에 서비스경제의 중요성이 증대되면서 미국과 유럽에서 새로운 경영이념으로 자리잡게 되었는데, 미국의 GE사가 도입한 소비자 대응창구(answer center)와 서비스 품질의 향상으로 높은 경영성과를 올린 스칸디나비아 항공사의 사례가 많은 영향을 미쳤다고 할 수 있다. 고객만족의 창출과 유지를 위해서는 기업이 제공하는 제품 혹은 서비스의 높은 품질과 기능이 제공되어져야 하며 고객서비스기능이 차별화의 중요한 요인이 될 수 있다. 한편, 고객만족경영이란 기업이 경영을 함에 있어서 고객의 입장에서 객관적인 관점에서 고객이 완벽한 만족을 추구하며, 고객만족을 최종 목표로 삼고 전사적으로 그 성과를 향상시키는데 모든 경영활동을 집중하는 것을 의미한다.

1) 고객기대모델

고객기대(customer expectation)란, 서비스 성과 판단에 이용되는 표준 및 준거로써 어떤 고객이 서비스를 제공받기 전에 그 성과에 대해서 가지고 있는 신념이라고 정의할 수 있다(이명식, 2004; p.77). 또한, 고객의 기대는 최고서비스(ideal service), 희망서비스(desired service), 최저서비스(adequate service), 허용구간(tolerance zone), 예상서비스(predicted service) 등의 5가지 수준으로 구성되어 있다.

(1) 최고서비스 수준

최고서비스 수준(ideal service level)이란 서비스를 제공받고자 하는 고객이 기대할 수 있는 가장 최상의 서비스수준을 의미한다. 서비스가 이루어지기 전에 고객이 나름대로 원하고 있었던 부분은 물론 미처 깨닫지 못한 부분까지도 제공되어져 고객의 효익을 제고시켜주는 서비스수준을 의미한다.

(2) 희망서비스 수준

희망서비스 수준(desired service level)이란 고객이 서비스를 제공받기 전 서비스 제공자로부터 받기를 희망하는 서비스의 성과 수준을 의미한다. 일반적으로 고객들은 최고서비스 수준의 서비스는 제공받기가 쉽지 않기 때문에 희망서비스 수준의 서비스를 제공받기를 기대하게 된다. 한편, 고객에 따라서는 최고서비스 수준과 희망서비스 수준이 일치하는 경우도 있을 수 있다.

(3) 최저서비스 수준

최저서비스 수준(adequate service level)이란 고객이 불만족스럽게 생각하지 않고 받아들일 수 있는 최소한의 서비스 수준을 의미한다. 이러한 경우 고객들은 제공되고 있는 서비스에 대해 최소허용기대치만을 가지게 된다.

(4) 허용구간

허용구간(tolerance zone)이란 고객이 서비스에 대한 가변성을 인정하고 수용하고자 하는 정도로서 희망서비스 수준과 최저서비스 수준 사이에 위치하는 구간을 의미한다. 고객들은 허용구간 내에서 서비스를 제공받게 되면 받아들이지만 제공되는 서비스가 최저서비스 수준보다 낮아서 허용구간 밖에서 서비스가 수행되면 불만족스럽게 생각한다. 또한, 제공되는 서비스가 희망서비스 수준을 넘어서서 허용구간 밖에서 제공되면 고객들의 만족도는 높아지게 된다. 허용구간은 서비스가 제공되는 상황 및 고객의 특성에 따라서 가변적이라고 할 수 있다. 특히, 크루즈상품을 구매하는 고객들은 일반적으로 높은 수준의 서비스를 기대하기 때문에 다른 서비스에 비해서 허용구간이 좁다고 할 수 있다.

[그림 7-2] 서비스 차원에 따른 허용구간

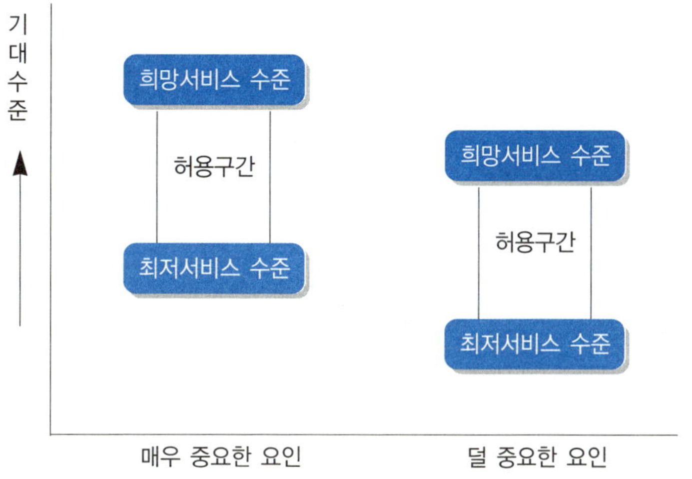

자료 : Berry, Leonard L, A. Parasuraman, and Valarie A. Zeithaml(1991), "Understanding Customer Expectations of Services," Sloan Management Review, 32(3), p. 42

(5) 예상서비스 수준

예상서비스 수준(predicted service level)이란 고객들이 서비스를 제공 받을 때 기대하는 서비스 수준으로 최고서비스 수준부터 최저서비스 수준까지의 범위에 걸쳐 있다. 예를 들어, 어떤 고객이 음식점에서 주문을 해서 음식이 준비되어 나오는 시간이 5분 걸린다는 말을 들었을 때 최고서비스 수준은 5분 이내에 주문된 음식이 준비되는 것이지만 과거의 경험상 10분이나 15분이 소요될 수도 있다. 이러한 경우, 고객의 예상서비스 수준은 5분 이내에 주문한 음식이 준비되면 최고의 서비스 수준의 서비스를 제공받는 것이지만 10분이나 15분 후에 음식이 준비될 수도 있기 때문에 서비스수준은 고객 자신의 기대에 맞추어 변경될 수 있다고 할 수 있다.

[그림 7-3] 고객기대모델

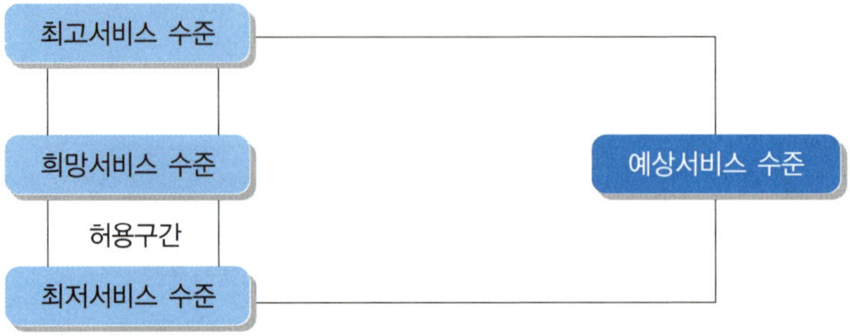

2) 고객기대의 선행요인

Kurtz and Clow(1998)에 따르면 고객의 기대는 내부요인, 외부요인, 상황요인, 서비스기업요인 등에 의해서 영향을 받는다.

[그림 7-4] 고객기대의 선행요인

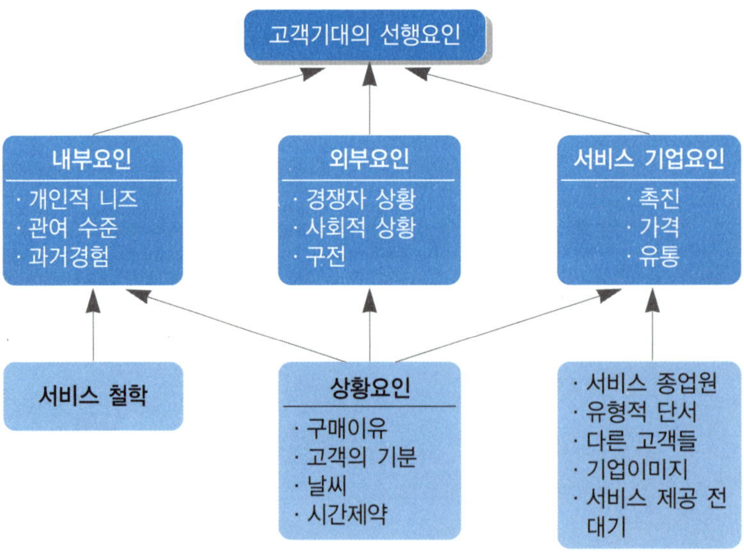

(1) 내부요인

가. 개인적 니즈

개인적 니즈는 Maslow의 욕구단계설(hierarchy of needs)에 근거하고 있는데, 그 내용은 인간의 행동에 높은 차원의 욕구가 영향을 미치기 이전에 그 보다 낮은 차원의 욕구가 완전하거나 부분적으로 충족되어져야 한다는 내용이다. 이러한 인간의 욕구는 생리적 욕구(physiological needs), 안전 욕구(safety needs), 사회적 욕구(social needs), 자기존중 욕구(self-esteem needs), 자아실현 욕구(self-actualization needs) 등으로 나누어진다.

[그림 7-4] Maslow 인간의 욕구단계

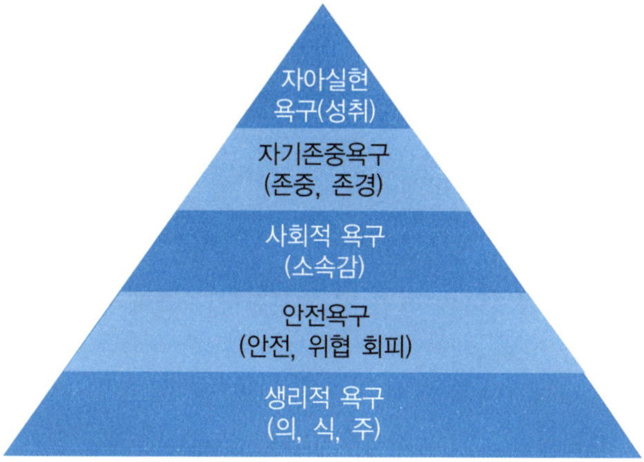

먼저, 가장 낮은 차원의 욕구는 생리적 욕구인데 생리적 욕구는 의식주와 같이 인간이 생활해 나가는데 있어서 가장 기본적인 욕구를 의미한다. 이렇게 생리적 욕구가 충족되면, 인간은 안전욕구를 가지게 되는데 안전욕구는 안전 및 위험 회피, 물리적인 손상으로부터의 보호와 관련된 욕구를 의미하며 그 다음 단계의 욕구는 어떤 집단에 소속하고자 하거나 가족을 이루고자 하는 등의 사회적 욕구이다.

그 다음 단계로 높은 차원의 욕구들인 자기존중욕구와 자아실현욕구 등이 있는데 자기존중욕구는 소속된 사회에서 지위를 가지고 자신을 존중하며 남으로부터 존경을 받고 싶어 하는 욕구를 말하며, 자아실현욕구는 인간이 자신이 이룰 수 있는 모든 것을 얻고자 하는 욕구를 의미한다.

나. 관여수준

관여(involvement)는 인간이 어떠한 상황에서 특정행위를 할 때 가지게 되는 중요성이나 관심의 정도를 의미하는데 관여는 고객의 기대에 두 가지 효과를 가지고 있다. 첫째, 관여수준이 높아질수록 최고서비스와 희망서비스 수준과의 차이가 줄어들게 된다. 둘째, 관여수준이 높아질수록 허용구간의 폭은 줄어들게 되며 이러한 경우, 고객들은 서비스 제공사항에 변동이 생기면 예민해지게 되어 덜 관용적이게 된다.

다. 과거경험

서비스에 대한 고객의 기대에 영향을 미치는 가장 중요한 요인은 고객의 과거경험이라고 할 수 있다. 과거경험에는 특정 서비스 제공자와의 경험, 같은 산업내의 다른 서비스제공자와의 경험 및 유사한 서비스에 대한 경험 등이 포함된다고 할 수 있다.

(2) 외부요인

고객기대의 선행요인 중 외부요인들로는 경쟁자 상황, 사회적 상황, 구전 커뮤니케이션 등이 있다.

가. 경쟁자 상황

고객들의 서비스 기대수준은 같은 산업내의 경쟁자의 상황에 의해서 영향을 받게 되는데, 예를 들어 같은 산업내의 다른 경쟁기업이 서비스의 가격을 인하한다면 다른 경쟁기업들도 가격을 인하하거나 다른 촉진수단을 사용하게 된다.

또한, 경쟁은 같은 산업 내의 다른 경쟁자들하고만 하는 것이 아니라 다른 산업의 대체가능한 경쟁자들과도 일어나게 된다.

나. 사회적 상황

고객들이 처한 사회적 상황도 서비스에 대한 기대수준에 영향을 미치게 되는데, 고객들은 자신들이 조금 더 신경 쓰는 사람들과 함께 있을 때 서비스 기대수준이 증가하게 되며 허용구간은 상대적으로 줄어들게 된다.

다. 구전 커뮤니케이션

구전 커뮤니케이션(word-of-mouth communication)은 고객들의 기대 형성에 큰 영향을 끼치게 되는데 특히, 서비스는 경험품질 혹은 신용품질의 특성을 가지고 있기 때문에 다른 사람의 의견을 요청하는 경우가 많이 발생한다. 특히, 구전 커뮤니케이션은 서비스에 대한 최고수준과 희망수준을 형성하는데 많은 영향을 미치게 된다.

(3) 상황요인

상황요인은 정상적인 상황에서의 일시적인 변화로 구매 이유, 고객의 기분, 날씨, 시간의 제약 등이 있다.

가. 구매이유

구매이유는 서비스에 대한 고객의 기대에 많은 영향을 미치는데 예를 들어, 호텔을 선택할 때 그 선택이유가 무엇인가에 따라 고객들의 기대는 크게 달라지게 된다.

나. 고객의 기분

고객의 서비스 제공 당시 기분은 서비스에 대한 기대에 많은 영향을 미치게 되는데 고객의 기분이 좋을 때는 서비스제공자에 대해서 보다 관용적이기 때문에 허용구간의 범위가 보다 커지게 되고 최조서비스 수준도 보다 낮아지게 된다. 반면, 고객의 기분이 좋지않을 때는 위와는 반대로 허용구간도 작아지며 최저서비스 수준도 올라가게 된다.

다. 날씨

날씨도 고객의 서비스기대에 영향을 미치는데 날씨가 좋을 때와 나쁠 때 고객들은 서비스에 대한 기대수준이 다르게 나타나게 된다. 서비스에 대한 희망수준은 동일하지만 날씨가 나쁘면 서비스 예상수준은 낮아지게 된다.

라. 시간의 제약

시간의 제약성(time constraints)도 고객의 기대에 영향을 미치게 되는데, 예를 들어 급하게 인쇄물을 맡긴 고객의 경우, 예상기대수준은 낮아지게 되면 허용구간의 범위도 넓어지게 된다. 이와 같이 시간적으로 제약이 있는 서비스의 경우 고객들도 정상적인 상황에서 기대할 수 있는 서비스 수준을 그 시간의 제약성에 맞추어 변경시키게 된다.

(4) 서비스기업요인

고객기대에 영향을 미칠 수 있는 서비스기업요인들로는 촉진, 유통, 가격, 서비스종업원, 다른 고객들, 유형적 단서, 기업이미지, 서비스제공전 대기 등이 있다.

가. 촉진

고객들은 광고나 판매촉진 등을 통한 기업의 촉진전략에 의해서 그 기업에 대한 예상서비스수준을 형성하게 되는데 이에 따라 고객들은 희망서비스수준, 최저서비스수준, 허용구간 등을 변경시킬 수 있다.

나. 유통

브랜드자산이 구축되어 있고 복수의 유통체인점을 가지고 있는 기업들이 제공하고 있는 서비스는 고객들의 예상기대를 강화시키고 있다. 고객들은 그 서비스기업의 각 점포에서는 거의 비슷한 수준으로 서비스를 제공받을 것으로 기대하게 된다.

다. 가격

일반적으로 가격이 높을수록 고객들의 서비스에 대한 기대도 높아지게 되고 허용구간도 좁아지게 된다. 또한, 가격에 있어서 경쟁기업 및 대체안에 따라 고객의 기대도 변화하게 되며 예상서비스수준은 가격과 정비례하지만 허용구간의 범위는 반비례하는 경향이 나타나게 된다. 다시 말하면 가격이 높을수록 고객들의 최저서비스 수준은 올라가고 허용구간도 좁아지게 된다.

라. 서비스 종업원

서비스 종업원의 고객에 대한 응대 및 대화는 그 서비스를 제공받고 있는 고객들의 기대수준에 영향을 미치게 된다.

마. 다른 고객들

고객의 기대는 다른 고객들에 의해서도 영향을 받게 되는데 다른 고객들이 어떻게 서비스 제공을 받는지 관찰함으로써 자신이 받을 서비스의 수준을 기대하게 된다. 또한, 다른 고객들이 고객기대에 미치는 또다른 영향은 서비스에 대한 수요를 나타내 보이는 것이라 할 수 있는데 예를 들어, 어떤 음식점에서는 많은 사람들이 음식을 주문하기 위해서 줄을 서서 기다리는 것을 보는 경우 그 서비스에 대한 기대수준은 높아지게 된다.

바. 유형적 단서

서비스의 유형적 단서에는 서비스 시설의 내부. 외부 모양, 배치된 가구, 서비스에 사용될 설비, 인테리어, 청결도 등이 포함된다. 이러한 유형적 단서에 의해 고객들의 기대수준은 영향을 받게 된다.

사. 기업 이미지

고객들이 서비스 제공 기업에 대해서 좋은 이미지를 가지고 있으면 그 기업에서 제공되는 서비스의 기대도 크고 그렇지 않으면 서비스에 대한 기대수준도 낮아지게 된다.

아. 서비스제공 전 대기

고객들은 나름대로의 기준을 가지고 대기시간을 예상하게 되며 예상보다 실제 대기시간이 길어지게 되면 고객은 그 서비스에 대해서 덜 관용적이게 된다.

3) 고객만족 지표의 이해

고객만족도는 고객이 거래한 제품이나 서비스에 대해서 거래 및 이용시의 체험을 근거로 하여 어느 정도 만족하는가를 측정하고, 만족하는 각 요소에 대해서 고객의 평가를 측정하는 것이라고 할 수 있다. 현재의 고객만족도 수준을 이해하고 어떠한 개선활동을 추진할 것인가를 검토하기 위해서는 고객의 가치기준에 기반을 둔 조사에 의해 도출된 고객만족도지수(customer satisfaction index : CSI)를 측정하고, 이를 위해 핵심이 되는 질문 항목이 무엇인지를 파악해야 하며, 설문의 대상자를 선정함에 있어서도 유의해야 한다. 고객만족 측정의 목적은 고객만족도를 제고하기 위한 개선활동이기 때문에 실제 고객만족도지수를 산출하는 과정에서 종합적인 만족감을 상승시키는데 크게 기여하는 요인이 무엇인지를 알아야 하며 측정결과를 기본으로 하여 직원들이 어떻게 해야 할지를 스스로 생각해보도록 해야 한다. 고객만족도 조사를 위해서는 계속성의 원칙, 정량성의 원칙, 정확성의 원칙 등이 필요하다고 할 수 있다(김연성 외, 1999, p.208).

(1) 계속성의 원칙

고객만족도 조사를 특정 시점에 한 번 실시하는 것으로는 고객만족도 제고를 위해서는 부족하며, 지속적으로 고객만족도를 조사하여 이 결과를 체계적인 개선활동에 반영하는 것이 필요하다.

(2) 정량성의 원칙

고객만족도 조사에서 중요한 것은 이전과 비교해서 어느 정도 개선되었는지를 파악하는 것이 중요한 목적이기 때문에 비교의 기준이 제시된다. 따라서 일정한 시기에 일정한 방법에 의해서 계속적으로 조사를 실시하는 것이 중요하며 시계열적인 비교가 가능해지면 고객만족의 상황과 문제점을 파악할 수 있다.

(3) 정확성의 원칙

위에서 언급된 계속성의 원칙과 정량성의 원칙과 더불어 조사대상자의 표본이 적합한지, 조사항목이 경영상황을 충분히 반영하는지, 조사방법이 적절한지 등에 대한 원칙도 매우 중요한 부분이라고 할 수 있다.

4. 서비스 품질관리

서비스 기업의 경우 품질관리를 통해서 기업의 경쟁우위를 확보해야 하며, 이를 통해서 산업내에서 지속적으로 성장할 수 있는 기회를 마련할 수 있다. 이러한 서비스 품질관리를 위해서는 먼저, 서비스 품질을 측정하는 일이 선행되어야 하는데 서비는 제품과 달리 품질을 측정하는데 여러 가지 어려움이 생길 수 있다(김연성 외 1999, p.479).

이렇게 서비스 품질을 측정하는데 부딪히는 어려움은 첫째, 서비스 품질의 개념이 주관적이기 때문에 객관화하여 측정하기 어려우며, 모든 경우에 적용되는 서비스 품질을 정의하기는 매우 어렵다. 둘째, 서비스 품질은 서비스이 전달이 완료되기 이전에는 검증되기가 어려운데, 이것은 서비스의 특성상 생산과 소비가 동시에 이루어지기 때문이다. 셋째, 서비스 품질을 측정하려면 고객에게 물어봐야 하는데 고객으로부터 데이터를 수집하는 일이 시간과 비용이 많이 소요되며 회수율도 낮은 편이기 때문에 서비스 품질 측정에 어려움이 있다. 넷째, 자원이 서비스 전달과정 중에 고객과 함께 이동하는 경우에는 고객이 자원의 흐름을 관찰할 수 있는데, 이러한 점은 서비스 품질의 객관성을 저해할 수 있다. 마지막으로 고객은 서비스 프로세스의 일부이며, 변화를 일으킬 수 있는 중요한 요인이기도 하다. 따라서 고객을 대상으로 하는 서비스 품질의 연구 및 측정에 본질적인 어려움이 있다고 할 수 있다.

1) 서비스 품질의 이해

기업의 품질은 그 기업의 경쟁력을 좌우하는 매우 중요한 부분이라고 할 수 있는데, 품질경영과 관련하여 최근 까지 여러 기업과 연구자들에 의해서 여러 발전과정의 단계를 거쳐 왔으며 이러한 품질경영에 관한 발전과정을 통해서 전통적 품질경영과 현대적 품질경영을 비교하면 다음과 같다.

[표 7-5] 품질경영관점의 비교

전통적 품질경영의 관점	현대적 품질경영의 관점
• 대응형(reactive)	• 선행형(proactive)
• 검사 중심	• 예방 중심
• AQL(Accepted Quality Level)이 표준	• Zero Defect가 표준
• 제품 중심(product-oriented)	• 과정 중심
• 일정 최우선	• 품질 최우선
• 품질과 비용의 양자 택일	• 품질과 비용의 동시 추구
• 품질의 대상은 작업	• 개발에서부터 서비스까지 관여 함
• 품질비용에 대한 대략적 짐작	• 품질비용에 대한 공식적인 조사
• 품질은 품질부문의 문제	• 품질은 기업의 전 부문의 문제임
• 규격에 적합하면 됨	• 지속적인 개선이 요구됨
• 품질은 기술적 문제임	• 품질은 경영의 문제임

자료 : 김연성 외, 1999, p.31

재화와 비교해서 서비스는 무형성, 이질성, 생산과소비의 동시성 등의 특성으로 인해 품질의 평가가 더 어렵다고 할 수 있다. 이러한 어려움 때문에 소비자는 서비스의 품질을 평가할 때 다른 단서(clue)나 과정(process)에 의존하는 경향을 나타낸다. 또한, 서비스는 탐색품질(search quality) 속성을 거의 없고 경험품질(experience quality) 속성을 많이 가지고 있다. 고객이 서비스를 평가할 때 기대가 매우 중요한 역할을 하기 때문에 마케터는 이러한 기대를 형성하는 요인을 이해할 필요가 있는데 실질적으로 고객의 기대에 영향을 미치는 요인 중에는 통제 가능한 요인보다 통제 불가능한 요인이 더 많다고 할 수 있다.

제품 및 서비스에 대한 품질평가는 탐색품질(search quality), 경험품질(experience quality), 신용품질(credence quality) 등으로 나눌 수 있는데, 제품의 경우는 탐색품질의 특성이 강한 반면 서비스는 경험품질과 신용품질의 특성이 강한 특성을 가지고 있다.

(1) 품질의 평가

가. 탐색품질

제품이나 서비스를 구매하기 전에 소비자들이 평가할 수 있는 속성을 말하는 것으로, 모양, 느낌, 가격 등과 같은 항목을 포함하고 있다. 컴퓨터, 냉장고 등과 같은 소비재(consumer goods)와 원자재, 부품 등과 같은 산업재(industrial goods)들은 제품을 구매하기 전 소비자들이 그 품질을 평가할 수 있기 때문에 탐색품질(search quality)의 속성이 강한 편이라고 할 수 있다.

나. 경험품질

경험품질(experience quality)은 소비자들이 소비 중이거나 소비한 후에야만 평가할 수 있는 속성으로 경험을 통해서야만 그 품질을 인지할 수 있게 된다. 식사나 성형수술 등은 경험품질의 속성이 강한 서비스 상품이라고 할수 있다. 또한, 호텔, 항공사, 여행사 등의 서비스들도 경험을 통해서만 서비스의 품질을 평가할 수 있는 대표적인 산업들이라고 할 수 있다.

다. 신용품질

신용품질(credence quality)이란 서비스 종류후에도 그 평가가 힘든 속성을 가지고 있는 서비스들이 포함된다고 할 수 있는데, 교육, 의료, 회계 서비스 등이 포함된다고 할 수 있다.

탐색품질, 경험품질, 신용품질 등과 관련된 표는 다음과 같다.

[표 7-6] 서비스 분류에 관한 연구

품질	정의	소비자 대상	기업 대상
탐색품질	구매 전 평가될 수 있는 것	구두, 청바지, 냉장고, 컴퓨터, 휴대폰	원료, 부품, 사무용품, 공구
경험품질	경험품질 소비 중이거나 소비가 끝난 후에만 평가될 수 있는 것	음식, 오락, 성형수술	사무실관리, 운송
신용품질	서비스 수행 후에도 평가하기 어려운 것	회계서비스, 교육, 병원 서비스	컨설팅, 광고, 보험

(2) 과정품질과 기술적 결과품질

고객들은 제공되어진 서비스의 기술적 결과에 대한 인식과 그 결과가 어떤 과정을 거쳐 제공되었는지를 기반으로 해서 서비스품질을 판단하게 된다. 예를 들어, 병원에서 제공되는 의료서비스에 대한 기술적 결과품질은 환자들의 병을 완쾌시켜주는 일이다. 의료서비스의 과정품질은 의사의 시기적절한 치료, 의사 및 간호사들의 고객들에 대한 이해, 정중한 응대, 그리고 환자들의 이야기를 듣는 태도 등을 생각해 볼 수 있다.

만약, 고객들이 음식점에 갔을 때 기술적 결과품질이, 제공된 음식이라면 과정 품질은 음식제공절차 및 방법, 종업원들의 응대 태도라고 할 수 있다. 만약, 서비스가 어떤 구체적인 결과를 가지고 있다면 고객들은 그 결과에 의거해서 그 서비스의 효과를 판단하게 된다. 그러나 일반적으로 서비스는 제품에 비해서 상대적으로 매우 복잡하여 뚜렷한 결과가 항상 명백하게 나오는 것이 아니다. 이러한 상황에서 서비스제공자의 실제 능력이나 그 결과의 유효성 등으로 나타나는 서비스의 기술적 품질은 고객들이 쉽게 판단할 수 없게 된다.

심지어 어떤 경우, 고객들은 제공된 서비스가 제대로 수행되었는지의 여부조차 모르는 경우가 있다. 많은 서비스의 경우 고객들은 자신들이 지급하는 비용에 대해서 의문을 품게 된다. 따라서 고객들은 자격을 소지하고 훌륭한 기술을 갖는 것 이외에도 서비스제공자가 대인관계를 제대로 할 수 있는 능력을 가졌으면 하고 바라게 된다. 즉, 고객들이 제공된 서비스 결과의 기술적 품질을 효과적으로 판단할 수 없다면 그들은 문제해결능력, 고객과의 공감능력, 고객에 대한 정중한 태도, 약속이행수준 등과같은 서비스의 과정품질 차원에 따라 서비스품질에 대해서 자신들의 판단을 내리게 되는 것이다(이명식, 2004, p.112-113).

2) 서비스 품질 차원

서비스 품질 차원과 관련하여 많은 연구자들은 서비스의 품질이 단일차원의 개념이 아닌 여러 요인들에 의해서 평가가 이루어져 왔다고 생각했다. 이렇게 서비스 품질 차원과 관련된 연구들이 진행되다 1985년 Parsuraman, Zeithmal, Berry 등의 학자에 의해서 아래와 같이 10가지 차원의 서비스 품질 평가 기준이 제시되었다.

[표 7-7] 서비스 품질의 10가지 평가 차원

서비스 품질 차원	정의
신용도	서비스 제공자의 솔직함, 믿음성, 신뢰감
안전성	위기, 위험, 의심제거
접근성	접근가능성 및 용이한 접촉
커뮤니케이션	고객들의 말을 청취하고 그들이 이해할 수 있도록 의사전달하기
고객 이해하기	고객 및 그들의 니즈를 알려고 노력
유형성	물리적 시설, 장비, 종업원들의 모습
신뢰성	약속한 서비스를 믿음직스럽고 정확하게 수행하는 능력
반응성	고객에게 도와 주고 신속한 서비스를 제공
능력	서비스 제공에 필요한 지식과 기술을 보유
예절성	서비스 접촉 종업원의 정중함, 존경심, 신중함, 친절함

그러나 서비스 품질의 10가지 차원들이 상호 간에 중복되는 부분이 있고 그 내용을 명확하게 구별하기 힘들다는 의견 등에 따라 PZB(1988)는 1985년 자신들의 연구를 보다 정교하게 만들고 상호간에 중복되는 부분들을 5가지 차원으로 다음과 같이 통합하였으며, 최근, 서비스 품질과 평가에서는 이 5가지 차원이 널리 사용되고 있는 상황이다.

(1) 유형성

유형성(tangibility)은 물리적 시설, 장비, 종업원, 사용되는 커뮤니케이션 자료 등의 외형을 의미한다. 호텔의 경우, 호텔의 외형을 의미하며 호텔산업의 특성상 일반적으로 이렇게 서비스 품질 평가 차원에서 유형성에 대한 소비자들의 평가가 포함된다는 것을 인지하고 있기 때문에 청결하고 화려한 이미지를 구축한다고 할 수 있다.

(2) 신뢰성

신뢰성(reliability)이란 약속한 서비스를 정확하게 제공하는 능력을 말하는데, PZB(1988)에 의하면, 미국에서 신뢰성이 서비스품질 차원 5가지 중에서 서비스 품질에 대한 고객들의 인식을 결정하는데 있어서 가장 중요한 요소로 작용되고 있다고 한다.

(3) 반응성

반응성(responsiveness)은 고객을 도와주고 신속한 서비스를 제공하고자 하는 의지를 의미한다. 반응성은 고객들의 요구, 질문, 불평 및 문제를 처리하는데 있어서 관심과 신속성을 강조한다.

(4) 공감성

공감성(empathy)이란 고객을 개별화시켜 이해하려는 노력으로 접근의 용이성과 서로 커뮤니케이션이 잘 이루어지는 것이 포함된다.

(5) 확신성

확신성(assurance)은 종업원들의 지식과 정중함, 그리고 기업과 종업원들이 불러일으키는 믿음직스러운 모습을 의미한다.

[그림 7-5] 서비스품질차원

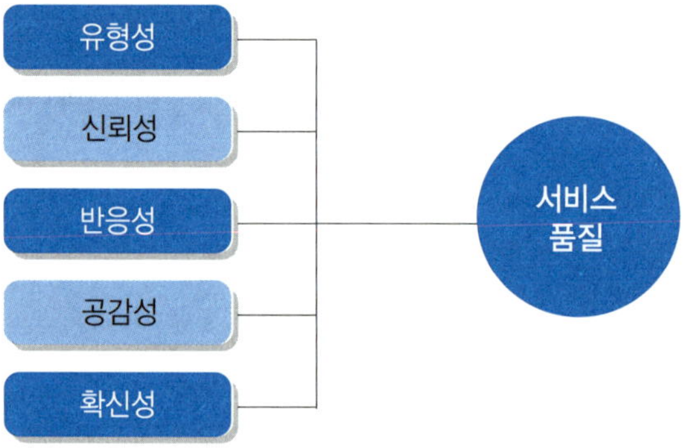

[표 7-8] 서비스 품질차원의 변화

PZB(1985)	PZB(1988)
유형성(tangibility)	유형성(tangibility)
신뢰성(reliability)	신뢰성(reliability)
반응성(responsiveness)	반응성(responsiveness)
고객이해(understanding) 접근성(access) 커뮤니케이션(communication)	공감성(empathy)
안전성(security) 신용도(credibility) 능력(competence) 예절성(courtesy)	확신성(assurance)

5. 고객만족과 서비스 품질 업그레이드

고객만족(customer satisfaction)이란 고객의 필요와 욕구에 의해 생겨난 기대를 충족시키거나 초과할 때 만족이 발생하고 반대로 고객의 기대를 충족시키지 못할 때 불만족이 발생하는 것을 의미한다. 한편, 서비스 품질을 평가하기 위해서 고객들은 고객들이 받은 서비스를 서비스를 제공받기 전 기대했던 서비스와 비교하게 된다. 만약, 제공받은 서비스의 수준이 기대했던 서비스 수준보다 높으면 만족도가 올라가고, 반대로 제공받은 서비스 수준이 기대했던 서비스 수준보다 낮으면 만족도는 낮아지게 된다.

6. 크루즈산업과 서비스 품질

크루즈산업도 다른 서비스산업과 마찬가지로 고객들에게 제공되는 서비스의 품질이 매우 중요하다고 할 수 있으며, 크루즈산업의 서비스 품질 평가는 가장 일반적인 서비스 품질을 측정하는 도구로 사용되고 있는 PZB의 5가지 평가기준인 유형성, 신뢰성, 반응성, 공감성, 확신성을 통해서 평가할 수 있다. 먼저, 유형성은 크루즈의 유형적인 구성요소인 객실, 식음료시설, 문화시설 등과 같은 부분으로 평가할 수 있을 것이다. 신뢰성은 크루즈선사에서 제공되는 예약과정에서부터 크루즈 여행동안의 일정이 미리 제시된 일정과 일치되는 정도와 크루즈 여행기간동안 서비스제공자들이 제공하는 서비스에 대한 신뢰를 기준으로 평가할 수 있다.

반응성은 크루즈여행의 시작을 위한 구매과정의 예약에서부터 크루즈 여행기간동안 크루즈에서 이루어지는 객실, 식음료, 기타 서비스 등에 대한 신속성뿐만 아니라 고객들의 요구, 질문, 불평 등을 처리하는 속도로 평가가 가능하다고 할 수 있다.

크루즈 산업에 있어서 공감성의 평가는 많은 고객들이 같은 크루즈 상품을 구매하여 크루즈여행을 하지만 개별 고객에 대한 배려와 이해하려는 노력으로 평가가 가능하다고 할 수 있으며, 마지막으로 확신성은 크루즈상품의 구매과정에서부터 크루즈여행이 마무리 될 때까지 크루즈기업의 육지에서의 문서적인 서비스 뿐만 아니라 선상에서 서비스제공자들이 제공하는 서비스에 대한 믿음직스러운 모습으로 평가가 가능할 것으로 생각된다.

이렇게 서비스품질과 서비스품질의 평가는 다른 서비스산업에서도 중요한 부분이지만 특히, 크루즈산업에서는 매우 중요하다고 할 수 있다.

또한 요즘같이 SNS의 일반화 등으로 인하여 구전효과가 소비자들의 상품의구매에 많은 영향을 미치는 시기에는 서비스기업들이 제공하는 품질이 기업의 평판(reputation)과 이미지를 구축하는 매우 중요한 부분이기 때문에 서비스품질은 더욱 중요하다고 할 수 있다.

제8장

크루즈경영과 인적자원관리

제8장

크루즈경영과 인적자원관리

1. 인적자원관리의 이해

인적자원관리의 정의는 다양하지만 여러 연구자들의 정의를 종합적으로 정리하면 인적자원관리(human resources management)란 조직목적을 달성하기 위하여 인적자원을 효율적으로 관리하기 위한 통합적 의사결정 시스템이라고 할 수 있다. 인적자원의 개념이 본격적으로 기업에 도입된 이후 여러 단계를 거쳐 발전하고 있다고 할 수 있다.

1) 인적자원의 전략적 중요성

호손공장의 실험을 계기로 인간관계론과 관련지어 이전에 비해 중요성이 커지기는 했지만 1960년대 까지만 해도 경영에 있어서 인적자원관리의 중요성은 아직 충분히 인식되지 못하였으며, 주로 생산직 종업원에게만 해당되는 부분으로 인식되는 부분이 많다고 할 수 있다. 1970년대에 들어서자 인적자원관리(humnan resources management)라는 용어가 등장하여 인사관리(personnel management)라는 용어를 대체하기 시작하였다. 새로운 용어인 인적자원관리는 단순한 서류작업이나 기록보존 이상을 의미하게 되었으며 다양한 인적자원기능들이 잘 통합될 경우, 인적자원관리는 기업의 성공에 중요한 요소로 기여할 수 있다고 인식되게 되었으며, 종업원들이 기업에 있어서 중요한 자산으로 인식되게 되었다.

이러한 인적자원관리의 발전과정 이후, 최근 들어 기업들은 경쟁우위(competitive advantage)를 달성하는데, 인적자원이 핵심적인 요소임을 인식하고 사업과 부합되는 인적자원관리인 전략적 인적자원관리를 강조하게 되었다. 따라서, 조직은 다음과 같은 기준을 충족할 때, 인적자원을 통하여 경쟁우위를 달성할 수 있다(Snell and Wright, 2002).

(1) 가치창출

인적자원이 기업의 효율성 증진에 기여할 때 인적자원은 경쟁우위의 요인이 될 수 있다. 조직구성원들이 비용을 절감하는 방법을 발견하거나 고객에게 독특한 무엇인가를 제공할 때, 가치가 증대된다. 임파워먼트, 전사적 품질개선, 지속적인 업무개선 등은 조직구성원이 가치를 창출할 수 있도록 설계된 프로그램이다.

(2) 희소성

조직구성원들이 경쟁사는 보유하지 못한 독특한 스킬, 지식, 능력을 지니고 있을 때 인적자원은 경쟁우위의 요소가 된다. 따라서 많은 기업들은 경쟁우위를 달성하기 위하여 최고의 인재를 채용하고 개발하려고 노력한다.

(3) 모방의 어려움

종업원의 능력이나 공헌을 다른 경쟁사가 모방할 수 없을 때, 인적자원은 경쟁우위의 요인이 된다.

(4) 조직화

조직구성원들이 임무에 따라 잘 배치되고 조화를 이룰 때 인적자원은 경쟁우위의 요인이 된다.

2) 인적자원관리 전략의 개념

인적자원관리에 있어서 전략적 접근법을 선택한다는 것은 기존의 서무적 기능으로서의 인적자원관리의 내용을 운영적인 측면 보다는 전략적인 측면에 초점을 맞추는 것이라고 할 수 있다. 전략적 인적자원관리는 사람관리에 가장 높은 비중을 부여하며 기업의 전략적인 틀 내에서 모든 인적자원정책과 프로그램을 통합하는 것이라고 할 수 있다. 재무, 마케팅 등 조직의 다른 기능에 관한 모든 의사결정은 조직구성원들에 의해 이루어진다는 점에서 볼 때, 인적자원관리는 사람이 조직을 형성하거나 깨뜨릴 수 있다는 것을 인정하고 있다.

전략적 인적자원관리는 조직의 전략적 목표달성을 촉진하기 위하여, 인적자원과 관련된 일관성 있고 서로 부합되는 인적자원정책과 프로그램을 개발하는 것을 의미한다. 전략적 인적자원관리는 조직의 목표를 구체적인 인간관리시스템으로 전환함으로써 조직 내 모든 인적자원관리시스템들이 전략적 의미를 갖게 한다고 할 수 있다. 구체적인 방법이나 과정은 조직마다 다르겠지만, 전략적 인적자원관리에 있어서 핵심적인 개념은 일관성(consistency)이라고 할 수 있다. 즉, 모든 인적자원정책과 프로그램들이 넓게는 조직의 미션(mission)과 좁게는 조직목표(objective)를 달성하기 위하여 통합되어야 한다는 것을 의미한다(황규대, 2008, p.42).

[표 8-1] 전통적 인적자원관리와 전략적 인적자원관리의 비교

구분	전통적 인적자원관리	전략적 인적자원관리
인적자원관리에 대한 책임	전문적 스탭	라인 경영자
초점	종업원 관계	내부 및 외부고객과의 파트너십
인적자원관리의 역할	거래적, 변화추종자, 반응적	변혁적, 변화주도자, 주도적
추진방법	느리고 반응적이며 단편적임	신속하고 선행적이며 통합적임
계획기간	단기	단기, 중기, 장기
통제	관료적이며, 역할, 정책, 절차적임	유기적이며, 유연함
직무설계	노동의 분화, 전문성, 독립적임	유연하며, 팀워크, 교차훈련
주요투자	자본, 제품	사랑, 지식
책임	비용	투자

자료 : Mello(2002), Strategic Human Resources Management

3) 인적자원관리 기능의 역할

조직에게 인적자원관리의 역할은 계속해서 변화해 왔으며, 앞으로도 시간이 지나면서 변화할 것으로 생각된다. 하지만, 최근 인적자원관리의 변화 경향을 살펴보면 첫째, 운영적인 것에서 전략적인 것으로 변화하고 있다. 둘째, 단기적인 관리에서 장기적인 관리로 변화하고 있다. 셋째, 기능중심에서 사업중심으로 변화하고 있다. 넷째, 내부중심에서 외부 및 고객중심으로 변화하고 있다. 다섯째, 수동적 역할에서 주도적 역할로 변화하고 있다. 여섯째, 활동중심에서 문제해결 중심으로 변화하고 있다. 위에서 언급된 내용에서 알 수 있듯이 최근 경향은 인적자원기능을 단지 관리적인 의무만 수행하는 것이 아니라 조직은 인적자원기능이 조직성과 향상에 기여할 수 있다는 것을 알 수 있다. 또한, 성공적인 많은 기업들은 인적자원기능을 중요한 전략적인 부분을 생각하고 장기적이고 변혁적인 역할을 강조하고 있다(김용구외, 2003).

[표 8-2] 인적자원기능 역할

역할	성과	활동
전략적 인적자원관리	전략의 실행	인적자원의 관리와 사업전략의 방향을 일치 시킴
기업인프라 관리	효율적인 인프라 구축	조직 프로세스에 대한 리엔지니어링
종업원 공헌의 관리	종업원의 헌신과 역량의 향상	종업원에 대한 경청과 반응
변혁 및 변화의 관리	쇄신된 조직의 창출	변혁과 변화의 관리

자료 : 김용구외, 2003, 황규대, 2008, p.13 참조하여 수정 정리

4) 인적자원관리전략과 크루즈 인적자원관리

크루즈 인적자원관리는 크루즈기업의 인적자원들이 대부분 선상에서 근무하는 특수한 상황이기 때문에 이를 고려한 인적자원관리가 필요하다고 할 수 있다.

5) 인적자원관리의 영향 요인

인적자원관리를 실행함에 있어서 중요하게 영향을 받는 요인 중 하나가 인적자원관리의 이해관계자(stakeholder)라고 할 수 있다. 이해관계자란 인적자원관리의 효율성에 영향을 미치거나 또는 영향을 받는 사람이나 집단을 의미한다(황규대, 2008, p.16). 이러한 이해관계자로서는 조직, 고객, 종업원, 사회, 공급자 등을 들 수 있다.

고객 만족의 개선은 인적자원관리가 사업의 성공에 기여할 수 있는 주요 수단 중 하나라고 할 수 있다. 일반적으로 기업들은 고객만족을 위해서는 비용절감과 품질개선이 중요한 수단이라고 생각하지만, 고객들은 이외에도 좋은 품질의 서비스에 민감하게 반응한다고 할 수 있다. 특히, 호텔이나 항공사 등과 같이 고객을 직접 응대하는 일선 서비스산업의 종업원들의 태도에 민감하게 반응한다고 할 수 있다.

공급자(supplier)란, 기업이 사업을 수행하는데 필요한 자원들을 제공하는 조직을 의미하는데 대부분의 조직은 공급자들로부터 사업에 필요한 다양한 인적, 물적, 정보적 자원을 제공 받는다. 따라서, 기업이 제공하는 제품이나 서비스의 품질을 향상시키기 위해서는 공급자와 원활한 관계를 유지해야만 한다. 인적자원관리와 관련된 이해관계자들과 관련된 내용은 아래 표와 같다.

[표 8-3] 인적자원관리와 관계된 이해관계자의 내용

구분	내용		
조직구성원	• 공정처우 • 고용안정	• 만족 / 사기 • 보건, 안전	• 임파워먼트
고객	• 서비스 품질 • 저비용	• 제품의 질 • 책임	• 신속성 / 반응성
조직 및 주주	• 생산성 • 적응력	• 이윤 • 경쟁우위	• 생존
사회	• 법적 규제 • 윤리	• 사회적 책임 • 환경	
전략적 사업 파트너	• 공급자 • joint venture 파트너	• 노조	

자료 : 황규대, 2008, p.17

2. 크루즈 인적자원관리의 의의 및 중요성

선상 인적자원들은 선상과 선사에서 이루어지는 업무와 승객들의 서비스와 안전을 위한 모든 행위들은 모든 책임과 권한이 있는 선장에 의해서 관리된다. 크루즈에서의 부서는 크게 갑판부(Deck Department), 기술부(Technical Department), 호텔부(Hotel Department)의 3개 부서로 분류되고 있으며 모든 부서는 부서의 활동내용을 종합하여 선장에게 보고한다.

위에서 언급된 크루즈의 주요한 3개 부서의 업무를 살펴보면 갑판부서는 고객들의 승선과 관련한 안전에 책임이 있으며, 항해, 환경, 공중위생과 유지보수 업무도 담당하고 있다.

기술부서는 기술부서장에 의해 관리되며 모든 기술적인 업무, 전기 및 환기 시스템과 선박과 육지 사이의 중요한 부분을 다각도로 살펴보는 업무를 담당하고 있다.

호텔부서는 고객서비스부서라고도 하며 고객서비스부서장에 의해서 관리되며 모든 호텔서비스, 고객과 선사를 위한 수입관련 업무, 모든 관련서류, 선상계좌와 회계업무 등을 담당하고 있다.

최근 모든 기업들에게 있어서 인적자원관리는 가장 중요한 부분 중 하나라고 할 수 있는데 특히 크루즈관련 기업들에게는 사업의 특성상 인적자원 관리는 다른 산업에 비해서 상대적으로 더 중요한 기능이라고 할 수 있다.

3. 크루즈 직무관리의 이해

기업에서 직원들이 맡아서 하는 일들을 우리는 작업(work), 과업(task), 직무(job) 등 여러 가지 용어로 부르고 있다. 또한, 기업에서 행해지는 업무는 여러 가지 업무가 모여서 하나의 업무를 완성하는 일이 많기 때문에 한 사람이 여러 가지 일을 맡아서 하기도 하고 여러 사람이 각자 한 가지씩 일을 나누어서 업무를 수행한 다음 그 업무를 합하기도 한다. 어떤 경우에는 비슷한 일을 하는 사람이 모여서 하나의 부서가 형성되고 그 비슷한 부서 직무끼리 모아서 그보다 상위개념의 직무를 통합하여 기업차원의 하나의 상위 직무를 완성하게 된다. 그러므로 한 기업의 직무는 개인단위의 직무, 부서단위의 직무, 조직단위의 직무로 나누어서 생각할 수 있다.

직무관리(job study)란 직무를 어떻게 규정하고 설계할 것인가 등의 문제를 다루는 다시 말해 직무의 체계적이고 합리적인 관리를 직무관리라고 한다. 직무관리(job study)는 직무분석(job analysis), 직무평가(job evaluation), 직무설계(job design)로 구성된다.

[표 8-4] 직무관련 용어 정리

구분	내용
직군(job family)	직무들의 집단으로 일반적으로 기능에 따라 분류되며, 생산, 재무, 마케팅, 회계등과 같이 분류된다.
직종(job category)	직군 내 혹은 직군간에 있는 포괄적인 직함이나 직종에 따른 직무들의 집단을 의미한다.
직무(job)	과업이나 과업차원이 유사한 직위들의 집단을 의미한다.
직위(position)	한 개인에게 할당되는 업무들을 구성하는 과업 혹은 과업차원들의 집단을 의미한다.
과업(task)	직무수행을 위하여 논리적이고 필수적인 단계들인 업무활동을 형성하는 요소들의 집단으로 위에서 언급된 업무들은 차별화되어 구분이 가능해야 한다.
요소(element)	업무가 개별적인 동작, 이동, 정신적 과정들에 대한 분할될 수 있는 가장 작은 단위를 의미한다.
책임(responsibility)	주어진 과업과 임무를 수행할 종업원의 의무
임무(duty)	직무에서 주어진 책임을 수행하기 위한 과업

이렇게 인적자원관리의 중요한 토대가 되는 직무관리(job study)는 직무분석(job analysis), 직무설계(job design), 직무평가(job evaluation)로 구성된다.

인적자원관리에 있어서, 직무관리의 중요성은 매우 크다고 할 수 있는데 그 이유는 직무관리와 사람관리가 연결되어 있는 부분이 많기 때문이다. 예를 들어 직무분석, 직무설계, 직무평가 모두 인적자원 확보, 인적자원의 개발과 유지, 인적자원 보상, 인적자원 방출 등의 사람관리와 밀접한 관계가 형성되어 있다고 할 수 있다.

4. 크루즈 채용 · 승진 · 임금 · 복리후생관리

1) 크루즈 채용관리

직무가 설계되고 어떤 직무에 어떤 사람이 어느 정도 필요한가가 정해지면 거기에 알맞은 인적자원을 구해서 배치하면 되는 이러한 과정을 인력의 채용 혹은 충원(staffing)이라고 한다. 구체적으로 인력을 모집(recruitment)한 후에 여러 가지 도구를 가지고 각각의 지원자를 평가하여 적합한 인력을 선발(selection)하고 그들을 필요한 직무에 배치(placement)하기 까지가 채용관리의 대상이 된다. 미국의 인사관리협회(Society for Human Resources Management)의 조사에 의하면 대부분의 기업들은 인적자원관리와 관련한 활동 중 인력 채용관리활동에 가장 많은 시간과 비용을 들이는 걸로 나타났다.

기업의 채용전략은 개인은 물론 기업과 사회에도 많은 영향을 미친다고 할 수 있는데 기업 입장에서는 기업의 장기적인 전략을 수립하고 목표를 달성하기 위해서 채용전략이 꼭 필요한 부분이고 개인적으로도 기업인 인적자원들을 채용하지 않으면 일자리를 얻지 못하게 된다. 또한, 기업의 채용전략은 사회적으로도 많은 영향을 미치게 되는데 기업의 채용전략이 제대로 실행되지 못하면 노동시장에 인력이 남아돌아 실업률이 상승하게 되고 사회적으로도 여러 가지 문제점이 발생하게 된다.

2) 크루즈 승진관리

승진(promotion)이란 종업원이 한 직무에서 더 나은 직무로 이동하거나 한 지위에서 더 높은 지위를 맡게 되는 것을 의미한다. 즉, 신분, 보상, 책임, 위치, 권한 등이 더 높아지는 것을 의미한다. 승진과 반대되는 개념으로는 강등(demotion)이 있는데, 강등이란 권한, 책임, 보상이 감소하는 직무로의 이동을 의미하며 많은 경우에 징계를 목적으로 실행된다.

기업마다 사정이 다르기 때문에 정해진 틀은 없지만 일반적으로 기업의 승진관리에 있어서 기본적으로 지켜져야 할 원칙은 적정성, 공정성, 합리성 등이 있다. 또한, 승진은 종업원들의 동기부여와 사기 차원에서 매우 중요한 관리 부분 중 하나이기 때문에 이러한 기본원칙을 지키는 것이 중요하다고 할 수 있다.

승진의 기본 원칙 중 적정성이란 승진할 직위의 수가 적정하여 사원들이 승진할 능력과 시기가 되었을 때 승진이 가능해야 한다는 의미이다. 승진의 자격과 시기가 되었음에도 적정성의 문제로 종업원들이 제대로 승진이 이루어지지 않으면 사기가 저하되고 기업 전체적인 관점에서도 생산성이 저하 될 수 있다.

공정성이란 승진대상자들에게 승진의 기회를 공정하게 배분해야 한다는 의미이다. 공정성은 약간은 주관적인 부분이 포함될 수 있는 부분이기 때문에 완벽하게 객관적으로 유지한다는 것은 쉬운 일이 아니지만 일반적으로 공정성이 지켜지지 않게 되면 종업원들의 불만이 쌓일 수 있으므로 승진관리의 원칙에서 매우 중요한 부분이라고 할 수 있다.

합리성이란 승진결정에 영향을 미치는 평가요소들을 합리적으로 선택하여 평가했즌지와 관련된 문제이다. 이러한 합리성을 유지하기 위해서는 인사고과 요소가 합리적으로 마련되어야 한다.

3) 크루즈 임금관리

기업의 임금관리는 넓은 의미로 기업이 종업원에게 제공하는 보상(reward)에 관한 부분으로 기업의 목적 달성에 기여한 공한의 대가로 종업원에게 제공되는 경제적. 비경제적 가치를 의미한다. 인적자원관리에서 보상관리에 대한 의미는 고용관계의 일부분으로서 종업원이 기업으로부터 받는 금전적 보상과 서비스적 복리후생을 의미한다. 이러한 보상(compensation)에는 직접보상인 임금과 간접보상인 복리후생으로 나누며 임금과 관련된 부분은 임금관리, 복리후생과 관련된 부분은 복리후생관리로 다루게 된다.

임금관리는 기업의 인적자원들이 가장 많은 관심이 있는 부분이라고 할 수 있으며 기업은 임금관리를 통해서 우수한 인적자원을 채용하고 유지할 수 있으며, 종업원들의 동기를 유발시켜 궁극적으로 기업의 성과를 높일 수 있다. 이러한 임금관리는 안정성과 공정성을 기초로 관리되어야 하는데, 안정성의 의미는 임금관리는 종업원 개인의 경제적인 생활안정과 기업의 경영안정 모두 달성할 수 있도록 적당한 균형을 유지해야 한다는 의미이다.

공정성의 의미는 배분공정성과 절차공정성으로 나누어서 생각해 볼 수 있는데 배분공정이란 임금뿐만 아니라 비경제적, 심리적 보상까지 고려되었는지 여부, 종업원이 공헌한 만큼 제대로 임금이 책정되었는지 여부, 경쟁기업 등과 같이 기업 외부와 비교해서 적당한 임금수준이 책정되었는지 여부 등에 관한 것을 의미한다. 절차의 공정이란 임금이 결정되기까지의 모든 절차가 공정했는지를 의미하는 것으로, 만약, 종업원 개개인의 성과측정이 잘못되었을 경우 절차의 공정성에 문제가 있다고 할 수 있다.

크루즈기업의 경우에도 일반 기업들의 임금관리와 마찬가지로 성과측정, 공정성 등이 매우 중요한 부분이라고 할 수 있으며, 특히, 크루즈에 승선하는 승무원들은 일반 사무직 직원들과는 다른 업무를 수행하기 때문에 크루즈기업들은 이러한 점을 고려해야 한다.

4) 크루즈 복리후생관리

복리후생 프로그램은 법에 의해 강제될 수도 있으며, 사용자의 자유재량이나 단체교섭에 의해 제공될 수도 있는 부분이다. 종업원들과 노동조합은 복리후생에 대한 관심이 높으며, 복리후생의 설계에 일정부분 참여하기도 한다. 기업의 입장에서는 복리후생에 관한 의사결정을 내릴 때, 법정 프로그램은 반드시 제공되어야 하며, 인적자원관리를 강화하는 방식으로 설계되고 운용되는 확인할 필요가 있다. 또한, 복리후생과 관련된 비용에 대해서도 정확한 예측이 필요한 부분이라고 할 수 있다. 복리후생(fringe benefits)이란 종업원의 노동력 제공과 직접적인 관계없이 종업원의 경제적 안정과 생활의 질을 향상시키기 위해 지급되는 간접보상을 의미한다.

제8장에서 살펴 본 크루즈경영과 인적자원관리 부분에서 특히, 크루즈산업은 항공산업과 마찬가지로 산업에 종사하는 인적자원들이 지상뿐만 아니라 지상 외에서 근무하기 때문에 이러한 부분에 관한 세심한 배려가 필요하다고 할 수 있다.

제9장

크루즈 마케팅

제9장

크루즈 마케팅

스마트폰의 일반화와 빠르게 발전하는 정보통신기술의 혁신과 개인의 소득 증대로 인한 생활수준의 향상으로 인해 소비자들의 욕구가 다양해지면서 기업들은 경제성을 추구하는 동시에 다양한 소비자들의 욕구를 충족시키기 위한 방법이 필요하게 되었고 이로 인해 단순생산이나 판매개념을 넘어선 고객지향적 마케팅 개념이 대두되었다.

정보통신 기술을 기반으로 하고 있는 디지털경제로(digital economy)의 전환, 국가 간의 국경의 개념이 점점 약해지고 있는 글로벌화의 가속화, 서비스 산업의 비중 증가 등으로 인하여 호텔관광기업을 포함한 모든 기업들의 마케팅(marketing)과 관련된 경쟁은 더욱 치열해지고 있으며 그 중요성도 더욱 커져가고 있다고 할 수 있다.

특히 호텔관광산업은 석유산업, 자동차 산업과 함께 가장 규모가 큰 산업 중 하나로서 앞으로도 성장속도가 빠르게 진행될 것으로 예측되고 있을 뿐만 아니라 글로벌화(globalization)로 인하여 국제관광이 일반화되면서 다른 산업에 비해서 마케팅의 중요성이 더욱 부각되고 있는 산업 중 하나라고 할 수 있다. 이렇게 빠르게 변화하는 정보통신기술의 발전과 더불어 글로벌경영환경이 급속히 변화하면서 마케팅의 중요성은 점점 더 커지고 있는데 본 장에서는 마케팅의 기본적인 개념과 발전과정 및 향후 전망에 대해서 살펴보고자 한다.

1. 크루즈산업과 마케팅의 개념

현재 우리가 살아가고 있는 시대를 마케팅의 시대라고 할 만큼 모든 분야에 있어서 마케팅의 중요성은 점점 증가하고 있다. 특히 글로벌화와 스마트폰의 일반화를 통해서 이전에 기업이나 소비자들이 경험하지 못했던 여러 서비스들이 생겨나면서 모바일 마케팅의 비중과 중요성이 증가하고 있는 상황이라고 할 수 있다. 이러한 여러 다양한 요인들로 인해서 경영환경이 급변하기 때문에 기업의 입장에서는 마케팅이 더욱 중요한 기능 중 하나로 자리잡아가고 있으며 이러한 현상은 앞으로도 지속될 것으로 예상된다.

다른 산업과 마찬가지로 크루즈 산업에 있어서도 마케팅은 매우 중요한 부분 중 하나라고 할 수 있는데, 다른 산업과 비교해서 크루즈 산업의 특성상 표적시장(target market)이 상당히 제한적인 편이라고 할 수 있기 때문에 산업의 특성에 적합한 마케팅 전략이 요구된다고 할 수 있다.

1) 마케팅관련 기본개념

마케팅(marketing)의 정의를 살펴보기 전에 마케팅과 관련된 기본개념들로는 시장, 필요와 욕구, 교환, 제품과 서비스, 고객가치와 만족 등을 들 수 있으며 각각의 개념들의 설명은 다음과 같다.

(1) 시장

시장(market)은 여러 가지 의미를 가지고 있는 중요한 개념이라고 할 수 있다. 시장은 물품의 매매가 이루어지는 교환의 장소인 동시에 같은 필요와 욕구를 충족시켜 주는 제품들의 집합체이기도 하다. 또한, 제품거래를 광범위하게 수행하는 사람들과 조직체의 집합체라고도 볼 수 있으며 마케팅에서는 이들을 통합한 의미로 시장을 정의하고 있다. 최근에는 소비자들의 인터넷 및 스마트폰 사용의 일반화로 인하여 오프라인 시장의 개념 뿐만 아니라 온라인 시장의 개념이 중요한 부분이라고 할 수 있다.

(2) 필요와 욕구

마케팅은 인간의 필요와 욕구를 이해하는데서 시작된다고 할 수 있는데, 인간이 가지는 필요(need)란 '어떤 기본적인 만족이 결핍된 상태' 를 의미하는데 예를 들어 배가 고플 때에는 음식을 필요로 하고 날씨가 추우면 의복을 필요로 한다. 욕구(want)란 '필요를 충족시켜줄 수 있는 구체적인 수단에 대한 바람' 을 의미하는 것으로 예를 들어 배고픔을 해소시켜 줄 수 있는 수단에는 불고기, 설렁탕, 김밥, 라면 등 여러 가지가 있는데 이들 구체적인 수단에 대한 바람을 의미한다.

(3) 교환

소비자와 기업들은 서로 제품과 현금의 교환을 통해 각각의 목적인 기업의 이윤추구와 소비자의 욕구충족을 달성하게 된다. 이처럼 교환은 마케팅의 핵심적인 개념으로서 원하는 대상물을 대가를 제공하고 그 소유자로부터 획득하는 행위를 의미한다. 교환이 있기 때문에 우리는 각자 자신이 원하는 모든 제품이나 서비스를 생산할 필요가 없고 자신이 산출한 생산물을 다른 사람들이 산출한 생산물과 교환하여 필요한 것들을 획득하는 것이다.

(4) 제품과 서비스

제품과 서비스는 마케팅 주체가 교환을 위해 시장에 제공하는 것으로서, 인간의 필요와 욕구를 충족시키기 위해 필수적인 부분이라고 할 수 있다. 여기서 제품이란 유형의 재화는 물론, 무형의 서비스, 아이디어, 장소, 사람 등 인간의 욕구를 충족시키기 위해 시장에 제공될 수 있는 모든 것이 포함된다.

(5) 고객가치와 만족

고객가치(customer value)란 제품이나 서비스로부터 고객이 얻기를 기대하는 혜택과 그것을 얻기 위해 소요되는 비용 간의 차이를 말한다. 만족(satisfaction)이란 소비자가 제품사용에서 느끼게 되는 심리적 충만감을 말하며 기대했던 것 보다 실제 성과가 좋으면 만족도는 크게 증가한다. 최근 대부분의 기업들이 고객만족도 최대화를 위한 고객만족지향 마케팅에 역점을 두고 있다.

[그림 9-1] 마케팅의 핵심개념

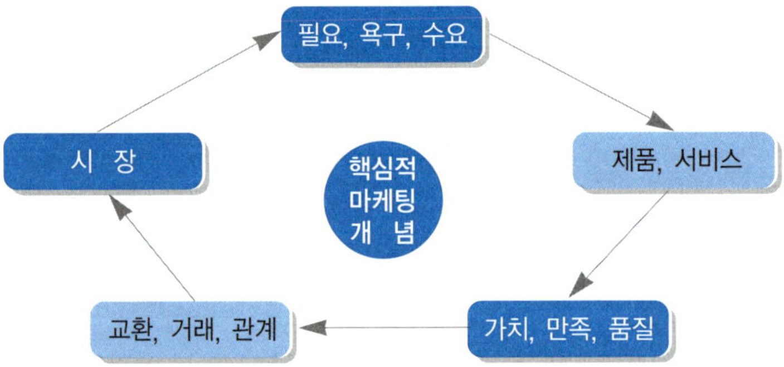

자료 : Philip Kotler and Gary Armstrong, Principles of Marketing, 9th ed., Prentice-Hell, Inc., 2001, p. 6.

2) 마케팅의 정의

마케팅에 대한 정의는 1960년 미국마케팅협회(AMA:American Marketing Association)에서 처음 공식적으로 제기되었으며 여러 가지 환경의 변화와 학문적으로 마케팅이 발전하는 과정에서 마케팅에 대한 정의도 변화를 가져왔다. 현재, 가장 일반적으로 사용되고 있는 마케팅에 대한 정의는 1985년 미국마케팅협회에서 발표한 아래와 같은 정의이다.

마케팅이란 개인과 조직의 목표를 만족시켜주는 교환을 창조하기 위하여 아이디어, 재화, 서비스에 대한 개념, 가격, 촉진, 유통을 계획하고 집행하는 과정이다(Marketing is the process of planning and executing the conception, pricing, promotion, and distribution of idea, goods, and services to create exchange that satisfy individual and organization objectives).

2. 크루즈산업과 마케팅개념의 발전과정

크루즈산업이 본격적으로 시장에 도입된 것이 1980년대라고 할 수 있기 때문에 마케팅개념의 발전과정 중 마케팅개념과 사회적 마케팅 개념 등과 관련이 있으며 기본적인 마케팅 개념의 이해는 아래와 같이 설명할 수 있다.

마케팅개념의 발전과정은 생산개념, 제품개념, 판매개념, 마케팅개념, 사회적마케팅개념의 다섯 단계의 발전과정을 보이고 있다.

[그림 9-2] 마케팅개념의 발전과정

1) 생산개념

제품의 공급이 수요에 비해 부족한 시장환경 하에서는 제품은 만들기만 하면 판매가 된다거나 소비자들에게 저렴한 가격으로 원하는 만큼 구매할 수 있게 해주는 것이 마케팅의 중요한 기능 중 하나라고 생각하는 견해가 나타나게 된다.

이와 같이 소비자들의 수요와 욕구충족을 위해 생산성의 향상과 원가절감에 초점을 맞추어야 한다는 생산지향적인 마케팅 이념을 생산개념(production concept)이라고 한다. 이러한 상황 하에서는 기업들이 우선적으로 생산을 증가시킬 수 있는 방법을 찾는데 주력하게 된다.

2) 제품개념

제품개념(product concept)은 소비자들이 우수한 품질의 제품을 선호할 것으로 보고 최고 품질의 제품생산에 주력하는 제품지향적 마케팅 이념을 의미한다. 제품개념에 입각한 기업의 시장활동은 기본적으로 잘 만들어진 우수한 제품은 소비자들의 만족도가 상당히 높을 것이라는 가정 하에 이루어지며, 그렇기 때문에 이러한 기업의 마케팅활동은 기업의 연구개발부서에서 제품을 개발하고 생산부서에서 생산된 제품을 시장에 판매만 하는 것이다.

3) 판매개념

판매개념(selling concept)이란 판매기능을 가장 중요시하는 기업의 이념으로 이러한 기업은 어떤 제품이든 충분한 판매노력을 기울이면 판매량을 늘릴 수 있고, 소비자들은 기업이 많은 판매와 촉진활동을 하지 않으면 많은 구매를 하지 않는다고 가정한다. 따라서 판매개념을 중요시하는 기업들은 판매와 촉진활동에 초점을 맞추게 되는데 이 개념이 주장하는 근거는 소비자들에게 판매 및 촉진활동을 하지 않으면 제품의 존재를 알지 못하며 많이 구입하지 않는다는 것이다. 이와 같이 소비자중심이 아닌 판매자중심의 시장개념에 따라 활동하는 기업은 판매 자체가 목적이기 때문에 소비자의 구매 후 만족 여부에는 관심을 가지는 것이 어렵다.

4) 마케팅개념

마케팅개념(marketing concept)은 판매개념 다음에 나타난 개념으로서 기업의 목표달성 여부는 시장에 있는 소비자의 욕구를 파악하고 이들에게 만족을 전달해 주는 활동을 얼마나 경쟁자보다 효율적으로 수행할 수 있느냐에 달렸다고 보는 이념을 의미한다.

판매개념과 마케팅개념의 차이점은 판매개념은 판매자의 욕구에 초점이 맞추어져 있지만 마케팅개념은 구매자의 필요와 욕구에 초점을 맞춘다는 점이다. 다시말하면, 판매지향적 기업은 제품을 현금으로 바꾸려는 판매자의 욕구에 초점이 맞추어져 있는 반면, 마케팅개념에 입각한 기업은 제품의 생산, 유통, 소비와 관련된 모든 활동에 있어서 소비자의 필요와 욕구를 만족시키는데 초점을 두고 있다는 것이다. 또한, 마케팅개념은 제품생산에서부터 유통, 판매 후 관리까지 통합적 마케팅을 통해 소비자들의 필요와 욕구를 최대한 충족시키는 것을 마케팅 활동에 있어서 가장 중요한 과제로 본다.

5) 사회적 마케팅 개념

사회적 마케팅개념(societal marketing concept)은 소비자들의 단기적인 욕구와 만족을 충족시키는 것도 중요하지만 사회 전체적인 이익과 복지의 증진도 매우 중요하다고 보는 마케팅이념을 의미한다. 최근, 기업들은 기업을 둘러싸고 있는 여러 가지 환경의 변화들로 인하여 마케팅활동의 의사결정시 사회의 관심사를 함께 고려해야 할 필요가 있게 되었는데, 이렇게 사회적마케팅개념에 입각한 기업은 기업의 이윤추구, 소비자의 필요 및 욕구충족과 더불어 사회전체의 이익과 복지도 조화롭게 고려해야 할 것이다. 최근, 자연환경문제를 고려해서 공해를 줄이는 제품생산과 기업의 공해방지시설 설치 등을 강조하는 그린마케팅(green marketing) 등도 사회적 마케팅개념의 한 예라고 할 수 있다.

3. 마케팅 믹스

마케팅 믹스(marketing mix)란 마케팅 프로그램과 전략개발을 위해 사용할 수 있는 통제가능한 마케팅 도구들의 집합을 말하며, 마케팅 믹스의 결과로 얻어진 최종의사결정의 내용을 마케팅 프로그램(marketing program)이라고 한다.

고객의 욕구를 충족시켜주는 교환을 창출하기 위해서는 마케팅전략을 수립하고 그에 따라 마케팅활동을 수행해야 하는데, 마케팅전략의 핵심은 표적시장을 선정하고 그 시장의 고객욕구를 충족시키는 마케팅믹스를 개발하는 것이다. 마케팅 믹스는 제품(product), 가격(price), 유통(place), 촉진(promotion) 등 네 가지 요소로 구성되어지며 모두 영어 알파벳 'P' 로 시작되기 때문에 4P's 라고도 한다. 마케팅 믹스의 구성요소들 상호 간에는 서로 영향을 미치게 되며 이들 4개의 요소를 어떻게 조합하느냐에 따라서 마케팅 성과는 많은 차이를 나타낼 수 있다.

[그림 9-3] 마케팅믹스의 4P 요소

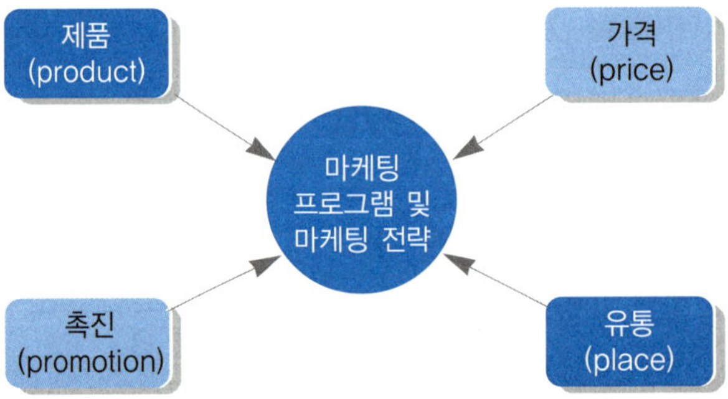

1) 제품

제품(product)은 교환을 위해 시장에 제공되는 제품, 서비스, 아이디어, 장소 등 교환제공물로서 품질, 기능, 디자인, 브랜드 등 제품의 구성요소들이 마케팅 믹스 전략의 도구로 사용된다.

2) 가격

가격(price)은 제품의 거래조건을 구성하는 것으로서 제품과 서비스의 효용 및 가치를 금액으로 표시한 것이라고 할 수 있다.

3) 유통

유통이란 생산된 제품이나 서비스를 소비자에게 이전하는 과정을 의미하며, 유통경로(channel of distribution)란 제품이나 서비스를 생산자로부터 소비자에게 이전되어 가는 과정에 거치게되는 경로를 의미하는 것으로, 이 과정에 참여하는 모든 개인 및 조직의 집합체로 구성되어진다. 유통(place)은 유통기관, 유통경로, 유통방식 등이 전략수단으로 사용된다.

4) 촉진

촉진(promotion)은 소비자와 커뮤니케이션을 하기 위해 사용하는 수단들인 광고, 판매촉진, 인적판매, 홍보 등이 마케팅 믹스 전략의 수단으로 작용된다.

[표 9-1] 전통적 마케팅 믹스

제품	유통	촉진	가격
• 물리적 제품특성	• 유통경로 형태	• 인적판매(숫자, 선발, 훈련, 인센티브)	• 유연성
• 품질수준	• 노출	• 광고(표적시장, 매체선정, 광고형태, 카피)	• 가격수준
• 액세서리	• 중간상		• 기간
• 포장	• 유통점포업자		• 차별화
• 품질보장	• 운송		• 할인
• 제품계열	• 보관		• 무료
• 브랜드	• 유통관리		

자료 : Zeithmal, Valarie A. and Mary Jo Bitner(1996), Services Marketing, New York : The McGrow-Hill Co., p.25

4. 크루즈산업과 STP

1) 관광시장세분화

(1) 시장세분화의 개념

시장세분화(market segmentation)란 전체시장을 공통적인 특성을 가진 구매자들끼리 그룹으로 나누는 과정을 의미한다. 또한 이렇게 나누어진 동질적인 부분시장을 세분시장(market segment)이라고 하며, 이러한 세분시장 중 마케터들이 구체적인 마케팅 믹스(marketing mix)를 개발하여 초점을 맞추고 있는 시장을 표적시장(target market)이라고 한다. 표적 마케팅(target marketing)은 이러한 표적시장에 대해서 마케팅활동을 펴는 것을 의미한다.

(2) 시장세분화의 이점

시장세분화는 인구증가가 둔화되고 보다 많은 제품들이 성숙기에 접어들면서 기업들이 시장점유율 획득과 브랜드 확장 · 확대 등을 통해 성장을 추구하기 때문에 시장에서 경쟁이 점점 치열해지면서 더욱 중요성이 증대하고 있다. 또한 고객들의 욕구와 취향의 다양화도 시장세분화의 중요성을 증가시키는 한 요인으로 작용하고 있다. 시장세분화는 다음과 같은 이점이 있다.

❶ 시장기회를 보다 쉽게 찾아낼 수 있다. 각각의 세분시장의 욕구와 이들을 대상으로 하는 상품들을 살펴보면, 충족되지 못한 고객의 욕구를 찾아낼 수 있는데, 이것이 바로 시장기회이다. 이러한 시장기회를 이용하여 그 세분시장에 적합한 상품을 개발할 수 있게 된다.

❷ 마케팅 믹스를 보다 효과적으로 조합할 수 있다. 세분시장의 특정요구에 초점을 맞춰 제품 · 가격 · 유통경로 · 촉진 등의 마케팅 믹스요인들을 일관성있게 조화시켜 고객들이 제품을 명확하게 이해하고 인식할 수 있게 하고, 경쟁제품과도 차별화시킬 수 있게 된다.

❸ 시장수요의 변화에 신속하게 대처할 수 있다. 세부시장은 전체시장보다 규모가 작기 때문에 기업은 수요의 변화를 쉽게 파악할 수 있고, 세분시장의 수요변화에 대해서도 신속하게 대응할 수 있게 된다.

(3) 시장세분화의 요건

시장세분화를 하는 목적 중 가장 중요한 것이 마케팅 믹스를 효과적으로 활용하려는 것이다. 이러한 목적을 달성하기 위해서는 가장 적절한 방법으로 시장세분화를 해야 하는데, 이를 위해서는 가각의 세분시장이 다음과 같은 요건을 갖추어야 한다.

가. 측정가능성

시장세분화 변수들 중에는 측정하기 어려운 변수들도 있는데, 측정가능성(measurability)이란 세분시장의 규모와 구매력(purchasing power)을 측정할 수 있는 정도를 의미한다.

나. 세분시장 내의 동질성

세분시장 내의 동질성(homogeneous-within)이란 각 세분시장 내의 소비자들이 시장세분화를 위한 변수의 측면에서 가능하면 서로 비슷하여야 한다는 것을 의미한다. 예를 들면, 우리나라 자동차시장을 소득수준과 가족수를 기준으로 세분화한다고 하였을 때, 각 세분시장 내 소비자들의 소득기준과 가족수가 서로 유사해야 한다는 것이다.

다. 세분시장 간의 이질성

세분시장 간의 이질성(heterogeneous-between)이란 시장세분화가 효과적으로 이루어지기 위해서는 각 세분시장 간 소비자들의 특성이 서로 달라야 하는데, 이것을 세분시장 간의 이질성이라 한다.

라. 규모

어느 한 세분시장을 표적시장으로 삼아서 마케팅 믹스를 제공하는데에는 상당한 비용이 투입되기 때문에 적어도 하나의 세분시장의 규모(size)가 독자적인 마케팅 프로그램을 시도할 만한 크기가 되어야 한다.

마. 접근가능성

접근가능성(accessibility)이란 세분시장에 접근할 수 있고 그 시장에서 활동할 수 있는 정도를 의미한다. 충분한 규모의 세분시장이 존재하더라도 세분시장을 연결해 줄 매개체가 없으면 시장세분화는 성공하기 힘들다.

(4) 시장세분화의 기준

시장세분화는 효과적인 마케팅 믹스를 위해서 이질적인 전체시장을 동질적인 세분시장으로 나누는 것으로, 전체시장을 세분시장으로 나누는 기준이 되는 변수를 시장세분화변수(market segmentation variables)라고 한다. 일반적으로 사용되는 시장세분화변수는 지리적 변수, 인구통계적 변수, 심리적 변수, 행동분석적 변수 등이 있다.

[표 9-2] 시장세분화의 기준

구분	변수
지리적 변수	지역, 도시 규모, 기후 등
인구통계적 변수	연령, 성별, 소득, 직업, 교육수준, 가족규모 등
심리적 변수	사회적 계층, 라이프스타일, 개성 등
행동분석적 변수	사용량, 추구하는 편익, 구매준비, 상표충성도 등

가. 지리적 변수

지리적 변수(geographic variables)는 시장을 국가 · 도 · 시 · 군 등의 지역, 도시와 시골, 기후 등에 의해서 세분화하는 변수이다.

나. 인구통계적 변수

인구통계적 변수(demographic variables)는 연령 · 성별 · 소득 · 학력 · 직업 · 종교 및 결혼 여부 등의 인구통계적 변수를 기준으로 시장을 세분화하는 변수이다. 인구통계적 변수는 고객의 욕구 및 구매행동과 밀접하게 관련되어 있는 경우가 많으며, 다른 변수들에 비하여 측정이 비교적 쉽기 때문에 가장 많이 사용되는 변수라고 할 수 있다.

다. 심리적 변수

심리적 변수(psychographic variables)는 사회계층 · 라이프스타일 · 개성 등으로 시장을 세분화하는 것이다. 사회계층(social class)은 비슷한 수준의 사회적 지위와 경제력을 지닌 사람들의 집합으로 같은 계층구성원들끼리는 가치관 · 사고방식 · 행동 · 태도의 면에서 많은 공통점을 가지고 있다. 심리적 변수 중 가장 대표적인 것이 라이프스타일(life style)인데, 주로 사람들의 활동(activity), 관심(interest), 의견(opinion)을 기준으로 집단을 분류하는데, 영문표기의 머릿글자를 따서 AIO분석이라고도 한다.

개성(personality)은 개인의 내적 · 외적 기질을 말하는 것으로 Horney는 사람의 주요한 개성을 순응형 · 공격형 · 고립형으로 분류하였다. 심리적 변수에 의한 세분화는 시장을 보다 효과적으로 세분화할 수 있게 해주고 많은 정보를 제공해주지만, 몇 가지 한계점을 지니고 있다. 먼저 지리적 변수나 인구통계적 변수는 비교적 개념이 분명하지만 심리적 변수는 변수의 정확한 측정이 어려운 점이 있다. 또한 심리적 변수와 고객욕구 사이에 상관관계가 모호한 경우가 많으며, 세분화의 기준이 추상적일 경우에는 세분화에 대한 효과적인 접근매체가 없어서 어려움이 있다.

라. 행동분석적 변수

위에서 언급된 지리적 · 인구통계적 · 심리적 변수들은 모두 고객의 특징에 초점을 맞춘 분석방법이었다. 그러나 행동분석적 변수(behavioral variables)는 소비자와 상품과의 관계에 초점을 두는 세분화의 기준이다. 세분화의 기준으로는 소비자가 상품에 대해 나타내는 반응을 토대로 추고하는 편익 · 사용량 · 상표충성도 등이 있다.

(5) 크루즈산업의 시장세분화

크루즈 산업의 시장은 다양한 관광객의 욕구로 인해 다수의 이질적인 시장으로 구성되어 있다지만 호텔관광산업과 비교해보면 비교적 덜 세분화되어 있는 시장이라고 할 수 있다.

크루즈를 이용하는 고객들은 다른 산업과 비교해보면 비교적 연령별로 양극화가 뚜렷한 편이라고 할 수 있기 때문에 시장세분화 기준 중 특히, 인구통계적인 부분에 있어서 다른 관광산업과 비교하여 시장세분화가 상대적으로 명료하다고 할 수 있다.

크루즈시장은 인구통계적 · 사회경제적 기준, 심리적 기준, 지리학적 기준, 여행목적기준, 유통경로기준, 행동기준, 편익기준, 구매계기기준 등 8가지로 세분화할 수 있다.

가. 인구통계적 · 사회경제적 세분화

이 기준은 통계자료의 수집과 매체 및 조사를 통한 각종 정보의 비교와 적용, 자료의 해석과 응용의 용이성으로 인해 현재까지 시장세분화의 기준으로 가장 많이 활용되고 있다. 일반적으로 연령과 수익은 레크레이션 참여의 주요변수임은 부정할 수 없으나 시장을 세분화 할 때 이러한 변수들만으로는 세분시장에 속한 구성원들이 유사한 선호를 가지고 있다고 보기 힘들기 때문에 불완전한 점이 많이 있다.

나. 심리적 세분화

관광객은 여행상품의 구매시에 그 선택기준이 이상적이거나 경험적 가치보다는 준거집단의 형태를 모방하거나 답습하려는 성향이 많으며, 타인을 의식하고 타인과의 경쟁심리가 많이 작용되므로 심리적 세분화 방법이 최근에 주목받고 있다. 심리적 세분화는 실행상 어려움이 많고 비용이 많이 드는 단점에도 불구하고 기존의 분석방법에 의해 획득된 정보를 보완하여 활용되면 고도로 전문화되고 광범위하게 개발된 관광시장에서 많은 효과를 거둘 수 있을 것이다.

다. 지리적 세분화

지리적 세분화는 세분시장의 경계가 명확하다는 장점이 있지만, 통신과 교통수단이 발달한 요즘에는 지리적 세분화가 동질성을 가지고 있다고 기대하기 어렵다. 하지만 이와 같은 이유에도 불구하고 지리적 세분화를 고려하는 이유는 대부분의 매력적인 관광목적지는 대조적인 기후와 경관미 등에 의존하고 있는 것이 현실이고, 이것은 관광객송출지와 관광목적지간의 거리를 의미하기 때문이다. 또한 지리적 세분화는 목표시장에 접근하기 위한 수단을 제시해 주고, 잠재고객이 소재하고 있는 곳을 알게 해 줌과 동시에, 이들과 커뮤니케이션을 가능하게 해줄 방안을 제시해주기 때문이다.

라. 여행목적별 세분화

여행목적별 세분화는 호텔관광시장을 비즈니스 여행시장과 관광목적 여행시장으로 세분화하고 있다. 예를 들면, 싱가포르에 위치한 호텔들은 관광시장을 단체시장과 개인시장으로 나누고, 다시 단체시장은 그룹투어 · 국제회의 · 항공사승무원 등으로 분류하고, 개인시장은 개인여행객과 빈번한 여행객(frequent traveler) 등으로 세분화하고 있다.

마. 행동적 세분화

행동적 세분화는 실제의 호텔관광상품이나 여행상품 속성에 대해 여행객이 지닌 지식 · 태도 · 용도 및 반응, 이용률, 추구편익, 구매계기, 여행객의 지위, 상표집착도 등을 기준으로 해서 세분화하는 것이다.

바. 편익 세분화

편익 세분화는 호텔관광상품을 구매한 후 여행객이 느끼는 효익에 대한 상대적인 중요성을 기초로 해서 시장을 세분화하는 방법이다. 편익 세분화를 실시할 때는 여행객들이 호텔관광상품계층에서 얻으려는 주요혜택이 무엇이고, 각 혜택을 찾는 여행객들의 유형은 어떠하며, 각 혜택을 줄 수 있는 상표품은 무엇인지 결정해야 한다.

사. 구매계기의 세분화

구매계기의 세분화는 호텔관광기업의 서비스를 구매하는 경우 구매계기에 따라 관광객을 세분화하는 것이다. 예를 들면, 여행객을 업무 · 휴가 · 가족여행 등으로 구분하는 경우인데, 이러한 구매계기의 세분화를 통해서 여행사는 전문적인 상품개발이 가능하게 된다.

2) 호텔관광 표적시장

(1) 표적시장 선정

시장세분화는 표적시장 선정을 위한 준비단계인데, 시장세분화를 통해 나누어진 세분시장 중에서도 구체적인 마케팅 믹스(marketing mix)를 개발하여 대상으로 삼으려는 세분시장을 표적시장(target market)이라 한다. 기업이 여러 개의 세분시장 중 표적시장을 선정할 때 고려해야 할 요인은 세분시장의 전반적인 매력성과 기업의 목표 및 보유하고 있는 자원과 능력이다. 전반적인 시장의 매력성이란 세분시장의 규모 · 성장성 · 수익성 · 경쟁정도 · 위험도 · 규모경제 등을 분석한 것이다. 또한 표적시장을 선정할 때에는 기업의 목표와 일치하는지와 이를 위해 기업이 보유하고 있는 자원과 능력을 고려해야 한다.

(2) 표적시장전략

표적마케팅전략은 크게 비차별적 마케팅전략(undifferentiated marketing strategy), 차별적 마케팅전략(differentiated marketing strategy), 집중화전략(concentrated strategy)으로 분류할 수 있다.

가. 비차별적 마케팅전략

비차별적 마케팅전략(undifferentiated marketing strategy)이란 세분시장 간의 이질성과 차이를 무시하고 다수의 공통된 욕구에만 초점을 두어 표준화된 마케팅 프로그램을 개발하여 제공하는 전략이다. 비차별적 마케팅전략은 규모의 경제(economies of scale)를 이용하여 비용을 절감할 수 있고, 전체시장이 유사한 욕구를 지니고 있을 때 효과적인 마케팅 전략이다. 하지만 고객의 다양한 욕구를 충족시키기 어려운 단점이 있다.

나. 차별적 마케팅전략

차별적 마케팅전략(differentiated marketing strategy)은 다수의 세분시장을 대상으로 각 세분시장별로 마케팅 믹스를 개발하여 마케팅전략을 실행하는 것을 의미한다. 차별적 마케팅전략은 다양한 고객의 욕구에 맞추어 여러 가지 상품을 다양한 가격으로 제고하고 다양한 촉진방법을 실시하게 되므로 보다 많은 고객을 확보할 수 있지만, 비용이 많이 든다는 단점이 있다.

다. 집중화전략

집중화전략(concentrated strategy)은 기업이 하나의 세분시장만을 선정하여 집중적으로 공략하는 전략이다. 집중화전략은 기업이 표적으로 하는 세분시장이 하나이기 때문이다. 고객욕구와 시장성격을 정밀하게 분석할 수 있고, 마케팅 노력을 집중할 수 있으며, 생산 · 유통 · 촉진을 전문화할 수 있다는 장점이 있다. 하지만 집중화전략은 시장의 범위가 좁기 때문에 표적시장의 소비자욕구가 변하거나 강력한 경쟁자가 진입하는 경우에 큰 타격을 받을 수 있다.

3) 호텔관광 포지셔닝

(1) 포지셔닝의 개념

포지셔닝(positioning)이란 용어는 시장 내 고객들의 마음에 위치잡기라는 의미를 갖는다. 시장에서 기업의 포지셔닝전략은 시장세분화를 기초로 정해진 표적시장 내 고객들의 마음에 시장분석, 고객분석, 경쟁분석 등을 기초로 하여 얻은 전략적 위치를 계획한다는 의미를 갖는다. 즉, 시장에서의 차별적 위치를 차지하여 고객욕구를 충족시키는 서비스를 표적시장에 제공하는 것이다(이유재, 2004: p. 72).

(2) 포지셔닝 전략

기업은 다양한 방법으로 제품이나 서비스를 포지셔닝시킬 수 있다. 포지셔닝의 유형을 살펴보면, 소비자 포지셔닝과 경쟁적 포지셔닝을 구분할 수 있다. 소비자 포지셔닝은 소비자에 관심을 두고 기업의 제품이나 서비스를 소비자 마음속에 자리매김하는 것이다. 소비자 포지셔닝은 속성, 이미지, 사용상황 및 사용목적, 제품사용자에 의한 포지셔닝이 있다.

속성에 의한 포지셔닝은 제품의 속성 및 고객의 혜택과 관련하여 포지셔닝하는 방법으로 예를 들면, 볼보 자동차 같은 경우는 튼튼하고 안전한 차로 소비자들에게 포지셔닝되어 있다. 이미지 포지셔닝은 말 그대로 이미지를 포지셔닝하는 것으로 의류 · 보석 등에 많이 사용된다.

사용상황 혹은 사용목적에 의한 포지셔닝의 예로는 이온음료를 들 수 있는데. 이온음료는 운동 후 빠른 갈증해소로 포지셔닝되어 있다. 제품사용자에 의한 포지셔닝은 특정한 개인이나 집단에 초점을 맞추어 포지셔닝하는 것을 의미한다.

(3) 포지셔닝 전략 수립과정

가. 경쟁적 강점파악

소비자들은 일반적으로 그들에게 가장 높은 가치를 가져다 줄 수 있는 제품이나 서비스를 선택하게 된다. 따라서 기업은 제품차별화와 서비스차별화 및 이미지차별화 등을 통해서 경쟁사에 대비하여 차별적인 우위를 누릴 수 있다. 또한 지속적인 자사제품고객으로 유지시키기 위해 소비자들의 욕구와 구매과정을 경쟁사들보다 잘 이해하고 있어야 한다.

나. 적절한 경쟁우위의 선택

가능한 경쟁적 강점파악이 끝난 다음 기업은 그 다음 단계로 과연 어떠한 경쟁우위점을 선택할 것인지, 몇 개의 우위점을 가지고 차별적 포지셔닝을 시도할 것이지를 결정해야 한다. 다수의 마케팅관리자들은 표적시장에 오직 하나의 편익을 집중적으로 촉진시켜야 한다고 생각한다. 기업들이 하나의 편익을 사용하여 효과적으로 포지셔닝을 하기위해서는 사용되는 편익은 소비자들이 그 제품을 구입할 때 매우 중요하게 고려하는 내용이어야 하며, 확실히 타경쟁사 대비 우위점이 있어야 한다.

성공적 차별화를 위한 고려요소는 다음과 같다.

❶ 중요성 : 차별점은 표적시장의 소비자들에게 확실히 가치가 있는 편익을 제공해야 한다.

❷ 차별성 : 경쟁자들이 똑같은 차별점을 제공할 수 없거나 보다 확실히 차별된 방법으로 그 차별점을 제공할 수 있어야 한다.

❸ 우수성 : 차별점은 소비자들이 같은 편익을 얻을 수 있는 다른 방법들보다 확실히 뛰어나야 한다.

❹ 전달성 : 차별점은 소비자들에게 전달할 수 있어야 하고, 보여줄 수 있어야 한다.

❺ 선점성 : 차별점은 경쟁자들이 쉽게 모방할 수 없어야 한다.

❻ 가격적절성 : 차별점은 구매자들이 구입이 꺼릴 정도로 가격의 인상을 초래하지 않아야 한다.

❼ 수익성 : 차별점은 기업에게 이익을 제공할 수 있어야 한다.

다. 선택한 포지션의 전달

일단 포지셔닝에 사용할 차별점이 선택되고 나면 기업은 표적소비자들에게 바람직한 포지셔닝이 될 수 있도록 차별점을 전달해야 한다. 이 때 모든 기업은 마케팅 믹스의 노력은 포지셔닝전략을 뒷받침해야하며, 포지셔닝을 위해서는 기업의 실질적인 행동이 요구되는데, 만약 기업이 좋은 제품의 질과 서비스로 포지셔닝을 시도한다면 우선 자사의 제품과 서비스의 질을 높여서 소비자들에게 전달해야 한다. 즉, 기업은 포지셔닝전략에 맞는 제품 · 가격 · 유통 · 촉진의 마케팅 믹스를 기획하여야 한다.

라. 지각도

지각도(positioning map)란 여러 가지 평가할 수 있는 차원에 따라 제품이나 브랜드의 위치를 나타내는 것이다. 즉, 지각도는 제품의 심리적인 포지셔닝을 위한 하나의 강력한 도구로 사용되는 기법으로, 소비자가 제품 · 브랜드 등에 대한 신념과 선호도를 형성하는데 고려하는 여러 가지 제품속성을 2~3개의 차원으로 압축하여 차원들 사이의 제품지각공간을 형성한 다음, 제품들의 전반적인 유사성이나 선호도에 대한 소비자조사를 근거로 각 제품 브랜드 등을 기하학적인 거리로 환산하여 공간상에 표시하는 것이다(한상만 외, 2004: pp. 230~238).

5. 크루즈산업과 제품전략

1) 제품의 이해

(1) 제품의 개념

제품(product)이란 소비자의 필요(needs)와 욕구(wants)를 충족시켜 줄 수 있는 모든 것을 의미하는 것으로, 유형적인 제품, 무형적인 서비스, 사람, 관광지와 같은 장소 등을 모두 포함한다. 제품이 소비자의 욕구를 충족시켜 줄 수 있는 것은 그 제품이 지니고 있는 속성(attribute) 때문인데, 이러한 제품의 속성들은 핵심제품(core product), 유형제품(tangible product), 확장제품(augmented product)의 세 가지 차원들로 구성된다.

(2) 제품의 구성요소

소비자들은 자신의 욕구를 충족시키기 위하여 제품을 구입하게 되는데 실제로 소비자들이 원하는 것은 구매하는 제품으로부터 얻게 되는 혜택의 조합이라고 할 수 있다.

[그림 9-4] 제품의 구성차원

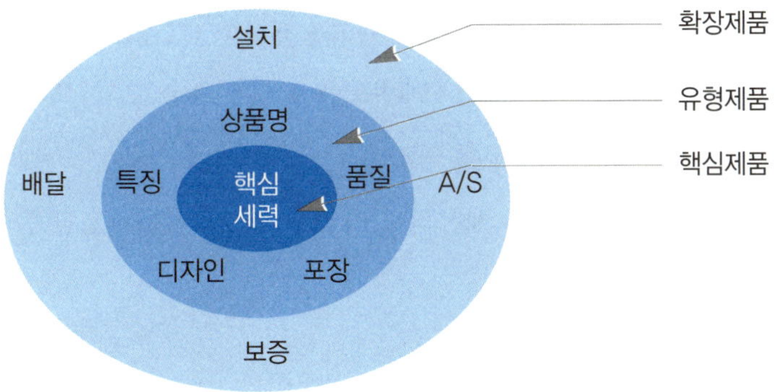

자료 : Philip Kotler and Gary Armstiong, Principles of Marketing, eighth ed, Prentice-Hall International, INC., 1999, p. 237

동일한 제품에 대해서도 소비자들마다 얻는 혜택이 다르기 때문에 마케팅관리자들은 제품을 구성하는 요소들을 효과적으로 통합하여야 한다. 제품을 구성하는 요소들은 품질, 디자인, 상표, 포장으로 분류할 수 있다.

가. 품질

품질이란 특정제품이 그 기능을 수행할 수 있는 능력을 말하는 것으로 품질의 측정에 사용되는 구성요소로는 다음과 같은 것들이 있다.

(David A. Garvin, "Competing on the Eight Dimensions of Quality", Harvard Business Review, November/December 1987, pp. 101-109)

- 성능(performance) : 특정 제품 또는 서비스가 정해진 디자인 요건과 작동요건을 충족시키는 정도를 말한다. 예를 들어 오디오의 음질과 같이 고객이 그 제품으로부터 추구하는 주요 혜택에 의하여 측정된다.
- 부속기능(features) : 2차적인 혜택을 제공하는 보조적인 기능들을 말한다. 예를 들어 900MHZ 무선전화기에는 상표에 따라 수화기를 들지 않고도 통화할 수 있는 "자동통화기능"이 있는가 하면, 수화기를 잘못 놓아도 1분이 지나면 통화기능 상태로 전화되는 "안심기능"도 있다.
- 신뢰성(reliability) : 일반적으로 시초 고장까지의 평균시간, 고장 간의 평균 시간 및 단위기간 동안의 고장률 등으로 측정된다.
- 내구성(durability) : 제품의 수명과 견고성을 말한다.
- 서비스 용이성(serviceability) : 제공되는 서비스의 속도, 고객우대, 적합성 및 고장시 수선 용이성 등을 말한다.
- 심미성(aesthetics) : 주로 제품의 감각적 가치로 외관과 느낌 등을 포괄하는 것이다.
- 명성(reputation) : 기업명 또는 상표명에 의한 인기도를 말한다.
- 적합성(conformance) : 특정 제품 또는 서비스가 표준으로부터 벗어나는 빈도와 정도를 말한다.

기업의 입장에서 품질을 관리한다는 의미는 소비자들이 불편해하는 결함을 줄이는 것 뿐만 아니라 소비자들의 품질에 대한 욕구와 선호를 더욱 잘 충족시켜 줄 수 있는 제품을 제공함으로써 경쟁기업보다 경쟁우위를 확보하는 것을 말한다.

나. 디자인

제품 디자인은 자사의 제품을 차별화할 수 있는 하나의 수단이 될 수 있을 뿐만 아니라 탁월하고 우수한 디자인은 소비자에게 더 많은 구매의 유인을 제공할 수 있다. 제품 디자인에는 색, 크기, 형태, 재료 , 무게 등이 포함되며 제품사용의 편리성과 유용성도 제고해야 한다. 최근, 디자인의 중요성은 더욱 부각되고 있으며 소비자의 편리성을 높은 디자인을 가진 제품의 성공확률은 더욱 높아진다고 할 수 있다.

다. 상표

상표(brand)란 특정 판매업자의 제품이나 서비스를 다른 판매업자들로부터 식별하고 차별화시키기 위하여 사용되는 명칭, 말, 상징, 기호, 디자인, 로고와 이들의 결합체라고 정의할 수 있다. 또한, 상표의 개념으로는 상표명, 상표마크, 등록상표 등이 있다.

상표명(brand name)은 코카콜라, 폴로 등과 같이 상표 중에 말로 발음하고 나타낼 수 있는 문자, 단어, 숫자부분을 말하며, 상표마크(brand mark)는 폴로의 말과 같이 상표 중에 상징, 디자인, 독특한 색상이나, 문자와 같이 인식은 되지만 말로 표현할 수 없는 부분을 말한다. 등록상표(trade mark)는 그 상표의 독점적 사용이 법적으로 보장되어 보호받을 수 있는 상표를 의미한다.

라. 포장

일반적인 포장의 기능에는 제품의 소비가 완료될 때까지 내용물을 보호하는 보호기능과 보관기능, 사용의 편리성을 높여주는 기능, 촉진기능, 그리고 제품

폐기를 용이하게 해주는 기능 등이 있다. 이렇게 포장은 여러 가지 기능을 가지고 있지만 최근에는 포장이 마케팅 수단으로서 수행하는 기능이 보다 중시되고 있는 경향을 보이고 있다.

(3) 제품의 분류

제품은 크게 소비재와 산업재로 구분되는데, 소비재는 소비자가 최종소비를 위해 구매하는 제품이며, 산업재는 다른 제품의 생산이나 사업을 위해 구매되는 제품을 의미한다. 소비재는 소비자의 쇼핑습관에 따란 편의품 · 선매품 · 전문품 · 미탐색품 등으로 분류할 수 있다. 편의품(convenience goods)은 소비자가 최소의 노력으로 자주 구매하는 제품을 의미하며, 다시 필수품(staple goods), 긴급품(emergency goods), 충동품(impulse goods)으로 분류할 수 있다.

선매품(shopping goods)이란 소비자가 가격 · 품질 · 디자인 등을 평가해서 탐색한 후 구매되는 제품을 말한다. 선매품은 편의품보다 구매빈도는 낮지만 가격이 높은 편이다.

전문품(specialty goods)은 소비자가 제품을 구매할 때 많은 탐색노력을 기울이는 제품을 말한다. 전문품은 일반적으로 상표인지도와 상표충성도가 높으며, 대표적인 전문품으로는 고가의 자동차와 시계들을 예로 들 수 있다.

미탐색품(unsought goods)이란 소비자들이 평소에 거의 제품탐색의도를 보이지 않는 제품을 말한다.

(4) 호텔관광상품의 분류

호텔관광상품은 호텔관광기업이 현재 및 잠재고객을 대상으로 제공하는 유형적 상품과 서비스. 아이디어. 정보 등을 포함하는 개념으로, 유형적 요소보다 무형적 요소가 더 많은 서비스 상품이라고 할 수 있다.

서비스는 핵심서비스(core service)와 부가 서비스(supplementary service)로 구분되는데 핵심서비스란 서비스상품의 판매에 있어 주된 요소가 되는 서비스를 말하며, 부가서비스는 핵심서비스를 판매하기 위하여 보조적인 역할을 하는 서비스를 말한다. 예를 들어 호텔에서 제공하는 핵심서비스는 숙박 및 식음료 판매와 관련된 서비스이며, 부가서비스란 종사원의 친절, 호텔 내외의 정보제공, 비즈니스와 관련된 편의제공 등이라 할 수 있다. 하지만, 관광기업의 핵심서비스는 거의 비슷하기 때문에 핵심 서비스만으로는 경쟁기업과 차별화하기 어려운 것이 사실이다. 따라서 부가 서비스측면의 차별화를 시도하는 것이 보다 유용하다고 할 수 있다(신혜숙, 2004 : pp. 128-129).

관광상품은 숙박상품 · 식음료상품 · 교통상품 · 관광편의품 · 쇼핑상품 · 관광명소상품 · 관광활동상품 · 관광이벤트상품 등으로 분류할 수 있다(이정학, 2003 : pp. 133-135).

❶ 숙박상품 : 관광호텔 · 수상관광호텔 · 가족호텔 · 한국전통호텔 · 콘도미니엄 · 모텔 · 여관 · 유스호스텔 · 방갈로 · 펜션 등의 객실 상품을 말한다.

❷ 식음료상품 : 호텔 레스토랑 및 주장 · 관광식당 · 일반음식점 · 유흥음식점 · 간이음식점 등에서 제공하는 음식과 음료 등의 상품을 말한다.

❸ 교통상품 : 항공기 · 선박 · 유람선 · 버스 · 기차 등의 객석 및 렌터카 등의 상품을 말한다.

❹ 관광편의품 : 관광활동에 필요한 물품, 즉 모자 · 의복 · 선글라스 등의 상품을 말한다.

❺ 쇼핑상품 : 기념품 · 토산품 · 특산품 등의 상품을 말한다.

❻ 관광명소상품 : 박물관, 전시관, 기념관, 문화유적지, 명승지, 휴양지, 민속촌, 주제공원, 생태관광지, 재래시장, 건축물, 자연 그 자체 및 형상물 등을 이용한 상품을 말한다.

❼ 관광활동상품 : 온천, 스포츠활동, 전통체험(김치, 도자기 등), 카지노 등의 체험상품을 말한다.

❽ 관광이벤트상품 : 축제 · 공연 · 스포츠경기 · 박람회 등의 이벤트적 상품을 말한다.

❾ 기타 : 기후 · 친절성 · 이미지 · 민족성 · 신기성 등을 관광상품화한 것을 말한다.

2) 제품수명주기

(1) 제품수명주기의 개념

제품수명주기(product life cycle)란 새로운 제품이 개발되어 시장에 출시된 이후 성장하다가 일정기간을 경과한 후에 쇠퇴되어 시장에서 사라지기까지의 과정을 의미한다. 다시 말하면 특정제품이 개발되어 시장에서 출시된 이후 시간이 경과함에 따라 매출액과 이익이 변화해 가는 과정을 나타낸 것이다.

(2) 제품수명주기의 단계별 특성 및 전략

제품수명주기는 도입기 · 성장기 · 성숙기 · 쇠퇴기로 나누어 볼 수 있는데, 각 단계별 특성은 다음과 같다.

❶ 도입기(introduction stage)는 특정제품이 처음으로 시장에 출시되어 소비자가 구매하게 되는 단계로 기업은 시장개척자로서 계획된 제품 포지셔닝전략에 따라 마케팅 믹스전략 등을 실행한다.

❷ 성장기(growth stage)에는 매출액이 증대되어 이익이 증가하지만 높은 시장점유율을 유지하기 위해 촉진 및 유통에 많은 자금이 투입되는 시기이기도 하다.

❸ 성숙기(maturity stage)에 들어서면 매출액이 감소하기 시작하기 때문에 기업은 시장과 제품 및 마케팅 믹스 등에 변화를 주어 확보한 시장을 방어하게 된다.

❹ 쇠퇴기(decline stage)에는 기술혁신 · 경쟁심화 등으로 매출액이 감소한다.

제품수명주기의 각 단계별 특징 및 전략은 〈표 9-3〉과 같다.

[표 9-3] 제품수명주기의 단계별 특징 · 목표 · 전략

내용	도입기	성장기	성숙기	쇠퇴기
판매량	적음	증가율이 매우 높음	최대	급격히 감소
비용	높음	계속 낮아짐	낮음	낮음
이익	낮음	계속 높아짐	최대	계속 낮아짐
경쟁	거의 없음	계속 증가	최대수준에서 안정됨	감소
마케팅 전략	제품인지 및 구매유도	시장점유율 극대화	이익 극대화	비용절감 및 브랜드 축소
제품 전략	기본제품 제공	제품계열, 서비스 확대	브랜드 다양화	비인기 브랜드 제거
가격 전략	원가에 근거	시장침투가격	경쟁사와의 조화 및 할인	가격인하
광고 전략	제품소개 및 인지	대중시장에 대한 제품인지 제고	브랜드 차별화 및 혜택 강조	고충성도 브랜드 외 광고비 인하
판매촉진 전략	구매유도를 위한 적극적 예산투입	수요확대를 고려한 예산 인하	브랜드 다양화에 조화된 적극적 예산 투입	최소의 예산
유통 전략	선별적 유통 채널	유통채널의 확대	유통채널의 최대화	유통채널의 최소화

자료 : 정규엽, 2004: p. 384.

(3) 호텔관광지의 수명주기

Burtler는 1980년 상품수명주기와 유사한 호텔관광지수명주기를 제시하였는데, 상품수명주기에서의 상품판매량은 관광자수로, 시장의 진화과정은 관광지의 물리적 시설이나 행정조직과 같은 관광지의 개발과정으로 대치된 것이다. 이러한 관광지의 수명주기는 관광지의 질과 양이라는 시장진화와도 관련시켜 설명할 수 있는데, 관광지의 수명주기는 탐색기 · 몰입기 · 강화기 · 정체기 · 쇠퇴기로 구분할 수 있다(신혜숙, 2004 : pp. 141~144).

각 단계별 특징을 살펴보면 다음과 같다.

❶ 탐색기 : 호텔관광수명주기의 첫 번째 단계인 탐색기는 단체관광을 싫어하는 소수의 모험적 관광자들이 지역을 방문하고, 접근방법과 편의시절의 부족으로 관광자수가 제한되는 시기이다.

❷ 몰입기 : 몰입기는 관광자를 위한 시설이 일부 개발되고 광고도 함에 따라 관광자수가 증가하는 시기로, 성수기와 주요관광자 밀집지역이 형성되며, 공공부문은 기반시설을 제공해야 할 책임을 느끼게 되는 시기이다.

❸ 개발기 : 개발기는 관광자가 대량으로 유입되며, 관광지에 대한 통제가 지역주민의 손을 벗어나고, 외부기업이 현대적 시설을 개발하기 시작하면서 관광조직이 변화하는 시기이다.

❹ 강화기 : 강화기는 관광자수가 증가하나 증가율이 저하되기 시작하는 시기이다. 관광지는 완전히 성숙한 관광사업의 일부로 존재한다.

❺ 정체기 : 정체기에 오면 관광자수가 최고치에 도달하고, 이제 지역은 더 이상 인기가 없어진다. 보수적 여행자들 중 반복방문객이 주요관광자이다.

❻ 쇠퇴기 : 주말이나 당일 여행객 같은 지리적으로 근접한 소수의 관광자만이 이 지역을 방문한다.

3) 신제품개발

기업이 신제품을 얻을 수 있는 방법은 크게 두 가지로 나누어 볼 수 있는데 첫 번째는 신제품을 보유하고 있거나 신제품 개발에 적극적인 기업을 인수. 합병하는 방법이고 두 번째는 기업 내부적으로 연구개발 부서에 의한 신제품개발이다.

(1) 신제품개발의 의의

다양한 소비자들의 욕구를 충족시키기 위하여 기업들은 제품차별화(product differentiation)전략으로서 신제품을 개발한다. 또한 상황에 따라서는 기존제품을 계획적으로 진부화시키기 위해서 신제품을 개발하기도 한다. 신제품은 시초제품 · 혁신제품 · 수정제품 · 신상표 등의 유형이 있는데, 시초제품은 핵심기능을 최초로 제공하는 제품을 의미하며, 혁신제품은 핵심기능이 혁신적으로 변화된 제품을 의미한다. 수정제품은 핵심기능이나 부수적 기능이 수정된 제품이며, 신상표는 똑같은 기능의 제품을 상표와 포장만 바꾼 제품이다. 신제품이 시장에서 성공하기란 매우 어렵기 때문에 기업의 입장에서 신제품개발전략은 매우 위험도가 큰 전략이다.

(2) 신제품의 성공요인

가. 소비자 관련된 요인

신제품이 시장에서 성공하기 위해서는 가장 먼저 소비자의 필요에 적합해야 하는데, 그러기 위해서는 표적고객의 선택이 정확해야 한다. 또한, 제품의 테스팅, 출시 및 수명주기의 관리에 있어서도 고객의 필요를 해결하기 위한 제품의 편익이 소비자에게 적절하게 제공되고 있는지를 주기적으로 점검하는 것이 필요하다. 또 다른 소비자 관련 요인으로는 소비자에게 가격에 비하여 높은 효용을 줄 수 있는 제품이어야 한다.

나. 기술 관련 요인

신제품의 성공 요인 중 기술관련 요인이란 자사의 신제품이 경쟁사에 비해 독점적 기술우위를 가지고 있는 것도 중요하지만 그 보다도 소비자들이 원하는 편익을 제공할 수 있는 능력을 의미한다고 할 수 있다. 물론, 다른 경쟁기업과 비교하여 독점적 기술우위를 보유하게 되면 그 신제품은 시장에서 성공할 확률이 더 높겠지만 소비자들이 원하는 편익이 무엇인지 파악을 하지 못하게 되면 그 성공확률은 낮아지게 된다.

다. 시장환경 관련 요인

일반적으로 신제품 중 성장잠재력이 큰 제품은 시장에서 성공할 확률이 높다고 할 수 있다. 성장잠재력이 큰 제품은 제품수명주기상 성장기에 있는 제품을 말하며, 신제품의 진부화 속도, 전체 잠재시장의 크기 등을 모두 고려하여 성장 잠재력을 판단하여야 한다.

라. 기업 내부 요인

Robert(1990)에 의하면 신제품 들 중에서 독특한 기술을 가지고 기존 제품과의 관련성이 높은 시장에 진입했을 때는 67%의 성공률을 보였으며, 독특한 기술은 있으나 관련성이 낮은 시장에 진출한 경우에는 25%, 독특하지 않은 기술을 이용하여 관련성 없는 시장에 진입한 경우에는 극히 낮은 성공확률을 보였으며, 독특하지 않은 기술로 관련성이 높은 시장에 진입한 경우 25%의 성공률을 보였다. 따라서, 독특한 기술처럼 강점을 가지고 있으며 기존 제품과의 관련성이 높은 시장에 진출한 경우가 가장 성공 가능성이 크다고 할 수 있다.

그 외에도 신제품을 성공시키기 위한 기업 내부적 조건들 중에서 중요한 것들로는 최고경영자의 지원, 신제품개발과 관련된 기능부서들 사이의 원활한 의사소통, 신제품을 성공시키려는 강력한 의지를 가진 임직원, 효과적인 신제품개발 조직 등을 들 수 있다(박흥수외, 2004 : p. 14).

마. 신제품 개발기간 및 출시의 타이밍

많은 제품들이 제품수명주기가 빨라 지면서 진부화 속도가 빨라지고 있는데 좋은 아이디어라고 하더라도 제품출시의 적기를 놓치면 시장에서 성공하기 어렵다. 특히, 하이테크 제품일수록 출시의 타이밍이 더욱 중요하다고 할 수 있다. 한편, 아직 성숙되지 않은 시장에 신제품을 출시하여 실해하는 사례도 많이 있는데 예를 들어 1970년대에 McDonald's가 우리나라에 진출을 시도하였으나 실패한 사례가 좋은 예가 될 수 있다.

(3) 신제품의 실패원인

해마다 많은 신제품들이 시장에 출시되지만 그 중 많은 수가 실패하고 만다. 성공한 제품과 실패한 제품을 구별하는 기준은 다양하지만 일반적으로 신제품이 시장에서 실패하는 이유는 다음과 같다.

가. 소비자 관련 요인

신제품이 실패하는 여러 요인 중에서 가장 일반적인 요인은 신제품이 기존 제품과의 차별화된 독특한 편익을 소비자들에게 제공하지 못하는 경우이다. 모방전략(me-too strategy)에 의해 출시된 신제품이 시장의 기존제품을 따라 잡는 것은 아주 힘든일이다. 또한, 독특한 편익은 있으나 소비자들의 기호가 바뀌어 더 이상 그 편익을 높이 사주지 않게 되는 경우도 볼 수 있다. 따라서 신제품이 시장에서 실패할 확률을 줄이기 위해서 가장 필요한 노력은 기존 제품과는 차별화되면서도 소비자들이 원하는 독특한 편익을 찾아내어 이를 제공할 수 있도록 제품을 설계하는 일이다.

나. 마케팅전략 관련 요인

신제품의 성공은 정확한 표적시장의 선정과 그에 적합한 포지셔닝을 필요로 한다. 물리적으로는 훌륭한 제품을 만들어 놓고서도 마케팅 전략상의 실수로 인

해 신제품이 실패하는 경우도 자주 볼 수 있다. 신제품의 실패 확률을 줄이기 위해서는 시장세분화가 올바르게 되어 있는가 하는 점과 표적고객들에게 파고 들 수 있는 포지셔닝이 이루어져 있는가를 면밀히 검토해야 한다.

다. 마케팅과 유통자원의 부족

신제품이 성공하기 위해 필요한 광고, 판촉, 유통상의 지원이 불충분해서 실패하는 신제품들을 볼 수 있는데, 특히 사내 영업조직이나 유통경로 구성원들을 설득하는데 실패하여 신제품을 취급하는 것을 회피할 경우 신제품이 시장에서 성공을 거두기가 어렵게 된다.

라. 사내조직 관련 요인

신제품의 성공을 위해서는 전사적인 품질에 대한 인식과 고객지향적인 기업문화가 필요할 뿐만 아니라 기업 내의 마케팅부문, 연구개발부문, 생산부문, 영업부문 구성원들의 노력과 협조가 필요하다. 기업 내부적으로 위에서 언급된 부서의 협조가 부족하면 신제품은 시장에서 성공확률이 낮아지게 된다.

마. 기타 요인

위에서 언급된 요인들 이외에도 기술개발과 관련된 요인, 신제품 출시의 타이밍, 수요예측의 실패, 경쟁기업에 대한 정보 부재 기업을 둘러싸고 있는 외부환경 등에 의해 신제품이 시장에서 실패할 수 있다.

신제품개발의 주요한 성공요인과 실패요인들을 살펴보면 다음과 같다.

[표 9-4] 신제품개발의 주요한 성공요인과 실패요인

성공요인	실패요인
소비자 욕구충족제품	차별화된 효익제공 실패
제품의 기술적 우월성	표적시장 선정 실패
큰 성장잠재력	잘못된 포지셔닝
자사의 강점과 조화된 제품	광고, 판촉, 유통자원 부족
적은 경쟁 정도	기술개발의 진부화
효과적인 제품개발조직	출시시기의 실패
최고경영자의 지원	신제품개발부서 간의 불충분한 의사소통
신제품개발부서 간의 원활한 의사소통	수요예측 실패

자료 : 사단법인 한국마케팅 연구원. 2002. P.77

(4) 신제품의 분류

신제품 개발은 크게 세 가지 형태의 기본적인 아이디어로부터 시작된다. 첫 번째 경우는 모방적(me-too)개발로서 실질적으로 유사한 제품 혹은 혜택을 근거로 개발을 하게 된다. 두 번째 경우는 경쟁 우위적(competitive advantage)개발로서 제품 특성(feature)을 중심으로한 제품 개선, 제품차별화에 그 근거를 두게 된다. 세 번째 경우는 신 벤처적(new venture)개발로서 혁신적 기능, 특성, 혜택에 근거한 개발을 의미한다. 진정한 의미의 신제품이란 혁신(innovation)을 통한 '전혀 새로운' 제품을 의미한다. 그러나 지구상 신제품의 대다수는 모방적 신제품으로서, 그 사이에는 다음과 같은 여러 개념의 신제품 형태가 존재한다.

가. 모방적(imitative)신제품

기존 제품의 디자인 혹은 특성(feature)에 대한 복제를 기본으로 하고 있는 신제품을 말한다. 이러한 제품을 시장에 신규 진출시키는 기업들은 기존 디자인과 특성에 대한 약간의 수정을 도모하거나, 거의 동일한 제품에 대해 낮은 가격을 신제품 개발의 근간으로 하고 있다.

나. 적응적 혁신(adaptive innovation)에 의한 신제품

제품의 독특한 특성을 중심으로 제품 개선이 실질적으로 이루어진 신제품이나, 기술적으로 평가한다면 신규 혜택이 부가되지 않은 경우에 해당된다. Apple과 Windows의 interface로 인해 컴퓨터의 작동이 보다 쉽고 효율적으로 개선되었으나, 컴퓨터로부터 얻을 수 있는 새로운 혜택이 부가되지 않은 경우가 좋은 예라고 할 수 있다.

다. 선구적 혁신(pioneering innovation)에 의한 신제품

제품의 형태 혹은 기능이 창조됨에 따라 신규 혜택이 부가된 경우의 신제품을 의미한다. Proctor & Gamble의 충치 예방 기능을 갖춘 Crest치약과 1회용 기저귀가 과거 선구적 혁신 제품에 해당될 수 있으며, 호텔산업에서 탄생되었던 conference 호텔, all-suite 호텔, B&B(bed and breakfast) 등이 좋은 예가 되고 있다.

라. 완전한 혁신(breakthrough innovation)에 의한 신제품

완전한 혁신이란 '전혀 새로운', 진정한 의미의 혁신을 의미하며(eureka), 이전에 존재하지 않았던 기술적, 기능적 쿠데타에 의한 신제품이 여기에 해당된다. 환대산업에서의 근접한 사례는 Taco Bell의 K-minus 프로젝트에 의한 주방의 소멸이다(정규엽, 2004: pp. 391-392).

(5) 신제품 개발과정

신제품 개발과정은 아이디어 창출(idea generation), 아이디어 채택(idea screening), 사업 분석(business analysis), 제품 개념 개발(product concept development), 제품 개념 테스트(product concept test), 제품 테스트(product test), 마케팅 믹스 계획(marketing mix planning), 시험 마케팅(test marketing), 상업화(commercialization)의 단계를 거친다.

아이디어는 기업내부자료는 물론 경쟁사 · 고객 등 다양한 경로를 통해서 창출될 수 있으며, 창출된 아이디어 중 기업이 목표로 하는 매출액과 시장점유율 및 기업의 이용가능한 자원 등을 고려하여 채택하게 된다. 그 다음 단계가 사업성 분석인데, 사업성 분석이란 채택한 아이디어가 상품화되었을 때, 비용 및 이익을 예측하는 것을 의미한다. 그 다음 제품 컨셉을 개발하고 컨셉에 대한 테스트를 실시한다. 그 다음 제품개발단계에서 제품출시에 문제가 없다고 판단되는 제품에 대해서 시험적으로 판매해 보는 시험 마케팅을 실시한다. 시험 마케팅을 통해서 기업들은 경쟁사의 제품과 비교해 매출액과 표적시장 및 고개들의 반응 등을 파악하게 된다.

사례 신제품개발과정 사례 Courtyard by Marriott

현재 미국 중간 가격대 호텔 시장을 석권하고 있는 Courtyard by Marriott의 사례를 통해 신제품개발 전략의 단계와 내용을 고찰해보기로 한다.

신제품 개발과정

아이디어 창출(idea generation)
↓
아이디어 채택(idea screentng)
↓
사업분석(business analysis)
↓
제품개념 개발(product concept developmeny)
↓
제품개념 테스트(product concept test)
↓
제품 테스트(product test)
↓
마케팅 믹스 계획(marketing mix planning)
↓
시험 마케팅(test marketing)
↓
상업화(commercialization)

1) 아이디어의 창출(idea generation)

신제품 개발 전략의 첫 단계는 아이디어의 창출로부터 시작된다. 3M의 지침인 'Don't kill any idea'와 같이 브레인 스토밍(brainstorming) 등을 거쳐 가능한 모든 아이디어를 동원하고 수집하여야 한다. 고 가격대 호텔만을 소유하고 있던 Marriott Corporation에서는 총지배인과 부서장들이 참석한 가운데 매주 칵테일 리셉션에 여러 형태의 고객들을 초대하여, 중간 가격대 호텔에 대한 욕구와 필요, 문제점을 파악하였다.

2) 아이디어 채택(idea screening)

신제품 개발의 2단계로서 발굴된 수많은 아이디어 중 필요한 아이디어를 채택하여야 한다. Marriott 에서는 호텔 내 실무자, 전문가, 고객과의 피드백을 통해 중간 가격대 호텔에 적합한 아이디어를 선별하였다.

3) 사업분석(business analysis)

Marriott 에서는 중간 가격대 호텔 시장의 사업성을 분석한 결과, 고 가격대 호텔시장 및 염가 호텔시장과 비교시 충분한 시장성을 발견하였으며, 또한 뚜렷한 시장 선도자가 없음을 파악하였다.

4) 제품개념개발(product concept development)

제품 개념 개발이란 채택된 아이디어가 소비자에게 의미있는 개념으로 전달되도록 전환시키는(version) 단계를 말한다. 즉, 아이디어를 세부적인 제품 개념으로 연결시키는 과업으로서, 소비자에게 제품에 대한 전체적 그림(product image)을 제시하는 것이다. Marriott은 경쟁이 포화상태에 있는 도심보다는 도시 인근의 외곽 지역에 시장성이 충분함을 발견하고 최종적 상호를 Courtyard로 정했다. Courtyard는 가정집 안 뜰의 의미로서 아파트가 주가되고 있는 도심보다는 도시 외곽 지역의 이미지를 강력히 전달 할 수 있었던 것이다.

Marriott은 보다 구체적으로 150실 미만, 가정집과 같은(home-like setting)시설과 이미지, 제한된 메뉴의 레스토랑 시설, 약간의 회의 시설, 기존 Marriott의 타 브랜드와 수요가 중복되지 않는 가격대, 단기(transient)

체류객을 표적시장으로 하는 제품 개념을 개발하였다. 구체적 표적시장은 비즈니스 FIT(1년에 6회 이상 여행을 하며 중저가 호텔에 투숙)과 여가관광객(1년에 2회 이상 여행을 하며 중저가 호텔에 투숙)으로 확정하였다.

5) 제품 개념 테스트(product concept testing)

Marriott은 제품 개념에 대한 검증을 위해 3년 동안의 광범위한 연구를 수행하였다. 연구 대상은 외부환경, 객실, 음식 관련 서비스, 라운지 시설, 서비스, 여가시설, 안전 요소 등 7개의 속성이었다. 예를 들어 객실의 경우 여러 형태의 객실 견본을 통해 잠재 고객에게 순위를 부여하게 하였으며, 또한 고객 설문조사를 수행하여 비즈니스 여행객은 중간 가격대와 좋은 품질의 객실을, 순수 관광 목적 여행객은 안전하고 편안한 객실을 선호한다는 사실을 밝혀내고 제품 개념을 검증, 확정하였다. Courtyard는 또한 구불구불한 산책로를 지닌 경관 좋은 정원과 수영장을 갖추고 비용 절감을 위해 작은 로비와 라운지, 한 개의 레스토랑, 소수의 작은 회의실, 도어맨, 벨맨, 룸서비스의 제거 등의 확정 등 제품 개념 테스트를 완성시켰다.

6) 제품 테스트(product test)

제품 테스트란 제품 개념 혹은 제품 아이디어를 유용한 제품(workable product)으로 전환시키는 단계이다. Marriott은 제품 개념 테스트의 결과, 1차적으로 객실의 기초모형(prototype)을 설정하였다. 제품 테스트를 위하여 표준 객실, 짧은 형체의 객실, 긴 형체의 객실로 잠재 고객들의 평가를 받았으며, 모두 선호는 받았으나 긴 형체의 객실은 건축비가 많이 들어 최종 객실 제품에서는 제외되었다.

7) 마케팅믹스계획(marketing mix planning)

Marriott은 첫 해를 대비한 마케팅 예산 책정을 필두로 기타 마케팅 전략 계획을 수행하였다.

8) 시험마케팅(test marketing)

Marriott은 1983년 Atlanta에 최초의 Courtyard 호텔을 시장에 공식적으로 진출시켰다. 시험 마케팅 결과, 객실 규모를 좀 더 줄이는 것과, 옷장의 문을 개폐식이 아닌 미닫이로 하는 것이 더욱 효과적임을 파악하고 최종 객실 시설을 확정하였다.

9) 상업화(commercialization)

Marriott은 첫 해에만 수천만불의 광고와 판매촉진을 통하여 호텔을 시장에 대거 진출시켰다. 이는 McDonald's 가 McDLT 상품 도입시 1주에 5백만불 이상의 광고비를 투입한 이래 기록될만한 촉진 예산으로 평가되고 있다. 1983년 최초의 호텔 진출 이후, 1986년 1월에 벌써 300개 지역에 개관, 건축, 계약 체결이 될 만큼 시장에서 큰 호응을 얻었던 Courtyard by Marriott은 2인용 조찬 프로그램의 최초 실시 등 철저한 고객조사에 근거한 현재 세계 최고의 가치를 지닌 호텔로 인정받고 있다.

자료 : 정규엽, 호텔.관광마케팅, 2004 pp393-396.

(6) 신제품 확산과정

신제품이 시장에 출시되면 제품출시 후 일정기간이 흐른 다음 구매가 이루어지게 되는데, 이와 같이 특정제품이 전체목표시장에 퍼져 나가는 것을 신제품 확산과정이라고 한다.

신제품확산은 신제품의 이점 등 신제품 자체, 구전이나 대중매체를 통한 정보원천, 의사전달을 촉진시키는 여러 상황요인들에 의해서 영향받는다.

Berkpwitz, Kerin, Rudelius의 연구를 기초로 해서 신제품 채택시기를 중심으로 표적시장 소비자들을 분류하면, 혁신자(innovators), 조기수용자(early adopters), 조기다수자(early majority), 후기다수자(late majority), 최종수용자(laggard)로 분류할 수 있다. 혁신자에 속한 소비자들은 모험적이며 정보를 폭넓게 이용하는 사람들이고, 가격에 민감하게 대응하지 않기 때문에 기업들은 초기 고가격전략(skimming strategy)을 많이 활용한다. 조기수용자에 속한 소비자들은 소속집단의 지도자로서 교육수준이 높은 편이며, 특정제품에 대한 의견선도자(opinion leader)로서 소속집단에 영향을 미친다. 조기다수자들은 심사숙고형으로서 많은 비공식적인 사회생활을 하고 있는 사람들이며, 후기다수자들은 목표시장의 50% 이상이 신제품을 구입한 이후 비로소 구입하는 집단이다. 최종수용자에 포함된 소비자들은 변화를 싫어하고 부채를 두려워하는 사람들로서 혁신자가 또 다른 신제품을 수용하기 시작할 때 비로소 신제품을 구입하는 사람들이다(김종의 외, 2003 : pp. 190~193 참조 재작성).

4) 제품전략

(1) 제품믹스전략

가. 제품믹스의 개념

특정 기업이 판매하는 모든 제품라인(product line) 및 품목을 제품믹스(product mix)라고 하며, 제품믹스는 넓이(width), 깊이(depth), 길이(length)의 세 가지 중요한 차원으로 구성된다. 제품믹스의 넓이란 기업이 가지고 있는 전체의 제품라인의 수를 말하며, 제품믹스의 길이란 제품믹스내에 있는 전체 제품의 수를 말하고, 제품믹스의 깊이란 특정 제품라인 내에 있는 한 제품이 창출해 내는 품목의 수를 의미한다.

제품라인(product line)은 특정 기업이 보유한 제품믹스 중 물리적 특징이나 사용상의 용도, 유통경로가 비슷해 동일한 마케팅 전략을 적용시킬 수 있는 제품의 집합을 말한다.

나. 확대전략

확대전략은 제품라인의 길이를 확대하는 전략과 기존 제품라인에 새로운 제품라인을 추가시키는 전략이 있다. 제품라인을 확대하는 전략은 크게 하향확대전략, 상향확대전략, 양면확대전략 등 세 가지로 나누어 볼 수 있다.

먼저, 하향확대전략(downward stretch)은 고급품을 취급하던 기업이 품질과 가격면에서 다소 떨어지는 제품으로 확대해 나가는 전략을 말한다. 두 번 째로 상향확대전략(upward stretch)은 저품질. 저가격 제품으 생산해오던 기업이 고품질. 고가격의 제품을 추가시키는 전략을 의미한다. 상향확대전략은 높은 마진과 기업의 포지셔닝 등의 이점을 추구할 수 있지만 시장에서의 경쟁이 치열해 지고, 소비자들의 신뢰도를 얻기가 쉽지 않은 어려움에 직면 할 수 있다. 마지막으로 양면확대전략은 중품질. 중가격을 취급한 기업이 고품질. 고가격 제품과 저품질.저가격 제품을 모두 생산해 내는 전략을 말한다.

다. 축소전략

제품라인의 축소는 기업의 생산능력이 부족할 때와 제품라인의 확대전략이 실패하여 보다 합리적인 경영이 이루어져야 할 경우에 사용하는 전략이다. 또한, 특정 제품라인의 매출이 부진한 경우, 특정 제품라인의 시장이 축소된 경우 등에도 사용되는 전략이다.

(2) 제품전략

제품전략은 기업의 투자목적과 밀접한 관계가 있는데, 수익성의 관점에서 볼 때 원가절감전략과 제품개선전략으로 나누어 볼 수 있다.

가. 원가절감전략

기업은 제품 믹스내에서의 다양성 축소와 가치분석 등을 통한 원가절감으로 수익을 창출할 수 가 있다. 기업의 제품이 크기. 색상. 형태 등 제품의 다양화가 클 경우 생산비용과 마케팅비용이 커지게 된다. 기업은 이러한 다양성 축소를 통해서 원가를 절감할 수 있다. 가치분석이란 특정제품의 기능, 원료, 제조공정, 원가분석 등을 통해서 제품원가를 절감시키는 방법을 말한다.

나. 제품개선전략

기업이 제품을 개선시키는 방법은 많이 있지만 제품의 특징, 품질, 스타일을 통해서 제품을 개선시킬 수 있다. 먼저 특징(features)은 기초제품에 대한 물리적. 기능적 특성과 구성요인으로 소비자선호를 유발시킬 뿐만 아니라 기업에 적극적인 이미지를 부여하는 탄력적이고 차별적인 경쟁도구로 이용할 수 있다. 품질적인 측면에서는 기업이 주장하는 최고의 품질보다는 소비자가 지각하는 품질이 더 중요하다고 할 수 있다. 또한, 기업은 제품 스타일을 변경하여 제품의 기능을 향상시키기도 하지만, 기존제품의 스타일을 의도적으로 변경하여 새로운 구매를 유도 할 수 있다.

다. 상표전략

상표를 사용한 전략은 개별상표전략, 공동상표전략, 혼합상표전략, 상표확장전략 등으로 나눌 수 있다.

첫째, 개별상표전략은 현대자동차의 에쿠우스, 소나타, 아반테 등과 같이 각각의 품목에 상표를 붙이는 전략을 말한다. 개별상표전략은 각 상표품을 통해 소매점의 넓은 진열공간을 확보할 수 있어 경쟁제품의 진입을 제한 시킬 수 있으며, 특정 상표가 시장에서 소비자들의 호응을 얻지 못하더라도 다른 상표품에 파급효과가 거의 없다는 장점이 있지만, 각 품목마다 마케팅활동을 해야 하기 때문에 마케팅 비용이 많이 드는 단점도 있다.

공동상표 전략은 특정제조업자가 생산하는 모든 제품들에 대하여 같은 상표를 부착하는 전략을 말하는데 마케팅 비용은 개별상표전략에 비해 적게 들지만 부정적인 효과가 상표 전체에 영향을 미칠 수 있는 위험성이 높은 단점이 있다.

셋째, 혼합상표전략은 개별상표전략과 공동상표전략을 동시에 사용하는 전략으로 혼합상표전략이 성공하면 양쪽의 장점만 사용할 수 있지만, 소비자의 입장에서 개별상표와 공동상표를 모두 기억하기가 쉽지 않다는 단점이 있다.

마지막으로 상표확장전략이란 기업이 신제품에 대해서 기존의 성공한 상표를 사용하는 전략을 말하는 것인데, 상표확장전략을 통해서 신제품에 기존의 성공한 상표명을 적용함으로써 시장진입을 용이하게 할 수 있고, 광고 및 판촉 등 마케팅 비용을 줄이고 상표 이미지를 강화시킬 수 있다. 그러나 신제품이 실패하는 경우, 기존제품에도 부정적인 영향을 미치게 될 수 있다. 또한, 지나친 상표확장전략은 기존 제품이 이미 소비자에게 심어 놓은 그 제품만의 독특한 포지션에 영향을 줄 우려도 있다.

6. 크루즈산업과 가격전략

1) 가격전략의 이해

(1) 가격의 개념

일반적으로 가격이란 제품을 구입하고 그 대가로 지불하는 화폐가치를 의미하는데, 소비자의 입장에서 보면 가격은 소비자가 재화나 서비스를 획득 또는 사용을 통해서 얻게 되는 가치에 대해서 지불하는 대가라고 할 수 있다. 그러므로, 가격은 제품의 교환가치로 볼 수 있으며, 좀 더 구체적으로 말하면 구매자들이 특정 제품을 구매함으로써 얻게 되는 효용에 부여된 가치라고 할 수 있다.

가격은 일반적인 제품가격 외에 여러 가지 다른 형태나 명칭으로 나타날 수 있는데, 일정기간 건물의 사용에 따른 임대료, 학교에서의 등록금, 직장인의 월급, 은행의 대출이자 등은 모두 가격의 의미를 담고 있다고 할 수 있다.

(2) 가격의 중요성

가격은 소비자의 입장에서 제품을 선택할 때 가장 중요한 결정요인 중 하나로 작용하기 때문에 마케팅관리자들 입장에서는 가격을 결정하는 것이 가장 중요한 문제 중 하나가 된다.

기업이 마케팅 믹스로 사용하는 도구 들 중 가격은 경쟁에 가장 민감한 특성을 가지고 있기 때문에 기업의 입장에서 즉각적인 효과가 발생한다. 그렇기 때문에 가격은 가장 강력한 경쟁도구로의 사용이 가능하지만 경쟁기업의 즉각적인 모방이 가능하다는 단점을 가지고 있다.

만약, 자사가 경쟁우위 확보를 위해 가격을 인하하였는데, 경쟁사가 모방을 하게 되면 기업은 가격인하를 통해 기대했던 목표 달성을 이루기 어렵고 수익성의 감소만 가져오게 된다.

특히, 서비스기업들의 경우는 수요가 피크일 때 수요를 감소시키기 위해 가격을 올리기도 하며, 수요가 적을 때는 가격을 아주 낮게 책정하기도 하는데 영화관의 조조할인, 항공사의 비수기 할인 등이 그 예이다. 이처럼 가격(price)은 서비스 마케팅의 7P믹스중에서 다른 믹스와는 달리 쉽게 변화시킬 수 있고 가장 빨리 변화의 결과를 얻을 수 있다.

2) 관광기업 가격의 이해

(1) 서비스가격의 이해

가격이란 위에서 언급된대로 시장에서 제품의 교환가치이며, 구체적으로 구매자들이 특정 제품을 구매함으로써 얻게 되는 효용에 부여된 가치라고 할 수 있다. 서비스산업에서 제시되는 가격은 서비스의 종류에 따라 매우 다양하게 불리어 진다.

일반적으로 소비자들은 서비스와 제품의 가격을 판단할 때에는 각자가 가지는 고유한 특성 때문에 양자를 다소 다르게 파악한다. 이러한 차이점이 발생하는 데는 크게 다음과 같은 3가지의 이유를 들 수 있다(이유재, 2004 : pp. 144-145).

❶ 소비자들이 서비스에 대한 준거가격을 부정확하게 알고 있거나 제한적 정보만을 가지고 있기 때문임.

❷ 서비스가 갖는 무형성 때문에 소비자는 가격을 통해 품질을 판단하는 경향이 있음.

❸ 서비스에서는 금전적 가격뿐만 아니라 비금전적 요소인 시간, 노력 등이 소비자에게 더욱 중요할 수 있기 때문임.

3) 가격결정요인

기업이 자사의 제품이나 서비스에 대해서 가격을 결정할 때는 기업의 가격목표, 제품에 대한 수요, 원가 구조, 경쟁상황, 정부정책 등을 고려해야 한다.

(1) 기업의 가격목표

기업이 가격을 통해서 어떠한 목표를 추구하는지가 가장 먼저 자사의 제품가격을 결정하는 요인으로 작용하게 된다. 이 때 가격목표는 단독적으로 결정되어지기보다는 다른 마케팅믹스 변수들과의 관계를 고려하여 결정되어야 하기 때문에 그 기업의 마케팅전략목표에 따라서 기업의 가격목표가 정해지게 된다.

(2) 제품에 대한 수요

제품에 대한 소비자들의 수요에 따라서 가격결정은 달라지게 되는데, 예상되는 수요량이 얼마나 되며 , 수요의 가격탄력성이 어느 정도인가에 따라 가격결정에 많은 영향을 미칠 수 있다.

(3) 원가 구조

기업의 원가구조는 가격의 하한선을 결정하게 하는데 기업은 생산, 유통, 판매 등에 소요되는 비용을 충당하고 투입한 노력과 위험에 비추어 적당한 이익이 보장되는 가격을 결정하게 된다. 기업이 고려해야 할 원가에는 크게 고정비와 변동비의 두 가지가 있는데 고정비는 새안 및 판매수입에 관계없이 발생하는 비용으로서 예를 들면 임대료, 직원들의 급여 등이 포함된다. 변동비는 생산수준에 따라 변화하는 비용을 말한다. 원가 구조는 생산 및 마케팅과 관련하여 아래와 같은 개념으로 파악할 수 있다.

가. 총고정비

총고정비(total fixed cost)는 생산, 판매되는 양에 관계없이 일정하게 발생하는 비용으로 임대료, 종업원들의 급여, 보험료, 공장 및 설비의 감가상각비 등이 있다.

나. 평균고정비

평균고정비(average fixed cost)는 제품 한 단위에 할당된 고정비용으로 총고정비용을 총제품단위로 나누어 계산한다.

다. 변동비

변동비(variable cost)는 생산에 직결되는 직접 노무비와 자재비를 의미한다.

라. 평균변동비

평균변동비(average variable cost)는 생산된 제품단위당 변동비로서 총변동비를 총제품수로 나눈 것이다.

마. 총비용

총비용(total cost)은 총고정비와 변동비의 합계를 말한다.

바. 한계비용

한계비용(marginal cost)은 추가적으로 한 단위를 생산. 판매함으로써 발생하는 총비용의 증가분이다. 보통 한계비용은 생산량이 적은 수준에서는 급격히 감소하나 일정량 수준 이후에는 추가적 한 단위의 총변동비의 증가 만큼 다시 증가하게 된다.

(4) 경쟁상황

기업은 경쟁기업의 가격과 품질을 파악한 후 자사의 가격결정의 가이드라인으로 사용할 수 있는데. 예를 들면 자사제품과 경쟁제품의 품질이 비슷한 경우 자사제품의 가격은 경쟁제품과 비슷한 선에서 결정되어야하며, 자사 제품의 품질이 경쟁제품보다 떨어지면 가격도 낮게 책정해야 하며, 자사 제품의 품질이 경쟁제품보다 높다고 판단이 되면 경쟁제품보다 가격을 높게 책정할 수 있게 된다. 또한, 경쟁기업의 가격을 평가할 때에는 다음과 같은 점을 아래와 같은 점들을 고려해야 한다(이우용 외, 2003: pp. 520).

- 산업 내에 얼마나 많은 경쟁자가 있는가? 여기에는 대체제의 생산업자도 포함하여 분석해야 한다.
- 그들의 시장점유율과 시장은 어떠한가?
- 그들의 자금동원능력 및 경영능력은 어떠하며 지금까지 이 제품에 어느 정도 투자하여 왔는가?
- 자사와 비교하여 그들의 원가구조는 어떠한가?
- 지금까지 어떠한 가격체계를 유지하여 왔는가?
- 소비자들은 경쟁제품에 어떠한 반응을 하는가?

한편, 경쟁상황과 고려하여 가격 결정시 경쟁자들도 자사의 가격변화에 대응하여 그들의 가격을 변화시킬 수 있다는 점을 고려해야 하기 때문에 가격결정시에는 자사의 가격변화에 대한 경쟁기업들의 반응도 같이 고려해야 한다.

(5) 정부정책

가격결정은 항상 기업의 의지대로만 되는 것이 아니라 특별한 상황하에서는 정부의 정책이나 법적 규제에 의해서 제품의 가격결정이 큰 영향을 받게된다. 우리나라의 경우 1981년 공정거래법 제정 이전까지는 정부의 개입이 매우 직접적인 형태로 나타났기 때문에 주요한 공산품 가격인상을 위해서는 사전에 정부의 허가가 필요했었다. 이러한 상황하에서의 가격인상은 원가인상요인이 있다고 판단되었을 때에만 가능했기 때문에 상당한 부작용이 초래되었으며 기업의 입장에서는 이러한 문제 해결을 위해 신제품을 개발하거나 기존제품의 품질을 저하시키는 방법을 사용하였다. 이러한 경우 직접적으로 제품을 사용하는 소비자의 입장에서 품질이 저하된 제품을 사용하게 되고 국산품의 품질향상이나 기술적인 면에서 문제가 발생되었다. 이와 같이 상황에 따라서는 가격에 대한 정부의 직접적인 규제가 가격의 수급조절기능을 약화시키고 여러 가지 문제점을 야기시킬 수도 있다.

4) 가격결정방법

(1) 원가중심 가격결정법

원가를 중심으로 가격을 결정하는 방법에는 원가가산법(markup or cost plus pricing)과 목표수익률법(target profit pricing)이 있다. 원가가산법은 가장 일반적으로 쓰이는 방법으로 원가에 표준이익을 가산하여 가격을 결정하는 방법이다. 목표수익률법은 일정한 표준생산량하에서의 총원가에 예정된 수익률을 가산함으로써 가격을 결정하는 방법이다. 목표수익률법은 손익분기점(break-even point)을 이용하여 가격을 결정한다.

(2) 수요중심 가격결정법

수요중심가격결정법이란 기업이 제품을 생산하는 데 들어간 원가가 아니라 소비자가 인식하는 제품의 가치에 따라 가격을 결정하는 방법이다. 이 방법은 소비자가 인식하는 가치에 따라 가격이 결정되는 방법이기 때문에 소비자들의 가치인식의 파악을 위해 일반적으로 소비자 조사를 실시한다.

(3) 경쟁중심 가격결정법

경쟁중심 가격결정법이란 경쟁기업의 가격을 검토한 후 그 가격을 기준으로 자사의 가격을 결정하는 방법이다. 따라서 기업은 경쟁기업의 가격과 비교한 후

시가가격. 저가격. 중가격. 고가격 중 하나를 선택하게 되는데, 여기서 시가가격이란 가격변화에 가장 영향력을 가진 선도기업이 결정한 가격을 의미한다.

5) 가격전략

가격전략은 기업의 현재와 미래의 경쟁상황을 분석해 보았을 때, 어떤 전략이 가장 효율적인지에 의해서 결정되는데 기업의 마케팅 목표 및 마케팅 믹스와 연관 지어 결정해야 한다.

이러한 상황에서 단순히 고가격전략, 중가격전략, 저가격전략은 의미가 크지 않기 때문에 경쟁상황 등을 고려하여 상대적 고가격전략, 대등가격전략, 상대적 저가격전략으로 나누어서 생각할 수 있다.

(1) 상대적 고가격전략

상대적 고각격전략(premium pricing strategy)은 자사 제품의 가격을 경쟁기업 제품의 가격보다 높게 책정하는 전략으로 자사의 제품이 그 시장에서 우수하거나 명성이 높을 때 사용 가능하다. 상대적 고가격전략은 이미지를 중시하는 고가의류제품이나 전문품 등에서 일반적으로 나타나며, 소비자가 가격에 의해서 제품의 품질을 평가하는 경향이 강하거나 제품이 개인의 사회적 지위나 명예, 건강 등의 상징적 의미를 갖는 경우에 자주 사용되는 가격전략이다(채서일, 2004: p. 360).

(2) 대등가격전략

대등가격전략(parity pricing strategy)이란 기업이 경쟁기업 제품의 가격과 동일하거나 거의 비슷한 수준으로 가격을 책정하는 전략을 말한다. 대등가격전략은 시장의 수요가 가격에 대해 탄력적이지 않고, 경쟁기업의 가격인하에 대해서 동일한 수준의 가격으로 대응이 가능할 때 사용된다. 기업이 대등가격전략을 구사할 때는 마케팅전략에서 가격이 차지하는 비중이 그 만큼 줄어들고 제품, 유통, 촉진과 같은 다른 마케팅믹스요소들이 보다 더 중요한 역할을 하게 된다.

(3) 상대적 저가격전략

상대적 저가격전략(value pricing strategy)이란 경쟁기업보다 낮은 가격을 책정함으로써 철저하게 생산규모와 판매량을 늘리는 데 목적이 있을 경우 사용되는 가격전략의 유형이다.

상대적 저가격전략은 수요의 탄력성이 높아 소비자가 가격에 대해 민감한 반응을 보일 때나 자사가 진출하려고 하는 시장에 경쟁기업의 수가 너무 많을 경우에 사용될 수 있으며, 이 전략을 구사하려면 경쟁기업들에 비해서 원가구조상의 우위를 가지고 있어야 한다.

[표 9-5] 가격전략과 적합한 상황

가격전략	적합한 상황
상대적 고가격전략	• 수요의 탄력성이 높지 않을 경우 • 진입장벽이 높아 경쟁기업의 진입이 어려운 경우 • 규모의 경제효과를 통한 이득이 미미할 경우 • 높은 품질로 새로운 소비자층을 유인하고자 할 경우
대등 가격전략	• 시장의 수요가 비탄력적일 경우 • 경쟁기업에 대해 확고한 원가우위를 가지지 못할 경우 • 규모의 경제를 통해 예상되는 이득이 전혀 없을 경우 • 가격책정의 목표가 경쟁기업과 대등한 경쟁력을 갖는 데 있을 경우
상대적 저가격전략	• 시장수요의 가격탄력성이 높을 때 • 원가우위를 확보하고 있어 경쟁기업이 우리 가격만큼 낮추기 힘들 때 • 시장에 경쟁자의 수가 많을 것으로 예상될 때 • 소비자들의 본원적 수요를 자극하고자 할 때

7. 크루즈산업과 유통전략

1) 유통전략의 이해

유통이란 생산된 제품이나 서비스를 소비자에게 이전하는 과정을 의미하며, 유통산업이란 도매상과 소매상 및 물적 유통기관 등과 같이 유통기능을 수행하고 지원하는 유통기구들의 집합을 말한다. 유통경로(channel of distribution)란 제조업자 → 도매상 → 소매상 → 소비자 형태와 같이 제품이나 서비스가 생산자로부터 소비자에게 이전되어 가는 과정에 거치는 경로이며, 이때의 유통경로는 제품. 가격. 촉진과 함께 마케팅 믹스 구성요소의 하나가 된다.

유통경로는 다른 마케팅믹스에 비해서 상대적으로 낮은 탄력성을 가지고 있기 때문에 변화시키는 것이 쉽지 않기 때문에 유통경로의 선정은 매우 중요하다고 할 수 있다.

2) 유통경로의 기능

유통경로의 기능으로는 교환과정의 촉진, 소비자와 판매자의 연결, 고객서비스 제공 등이 있다.

위에서 언급된 유통경로의 기능 중 가장 중요한 기능은 교환과정의 촉진이라고 할 수 있는데 유통경로는 교환과정에서부터 발생되었고 시장의 상황이 복잡해 질 수록 교환과정 역시 복잡해지게 된다.

유통경로의 다른 기능으로 소비자와 판매자의 연결기능이 있는데, 잠재고객의 위치를 정확하게 알 수 없는 제조업자들은 중간상들을 통해서 보다 많은 잠재고객에게까지 접근이 가능하게 되었으며, 고객도 자신이 구매하고자 하는 제품을 획득하기 위한 탐색비용을 절감할 수 있게 되었다.

유통경로의 기능 중 고객서비스제공 기능은 애프터서비스 제공과 더불어 제품의 배달, 설치 등에 관한 서비스를 제공한다.

3) 호텔관광기업의 유통

(1) 호텔관광기업유통의 이해

유통의 기본적인 기능은 판매자의 상품을 효율적으로 시장에 전달하고 시장에서 얻은 정보를 수집하여 판매자에게 전달시켜 주는 역할을 하는 것이다. 일반적으로 관광유통은 관광공급업자와 소비자인 관광객 사이에 여행사와 같은 알선업체가 유통을 담당한다.

다시 말해서 관광유통은 관광공급업자가 관광객을 위한 시설, 호텔, 항공사, 테마파크, 리조트, 렌터카 등의 관광상품을 여행사에 제공하고 여행사는 관광공급자의 관광상품을 받아 관광객에게 판매하는 유통구조를 가지고 있다. 그러나 관광상품은 제품처럼 제조업자 → 도매상 → 소매상 → 소비자의 유통과정을 반드시 거치지 않는 경우가 많다. 예를 들어 관광객이 직접 호텔과 항공사에 예약을 하고 현지관광도 관광객이 현지에서 직접 수배하는 것이 가능하기 때문이다. 특히 호텔 숙박 또는 항공좌석 등 단일 관광상품만을 이용할 경우 유통과정을 거치지 않고 직접 구매하는 경우가 많이 있다(이정학, 2003: p. 173).

4) 유통경로 전략

(1)유통경로 구조의 결정

제조업자가 선택할 수 있는 유통경로의 형태는 제품의 유형에 따라 달라지게 되는데 가장 기본적인 형태는 소비재와 산업재로 나누어서 분류하는 경우이다.

가. 소비재 유통경로

소비재의 유통경로는 유통경로 내에 개입되는 중간상의 수에 따라 네 가지 유형으로 분류할 수 있는데 제조업자가 소비자에게 직접 판매하는 경우, 소매상이 하나만 있는 경우, 도매상과 소매상을 사용하는 경우, 도매상 · 중간도매상 · 소매상을 사용하는 경우로 분류할 수 있다.

[그림 9-5] 소비재 유통경로

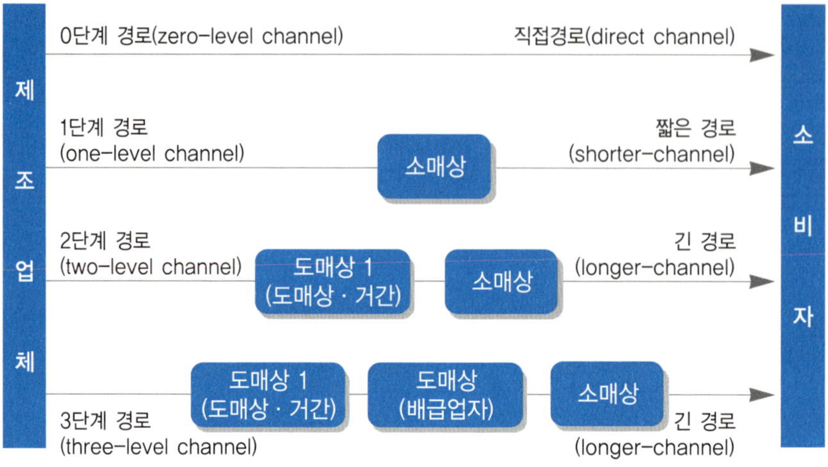

(2) 산업재 유통경로

제조업자는 산업재 소비자에게 직접 판매하기 위하여 자사의 판매원을 이용하거나 산업재 소비자에게 판매하는 산업재 중간상에게 판매할 수 있다. 또한, 제조업자는 제조업자의 대리상이나 자체 판매점포를 통해서 소비자에게 판매할 수 있으며 산업재 중간상을 통해서도 판매할 수 있다.

[그림 9-6] 산업재 유통경로

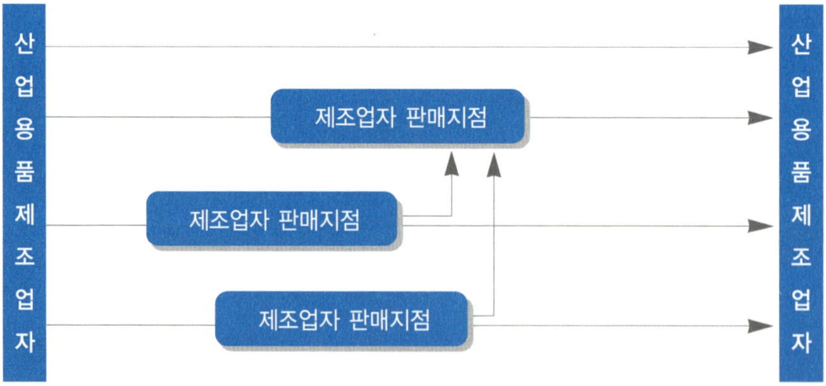

5) 멀티마케팅 전략

멀티마케팅(multi-marketing)이란 기업이 여러 개의 점포, 상품·서비스 혹은 시장들을 대상으로 하거나 아니면 이들을 결합시켜 고객들에게 상품을 배분하거나 서비스를 제공하는 것을 의미한다.

멀티마케팅 전략은 복수점포전략, 복수서비스전략, 복수시장전략, 복수점포/복수서비스전략, 복수점포/복수시장전략, 복수서비스/복수시장전략, 복수점포/복수서비스/복수시장전략 등으로 나눌 수 있다.

첫째, 복수점포전략(multi-site strategy)은 유통성장전략 중 가장 일반적인 형태로 기업의 제품을 복수의 점포들을 통해서 제공하는 전략을 말한다. 단독점포에서 제공되는 제품에는 성장의 한계가 있기 때문에 기업들은 복수점포 전략을 구사한다.

둘째, 복수서비스전략(multiservice strategy)은 서비스기업이 기존에 제공중인 서비스상품에 새로운 서비스를 추가한는 것을 말하는데, 시장상황에 따라서 유통점포를 확장하는 대신에 제공되는 서비스 종류를 확장하는 것이 더 효율적일 때가 있기 때문에 기업들은 복수서비스전략을 구사하게 된다. 복수서비스 전략을 구사하면서 조심해야 할 점은 효율성의 감소인데 새로운 서비스를 추가시키게 되면 추가적인 인적. 물적자원이 필요하게 되기 때문에 기존에 제공되는 서비스의 효율성이 저하될 우려가 생기게 된다.

셋째, 복수시장전략(multisegment strategy)은 기존의 서비스를 새로운 시장에까지 확대하여 제공하는 전략을 말하며 서비스시설 역량에 비하여 수요가 많지 않은 서비스기업에 효과적인 전략이라고 할 수 있다.

넷째, 복수점포/복수서비스 전략은 기존 점포에서 새로운 서비스를 제공함으로써 지속적으로 매출을 증대시키고자 할 때 구사하는 전략으로 대부분의 서비스 기업들은 처음에는 복수점포전략을 구사하다 시장이 포화상태에 이르게 되면 복수점포/복수서비스 전략을 구사하게 된다.

다섯째, 복수점포/복수시장 전략은 세분된 시장별로 유통점포들을 개설하고자 할 때 큰 효과를 거둘수 있는 전략이고 할 수 있다.

여섯째, 복수서비스/복수시장전략은 특정시장에 있는 고객들이 서로 다른 부분들을 사용할 수 있어야 하며, 세분시장에 대해서 서로 다른 핵심 서비스를 제공할 수 있어야 그 효과를 극대화할 수 있다.

마지막으로 복수점포/복수서비스/복수시장 전략을 처음부터 채택하는 기업은 많지 않지만 시간이 경과함에 따라 자연발생적으로 이 전략을 구사하게 된다. 복수점포/복수서비스/복수시장전략은 멀티마케팅의 세 가지 요소인 점포, 서비스, 시장을 하나로 통합한 유통경로전략이라고 할 수 있다.

[표 9-6] 각 멀티마케팅 전략의 장점 및 고려사항

전략	장점	고려사항
복수점포전략	• 빠른 확장 • 매출의 성장 • 관리의 용이성	• 좋은 입지 • 재정적 지원 • 복수 매장 관리 • 품질의 통제 • 지나친 급성장
복수서비스전략	• 기존고객에게 더 좋은 서비스 제공 • 신규고객 확보용이 • 매출의 성장	• 효율성의 저하 • 재정적 지원 • 복수서비스관리 • 품질의 통제
복수시장전략	• 시설의 적절한 활용 • 매출의 성장	• 보충시장의 위치 • 고객의 혼동 • 서비스의 질
복수점포/복수서비스전략	• 매출의 성장 • 고객에 대한 원스톱 쇼핑 • 기존고객에게 더 좋은 서비스 제공	• 간접비 • 서비스의 질
복수점포/복수시장전략	• 매출의 성장 • 한 시장에 대한 각 점포의 전문화	• 간접비 • 서비스의 질

전략	장점	고려사항
복수서비스/복수시장전략	• 매출의 성장 • 기존 고객에게 더 좋은 서비스 제공	• 신규고객의 확보 • 간접비 • 고객의 혼동
복수점포/복수서비스/복수시장전략	• 매출의 성장 • 원스톱 쇼핑 • 경쟁자들의 시장점유율 잠식 방지	• 간접비 • 서비스의 질 • 재정적 지원 • 고객의 혼동

8. 크루즈산업과 촉진전략

1) 촉진전략의 이해

(1) 촉진의 개념

촉진(promotion)이란 기업의 제품이나 서비스를 주어진 가격에 구매하거나 구매를 계속하도록 유도할 목적으로 제품 또는 서비스의 성능이나 가치에 대하여 현재 및 잠재고객을 대상으로 정보를 제공하거나 설득하는 것과 관련된 마케팅 노력의 일체를 의미한다(Robertson, 1971: pp. 43-44; 김종의 외, 2003: p. 284 재인용). 즉, 촉진이란 마케터가 자사의 제품이나 서비스를 경쟁기업의 제품이나 서비스보다 우수하다는 것을 고객들에게 알려서 그들로 하여금 제품을 구매하도록 유도하기 위해 판촉, 광고, 홍보 등의 수단을 활용하여 정보를 제공하고 설득하는 종합적인 활동을 의미한다.

위에서 설명한 바와 같이 촉진은 일종의 커뮤니케이션(communication)이라고 할 수 있으며 이러한 촉진수단으로는 광고, PR, 인적판매, 판매촉진 등이 있다. 촉진전략은 푸시전략(push strategy)과 풀전략(pull strategy)으로 분류할 수 있다. 푸시전략은 제조업자가 중간상을 대상으로 적극적인 촉진전략을 사용하여 도매상이나 소매상들이 자사의 제품을 적극적으로 판매하도록 유도하는 전략이며 푸시전략에서는 중간상 판촉의 중요성이 증가하게 된다. 풀전략이란 최종소비자들을 대상으로 적극적인 촉진을 사용하여 소비자가 자사의 제품이나 서비스를 적극적으로 찾게 함으로써 중간상들이 자발적으로 자사의 제품을 취급하게 만드는 전략을 말한다.

(2) 촉진의 기능

가. 정보제공

잠재고객이 어떤 제품을 구매하려면 우선 그 제품에 대한 지식을 필요로 하기 때문에 정보제공(informing)은 촉진의 가장 기본적이고 중요한 기능이라고 할 수 있다. 정보제공적 촉진기능은 기업이 신제품을 출시하여 본원적 수요를 창출하고자 하는 경우에 특히 중요시되는데 신제품을 출시한 기업은 제품의 구매를 촉구하기보다는 그 제품의 존재가치나 특성 또는 경쟁제품 보다 우수함을 알려주는 촉진활동을 하게 된다. 예를 들어 새로운 영화에 대해 광고하는 두 가지 주요한 이유는 잠재관객에게 그 영화를 알리는 것과 언제 극장에서 상영될 것인가를 알리는 것이라고 할 수 있다.

나. 설득

설득(persuading)기능이란 소비자의 구매행동에 영향을 끼칠 목적으로 긍정적이고 호의적인 소비자 태도를 개발하거나 재강화하기 위해 노력하는 촉진활동을 의미한다. 경쟁기업이 자사와 유사한 제품을 공급하고 있는 경쟁적 시장상황이라면, 마케터는 자사 제품의 비교우위적 특성을 부각시켜 표적 고객들로 하여금 자사의 제품을 구매하도록 설득하여야 한다.

다. 회상

소비자들이 자사 상표에 대하여 잘 알고 있으면서 긍정적일 경우 촉진의 주요한 목표는 회상(reminding)이 된다. 그 이유는 소비자가 자사의 제품에 대한 선호도가 높더라도 경쟁기업의 여러 촉진도구에 끌릴 수 있기 때문에 소비자에게 자사제품의 장점을 회상시키고 소비자들이 올바른 선택을 하고 있다는 것을 다시 확인시키기 위해서이다. 회상기능은 주로 제품수명 주기상 성숙기 제품의 중요한 촉진목표가 된다.

2) 촉진수단

(1) 광고

가. 광고의 이해

• 광고의 어원

광고는 영어로 'advertising' 인데, 이 말은 라틴어의 ' adverter' 라는 말에서 나온 것으로 "돌아보게 하다", "주의를 돌리다", "마음을 어디로 향하게 한다"라는 뜻을 가지고 있다. 위에서 언급된 영어의 의미 외에도 독일어, 불어 등을 종합해 볼 때, 광고라는 말을 어원적으로 종합해 볼 때 "반복하여 부르짖어 주의를 끌어 마음을 향하게 하는 것"이라고 할 수 있다.

이같은 광고의 어원적인 뜻은 오늘날 광고가 소비자들의 주의를 끌기 위해 갖가지의 광고기법을 동원하는 것과 무관하지 않다. 그런데, 라틴어 'adverter' 에서 유래한 영어의 ' advertising' 은 광고세계가 복잡해짐에 따라 'advertisement' , 'commercial' 로 세분화되어 그 의미를 조금씩 달리하고 있다. 'advertising' 은 광고행위 또는 광고과정을 뜻하고, ' advertisement' 는 광고물 또는 광고 메시지를 지칭한다. 즉 'advertisement' 는 ' advertising' 의 하위개념으로서 'advertising' 의 일부를 말한다. 그래서 일반적으로 광고라고 하면 대개는 영어의 advertising의 의미를 일컫는다. ' commercial' 은 상업방송 광고의 메시지를 지칭할 때 쓰여지지만 대개는 방송광고를 지칭할 때 쓰여지는 말이다.

우리나라 말로 '광고'는 사전적 의미로 "널리 알리다"라는 뜻을 지니고 있지만, 좁은 의미로는 광고작품 또는 광고메시지를 지칭하는 것으로 'advertisement'의 의미로 쓰이기도 하고 또 광고활동 또는 광고행위라는 넓은 뜻의 'advertising'으로 쓰이기도 해 흔히 광고라고 지칭할 경우 이 두 가지의 이중적인 뜻을 가지고 있다(송용섭 외, 1989 : pp. 46-47).

• 광고의 정의

일반적으로 광고(advertising)란 자신의 이름을 밝힌 광고주가 사람의 대화가 아닌 정보전달의 매체를 이용하여 어떤 상품(서비스, 생각, 사람, 조직단체 등 포함)을 특정 대상에게 소개하거나 판매를 촉진하는 활동으로 정의할 수 있는데 여러 학자들에 의해서 다양하게 정의되어지고 있다.

[표 9-7] 광고에 대한 정의

학자	정의
한국광고학회(1994)	광고주가 청중을 설득하거나 영향력을 미치기 위해 대중매체를 이용하는, 유료의 비대면적인 의사전달 형태
D. W. Nylen(1993)	특정 제품, 서비스, 신념, 행동에 관한 정보를 제공하거나 사람들을 설득시킬 목적으로 대중매체에 대가를 지불하고 싣는 메시지
W. R. Lane(1990)	대가를 지불하고 다양한 매체를 통해 제품, 서비스, 아이디어에 관한 정보를 전달하기 위한 설득적. 비대인적 커뮤니케이션
Pride & Ferrel(1989)	대중매체를 통해 표적청중에게 전달하기 위한 조직이나 제품에 관한 유료의 비대인적 커뮤니케이션의 한 형태
Wells & Burnett(1989)	명시된 광고주가 대중매체를 이용해 청중을 설득하거나 영향력을 행사하려고 하는 유료의 비대인적 커뮤니케이션의 한 형태
S. W. Dunn & A. M. Barban(1986)	어떠한 방법으로든 광고메시지 가운데 명시된 기업이나 비영리조직 또는 개인이 다양한 매체를 통해 특정 집단의 청중에게 정보를 제공하거나 설득하고자 하는 유료의 비대인적 커뮤니케이션
John Wright(1977)	대중매체를 이용한 통제된 명시적 정보 및 설득미국광고대행사협회(1976)소비대중에게 자기 제품의 판매나 서비스의 이용을 궁극적인 목표로 삼고, 이에 필요한 정보를 미디어를 통해 유료로 전달하는 모든 행위

학자	정의
R. Tilman & Kirkpatrick(1972)	매스컴을 통해 전달하고 원하는 바를 이루기위하여 설득하는 것을 목적으로 하는 유료의 상업적 촉진형태
미국마케팅학회(1963)	광고주를 위해 사람이 직접 개입하지 않으면서 대가를 지불하고 제품, 서비스, 아이디어를 촉진시키고 알리는 것을 목적으로 하는 모든 형태

나. 광고의 구성요소

모든 광고에는 광고의 주체, 초점, 대상, 매체, 목적 등이 있어야 한다.

- 광고의 주체

모든 광고에는 광고의 주체가 있어야 하는데 이를 광고주라 한다. 광고주는 광고에서 선전하는 상품의 소유자이며 광고비를 부담하는 당사자이다.

- 광고의 초점

모든 광고에는 초점이 있어야 하는데 일반적으로 초점이란 상품 자체를 의미하는데 더 정확하게 말하면 상품에 대해 알리고자 하는 내용을 의미한다.

- 광고의 대상

모든 광고에는 대상이 있어야 하는데 광고의 대상을 표적청중이라고 한다. 그 표적청중이 정해져야만 적합한 메시지와 매체가 정해질 수 있다.

- 광고매체

마케터는 수많은 소비자와 직접 커뮤니케이션을 할 수 없기 때문에 이를 가능하게 하는 연결고리가 필요하다.

- 광고의 목적

모든 광고는 사용하는 목적이 있어야 하며 또한 그 성과에 대한 평가가 필요하다. 광고는 상품을 소개하거나 판매를 촉진하기 위해 사용되는데, 광고의 효과는 상당히 다양하므로 다목적으로 사용이 가능하고 각 목적별로 어느 정도의 효과 측정이 가능하다.

다. 광고의 기능

광고는 마케팅 커뮤니케이션 활동의 하나로서 상품에 관한 여러 가지 정보를 전달하고, 직접적으로 판매를 촉진하는 것을 기본 기능으로 한다. 하지만 광고주는 상품을 소개하거나 판매를 촉진하는 과정에서 다양한 마케팅적, 경제적, 사회적, 문화적 기능을 수행하게 된다(한민희, 장대련, 2002: pp 13-18 참조).

- 마케팅적 기능

첫째, 광고는 소비자를 교육하는 기능을 하는데 고객의 학습을 필요로 하는 새로운 상품의 광고나 사회적으로 바람직한 운동을 전개하는 광고에는 고객을 교육하려는 내용이 많이 포함된다.

둘째, 광고는 상품의 가치를 증가시키는 기능을 하는데 특히 광고는 무형적인 측면의 상품가지치 증가에 기여한다.예를 들어 상품의 중요한 가치 중 하나가 브랜드인데 광고는 소비자가 느끼는 브랜드에 관련된 상징적인 가치를 높여줄 때가 많다.

셋째, 광고는 새로운 정보를 창출하며, 넷째, 광고는 유통측면에서 판로를 확보하는데 도움을 준다. 특히 신상품의 경우 광고를 많이 하는 것은 소비자를 상점으로 끌어당김으로써 소매상에서 그 상품을 진열하도록 촉진하는 계기가 될 수 있다. 또한, 아래에 설명되어 있는 경제적, 사회적, 문화적 기능들도 대부분 마케팅 차원에서 활용될 수 있는 것이다.

- 경제적 기능

광고의 경제적 기능을 살펴보면 광고는 대량생산을 촉진하여 경제성장에 기여한다. 둘째, 광고는 자원의 분배에 영향을 미치는데 광고는 기업의 수익성이 높은 사업부문에 자원을 보다 집중시키는 측면이 있으며 경제성이 부족한 사회적 필수재의 경우 자원분배를 더욱 어렵게 만드는 측면도 있다. 또한 , 광고는 상품을 차별화함으로써 기업의 독점력을 높이는 역할도 한다.

• 사회적 기능

사회적인 측면에서 광고는 사회 마케팅(social marketing)의 수단으로 활용되어 사회변화에 중요한 영향력을 행사한다. 광고는 한 사회에 존재하는 여러가지 가치관을 반영하면서 그 가치관을 더욱 강화시킬 수 도 있고, 약화시킬 수도 있다. 예를 들면 해외 유명제품의 광고는 소비자들로 하여금 해외 유명제품을 선호하는 경향을 야기시킬 수 있다. 둘째, 광고는 제조업체에게 소비자와 직접적으로 의사소통할 수 있는 경로를 제공한다.

• 문화적 기능

광고는 문화를 상품화시키는 중요한 수단이 될 수 있다. 관광은 문화를 상품화하는 대표적인 예로서 광고에 크게 의존하는 상품이다. 또한, 광고는 서로 다른 문화권간의 상호영향을 조장하는 역할을 한다. 광고는 특히 서구세계의 소비문화를 세계 전역에 일방적으로 전파하여 여러 문제를 야기 시키기도 한다. 우리는 소비문화외에도 다른 문화권간의 영향을 광고에서 볼 수 있다.

다. 광고의 종류

광고의 종류는 매우 다양한데 최근에는 빠르게 변화하는 정보통신기술환경의 영향으로 인터넷광고와 관련된 부분이 매우 중요한 부분이 되고 있으며, 분류기준과 세부적인 분류는 다음과 같다.

[표 9-8] 광고의 종류

분류기준	대분류	세부분류
광고상품	일반상품	상품광고, 서비스광고
	조직	기업광고, 공공단체광고, 비영리단체광고
	개념	공익광고, 의견광고, 사과광고, 공고
	사람	정치인광고, 구직광고
목표청중	개인소비자	소비자상대광고, 전문인상대광고
	단체	산업광고, 유통경로내광고, 조합상대광고
사용매체	방송광고	TV광고, 라디오광고
	인쇄물광고	신문광고, 잡지광고
	옥외광고	옥외간판광고, 옥내외상징물광고
	온라인광고	인터넷광고 등
추구목적	영리광고	상품광고, 기업광고
	비영리광고	공익광고, 개념광고, 사람광고, 정보광고
지역범위	국제광고	다국가광고, 특정국가 내 광고
	국내광고	전국광고, 지역광고
개인에게 직접전달 여부	직접광고	직접우편, 전단광고, 인터넷광고
	간접광고	직접광고 외의 대부분 광고
광고주체	생산자광고	기업광고, 상품광고, 판촉광고
	소매광고	세일광고, 행사광고
광고카피	이성광고	사실전달형 광고, 설득형 광고, 상기형 광고
	감성광고	정 · 향수 · 깨끗함 등 감성소구형 광고
광고개념 실현방식	소개방식	단순소개형광고, 드라마형광고, 비교형광고
	음악사용	CM음악광고, 주제음악광고, 배경음악광고, 무음악광고
	특수기법	만화광고, 특수처리광고, 일반광고
	설득방식	비교광고, 결로유보광고, 양면성광고, 반복형광고, 일반광고
	모델특성	연예인광고, 전문인광고, 일반인모델광고
삽입시간	프로그램광고	일반프로그램광고, 스포츠광고, 특집광고
	인포모셜	롱(3~8분)광고, 숏(90초)광고
	기타시간광고	스파트광고, 자막광고, 시보

자료 : 한민희. 장대련, 광고론, 2002, 학현사 p. 19

라. 광고매체

광고주는 광고매체를 선정하기 위하여 광고의 목적, 메시지 요건, 구매결정의 시기와 장소, 비용 등을 신중하게 고려해야 한다.

마. 국제광고

해외 마케팅에서 중요한 것이 국제 커뮤니케이션 전략인데, 국내와 국제커뮤니케이션을 5W 모형을 놓고 비교했을 때 아래와 같은 차이점이 있을 수 있다.

- Who

모든 커뮤니케이션은 주체가 있어야 하는데 여기서 고려해야 할 점은 주체에 대한 인지도가 국가마다 다르기 때문에 국내에서 인지도도 높은 기업이 해외에서는 인지도가 낮을 수 있다는 점이다. 그렇기 때문에 해외에서 마케팅활동을 수행할 때는 그 브랜드가 잘 알려져 있는지와 브랜드명이 기억하기가 용이한지를 반드시 검증해야 한다.

- What

모든 커뮤니케이션은 전달하고자 하는 핵심사항이 있어야 한다. 국제커뮤니케이션 전략에서 고려해야 할 점은 국가별로 매체의 특성이 다르다는 것과 이에 따라 커뮤니케이션 여건이 많이 다를 수 있다는 것이다. 예를 들어 국가마다 TV 광고의 길이가 다르기 때문에 광고의 길이가 매우 짧은 경우 What의 선택은 중요해진다. 한국의 광고길이는 대개 15초 이므로 제품의 여러 사항 중 무엇을 강조할 것인지를 숙고하여 간결히 표현해야 한다. 반면에 60초 광고를 할 수 있는 시장에서는 더 깊이 있는 소재를 다룰 수 있다. 또한, 국제마케팅을 수행할 때 여러 국가에 대해 동일한 커뮤니케이션 전략을 강조할 것인지 아니면 서로 다른 메시지를 사용할 것인지를 잘 선택해야 한다. 현대자동차가 한국에서는 업계의 선두주자이기 때문에 이에 맞는 이미지 광고를 할 수 있지만 외국에서는 후발주자인 위치에 있으므로 더 공격적인 메시지를 전달해야 한다(한민희, 장대련, 2002: pp. 372-373).

• Whom

모든 커뮤니케이션에는 대화의 상대가 있어야 하는데 , 국내시장의 대상과 해외시장의 대상은 달라질 수 있다. 예를 들어 Virginia Slims 담배는 미국에서는 여자들을 겨냥하고 있지만 한국에서는 반대로 남자들을 겨냥하고 있다.

• Which

Whom과 연관되어 있는 문제가 Which Medium이기 때문에 표적청중이 정립되면 이에 맞는 매체가 선택되어져야 한다. 따라서 청중과 매체의 성격을 일치시키는 것이 중요하다.

• What Effect

모든 커뮤니케이션은 정확한 목적을 위해 집행되어야 하고, 집행 이후 목적들이 제대로 달성되었는지 그 효과를 검증해야 한다.

(2) 홍보, PR

가. 홍보

홍보(publicity)란 대가를 지급하지 않고 TV, 라디오, 신문, 매체 등의 비 인적매체를 이용하여 제품 및 서비스에 관한 소식을 고객에게 제공하는 활동을 말한다. 홍보는 다음과 같은 특성을 가지고 있다. 첫째, 홍보는 비용을 기업이 부담하지 않고 매체회사가 부담함으로써 무료로 이루어진다. 둘째, 매체회사의 주관하에 뉴스형태로 정보가 제공되기 때문에 광고와 비교해서 훨씬 소비자들의 신뢰도가 높다. 셋째, 매체의 사정에 따라 모든 것이 결정되고 진행되기 때문에 뉴스 형태로 제공되는 자사 관련기사 내용이나 정보제공시간 등에 대해 통제의 어려움이 있다. 관광기업의 홍보대상과 관련하여 홍보의 대상을 호텔과 항공사의 예를 들어 살펴보면 다음과 같다(이정학, 2003 : p. 208).

[표 9-9] 호텔과 항공사의 홍보대상

호텔	항공사
• 사장, 총지배인, 총주방장 등 임직원 동향 • 신상품, 패키지상품, 프로모션 상품 • 영업장의 시설변경 및 증축, 신설 등 • 국내 · 외 정치인, 연예인 및 저명인사 등의 내방 • 기념일 이벤트 등 • 호텔자체 또는 임직원들의 수상 • 종사원들의 미담	• 사장 및 임직원들의 동향 • 신노선 취항 • 신항공기의 도입 및 교체 • 타 항공사와의 제휴 • 항공사자체 또는 임직원들의 수상 • 친절서비스 사례

나. PR

PR(public relations)은 기업 이미지를 제고시킬 목적으로 각종 간행물을 발행하고, 자선단체를 지원하며, 지역사회 봉사활동을 하는 등 고객뿐만 아니라 일반대중에게 직.간접의 편익과 혜택을 제공하는 활동을 말한다. PR의 궁극적인 목적은 이미지 제고를 통해서 자사제품이나 브랜드의 선호도를 높이려는데 있다.

(3) 인적판매

가. 인적판매의 개념

인적판매(personal selling)란 판매원을 통해 잠재고객에게 제품에 대한 정보를 제공하고 구매하도록 설득하는 촉진수단으로 방문판매나 점원의 구매권유 행위가 그 대표적인 예이다.

일반적으로 인적판매의 목적은 예상고객을 찾고, 그들에게 구매하도록 확신시키며, 구매결과에 대해 만족감을 갖도록 하는 데 있다. 대부분의 잠재 구매자들은 제품을 구매하기 전에 정보를 탐색하기 때문에 판매원은 먼저 그들의 정보 욕구를 확인한 다음 관련되는 정보를 제공해야 한다.

나. 인적판매의 장점 및 단점

인적판매는 다음과 같은 장점과 단점을 가지고 있다.

장점	단점
• 고객과 판매원이 양방향 커뮤니케이션(two-ways communication)을 하기 때문에 고객이 많은 정보를 접할 수 있다. • 다른 촉진도구들과 비교할 때 보다 효과적으로 표적시장의 핵심고객을 겨냥할 수 있다. • 고객과 판매자사이의 적극적인 상호작용이 일어나기 때문에 특정한 고객의 욕구에 유연성있게 대처할 수 있다. • 고객반응에 대해서 즉각적인 피드백이 이루어질 수 있으며 고객들과 장기적인 관계를 구축할 수 있다.	• 판매원이 접촉할 수 있는 고객의 수가 한정되어 있기 때문에 촉진의 속도가 매우 느린 편이다. • 고객 한 명에 대해서 많은 촉진비용이 사용된다. • 유능한 판매원을 선발, 교육, 훈련하는데 비용이 많이 들며, 유능한 판매원을 확보해서 유지하는데 어려움이 따른다.

다. 인적판매 과정

판매원의 판매과정은 아래 그림과 같이 크게 준비단계, 설득단계, 거래 및 고객관리단계의 3단계로 구성되어 있다.

먼저, 준비단계는 예상고객을 탐색하고 이들에 대한 사전 정보를 수집한 후 이들에게 접근할 방법을 모색하는 단계인데, 판매원은 시간과 노력을 절약하기 위하여 예상고객을 사전에 가능한 한 정확하게 선별하는 것이 중요하다. 설득단계는 잠재고객에게 접근하여 제품을 소개하고 구매를 설득하는 단계이며 거래 및 고객관리단계는 고객과의 거래를 성사시키고, 고객이 구매후 만족하도록 지속적으로 고객을 관리하는 단계를 말한다.

[그림 9-7] 인적판매 과정

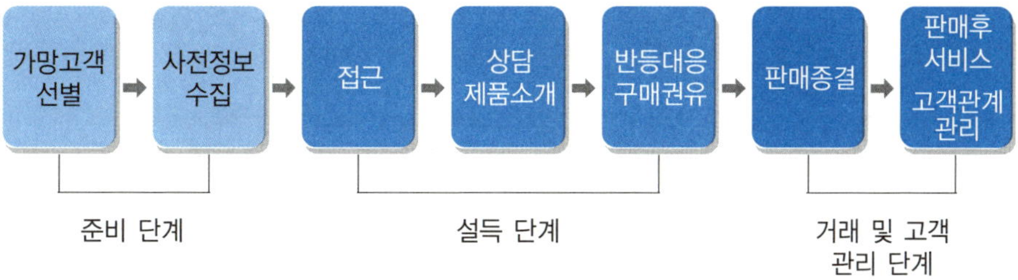

자료 : Philip Kotler and Gary Armstiong. Principles of Marketing. 9th ed., Prentice-Hall, Inc., 2001. p. 600 참조

(4) 판매촉진

가. 판매촉진의 개념

판매촉진(sales promotion)이란 기업이 소비자들의 즉각적인 반응을 유발시켜 단기적으로 매출을 증대시키기 위하여 사용하는 모든 수단을 의미한다.

판매촉진은 제조업자, 중간상, 비영리조직을 포함한 모든 조직에서 이루어지고 있으며 일반적으로 제조업자 판매촉진은 소비자판촉, 중간상판촉, 판매원판촉으로 구분되지만 판매원판촉은 실질적으로 판매원관리에 포함되기 때문에 정확하게 말하자면 제조업자 판매촉진이라고 볼 수 없다.

나. 소비자 판매촉진

소비자 판매촉진의 목적은 대량구매와 충동구매를 자극하고, 비사용자의 시험사용을 유도할 뿐만 아니라 경쟁제품을 사용하는 고객을 자사의 고객으로 전환시키려는 목적을 가지고 진행된다. 소비자 판매촉진기법들로는 견본, 쿠폰, 프리미엄, 현금환불, 소액할인, 무료시용, 연계촉진 등이 있다.

■견본

견본(sample)은 소비자에게 특정 제품을 무료로 제공하는 것을 말하는데, 신제품 도입시에 가장 효과적인 판촉수단이지만 가장 비용이 많이 드는 판촉수단 중 하나이다.

■쿠폰

쿠폰(coupon)은 소비자가 특정 제품을 구매할 때 할인혜택을 받는 것을 말하는데, 일반적으로 성숙기 시장에서 효과적이고 도입기나 성장기에 새로운 상표의 조기 사용을 유도하는데 효과적이다.

■프리미엄

프리미엄(premium)이란 경품을 의미하는 것으로 특정한 제품이나 서비스의 구매를 위한 자극제로서 구매자에게 사례의 뜻으로 무료 또는 염가로 제공되는 제품이나 서비스를 말한다. 프리미엄은 신제품보다 기존제품에 대해서 경쟁자의 침투를 막기 위한 목적으로 많이 사용된다.

■현금환불

현금환불(cash refund offers)이란 소비자가 제품을 구입시에 가격인하를 하는 것이 아니라 구매 후 가격인하를 제공하는 것을 의미한다.

■소액할인

소액할인(cent off deal)이란 할인가격촉진이라고도 하며 정가에서 일정한 비율이 할인된 가격을 포장에 표시하여 판매하는 것을 말한다. 소액할인은 잠재적 고객의 시용을 증가시키거나 경쟁자의 활동에 대한 대응 목적으로 활용된다.

■무료시용

무료시용(free trial)이란 잠재 구매자들의 구매자극을 목적으로 무료로 제품을 시용할 수 있도록 초대하는 방법이다.

■ 연계촉진

연계촉진(tie-in-promotion)이란 둘 이상의 기업이나 상표를 통하여 그들의 소비자에 대한 판매력을 강화하기 위하여 서로의 기업이나 상표에 대하여 서로 공유하며 사용할 수 있는 쿠폰, 환불 등의 판매촉진수단을 서로 공동사용하는 것을 말한다.

다. 중간상 판매촉진

중간상 판매촉진(trade promotion)은 유통업자나 중간상 및 소매상들에게 제조업자가 자사제품이나 서비스에 대한 거래량, 거래액, 거래규모를 증대시키거나 신규거래를 하기 위한 목적으로 실시된다. 중간상 판매촉진 기법에는 다음과 같은 것들이 있다(채서일, 2004 : p. 466).

■ 구매공제

제조업자가 특정기간 동안에 자사의 특정제품을 구매하는 중간상에게 구매량 당 일정액의 금액을 할인해주는 제도로서, 중간상으로 하여금 다량 구매를 유도하거나 평상시에는 구매하지 않는 새로운 제품을 구매하도록 하기 위한 목적으로 사용되는 동기부여의 한 수단이다.

■ 상품공제

상품공제란 제조업자가 자신의 제품특징이나 성능 및 효용을 부가해 준 중간상에게 제품을 추가적으로 제공하는 것과 같은 보상책의 일환이다.

■ 광고공제

광고공제란 제조업자가 자사제품의 광고에 기여한 중간상에게 제공하는 보상을 말한다.

■후원금

제조업자가 일정량 이상을 구매한 중간상에게 자사상품의 판매에 노력하도록 현금 현물을 제공하는 것을 말한다.

■전시공제

중간상이 제조업자의 상품을 진열대 등에 특별히 전시하거나 특별코너를 제공해준 대가로 제조업자가 지불하는 보상을 말한다.

■기념품 증정

제조업자가 상호 및 상표가 부착된 간단한 홍보용 제품을 중간상에게 무료로 제공하는 것을 말한다.

■무료상품

일정량 이상을 자사의 제품을 구매하는 중간상에게 제조업자가 특별히 무료로 제공하는 제품을 말한다. 이것은 기존의 규모가 크거나 거래실적이 있는 유통업자나 중간상들에게 제공되기도 하는데, 일반적으로 한정된 기간에만 제공된다.

■파견점원

제조업자가 거래규모가 큰 중간상의 가게, 점포 등에 자사 제품판매를 활성화시키기 위해 파견하는 점원을 말한다.

(5) 직접마케팅

직접마케팅(direct marketing)은 대중매체나 판매원을 활용하지 않고 고객에게 직접 다양한 방법으로 커뮤니케이션을 하는 촉진활동을 의미하며 직접마케팅의 방법으로는 DM(direct mail)을 발송하거나, 텔레마케팅(telemarketing), 이메일 등을 통한 촉진활동이 있다. 직접마케팅은 고객에게 맞춤정보를 제공할 수 있는 장점이 있지만, 촉진속도가 느리고 비용이 많이들 뿐만 아니라 제한된 시간내에 접근할 수 있는 고객의 수가 제한적이라는 단점이 있다.

[표 9-10] 촉진수단의 장 · 단점

촉진수단	특징	장점	단점
광고	유로의 비인적 대중매체 활용	• 다수고객접근가능 • 메시지 통제가능 • 고객당 비용저렴	• 정보양의 제한 • 고객별 메시지 개별화 불가능 • 효과측정 어려움
인적판매	판매원 활용	• 고객별 정보 개별화 가능 • 설득력 높음 • 즉각적 피드백	• 촉진속도 느림 • 고객당 촉진비 높음
판매촉진	샘플, 경품 등을 활용하는 단기적 유인책	• 주의집중 효과 큼 • 즉각적 구매유인 효과 큼	• 비용고가 • 모방용이
홍보	매체 주관하에 뉴스형태로 정보제공	• 신뢰도 높음 • 비용무료	• 통제 어려움 • 간접적 효과
PR	이미지 제고를 위한 공중관계 형성	• 다각적 효과	• 효과느림 • 간접적 효과
직접 마케팅	비공개적 개별매체 활용	• 고객 개별화 가능 • 상호 작용성 높음	• 고객당 촉진비 높음 • 접근 고객수 제한

제10장

크루즈산업과 글로벌 경영전략

제10장
크루즈산업과 글로벌 경영전략

1. 글로벌 경영전략의 이해

1) 글로벌전략의 수립

급변하는 글로벌환경하에서 다국적기업(multinational corporation)들이 글로벌전략을 수립하는데 있어서 가장 고민하는 부분은 서로 상반된 개념인 현지화(localization)와 글로벌화(globalization)를 균형있게 조화시키는 일이다. 다국적기업들은 조직의 특성상 지리적으로 멀리 떨어져 있어 정치, 경제, 사회, 문화적환경이 다른 국가에서 운영되지만 기업 전체적으로는 하나의 조직이다.

다국적기업의 본사(headquarters)와 자회사(subsidiary)의 관계를 살펴보면 일반적으로 본사가 여러 가지 경영자원을 가지고 자회사를 통제하는 현상을 나타내지만, 일본 Sony의 미국 자회사 사례와 같이 자회사가 본사가 보유하지 못한 경영자원을 가지고 본사의 통제권 밖에 있는 경우도 있다.

다국적기업의 자회사들은 역할에 따라서 서로 다른 특성을 가지고 있기 때문에 본사의 입장에서 모든 자회사들을 대상으로 동일한 통제 메커니즘을 사용하면 바람직하지 않다. 다국적기업의 글로벌전략은 일반적으로 국가별전략(multidomestic strategy), 글로벌전략(global strategy), 초국적전략(transnational strategy) 등 3가지로 분류할 수 있다.

국가별전략은 본사가 각 나라마다 자회사를 설립하여 본사와 자회사간의 통제없이 자회사의 운영은 각 나라의 자회사가 책임지는 형태의 전략이다. 글로벌전략은 본사가 해외 주요 지역에 설립된 자회사를 통제하는 형태의 전략이며, 초국적전략은 세계 여러지역에 자회사를 설립하고 이들 여러 자회사들을 하나의 기업으로 통합하는 전략을 의미한다.

하지만 어떠한 다국적기업도 완전한 현지화(localization)전략을 구사하거나 글로벌(global)전략을 구사하는 기업은 존재하지 않으며 모든 기업들은 현지화전략과 글로벌전략사이에 연속선상에 존재하고 있다. 다만, 우리가 다국적기업의 전략을 분류하는 것은 우리의 개념적인 이해를 도모하기 위함이다. 다국적기업들이 취하는 글로벌전략들 중 어떠한 특정한 전략이 다른 전략들과 비교해서 더 우수한 전략은 아니고 각각의 다국적기업이 처한 상황과 산업의 특성 등에 따라 다국적기업들은 그들이 취할 글로벌 전략을 선택하게 된다.

하지만, 여러 산업에서 나타나고 있는 공통적인 현상은 산업이 글로벌화됨에 따라 기업들도 점점 국가별전략에서 글로벌전략으로 경쟁전략을 바꿔가고 있다는 사실이다.

(1) 글로벌전략의 주요요소

글로벌기업들에게는 글로벌화와 현지화를 동시에 달성해야 하는 상반된 목표가 동시에 존재하는데 글로벌화가 더욱 강조되는 산업은 표준화된 제품을 대량생산하는 산업과 연구개발분야에서 규모의 경제 효과가 큰 산업이다. 한편, 다국적기업들이 현지화를 해야 하는 이유들로는 환율변동으로 인한 국제경쟁력 약화 대비, 보호주의 무역 대비, 각 나라별로 정치. 문화적환경의 차이 극복 등을 들 수 있다.

글로벌기업들은 글로벌 전략을 수립할 때 다음과 같은 사항들을 고려해야 한다(장세진, 1999: pp. 160-161).

첫째, 자사의 경영자원이 국제적으로 이전가능한가를 고려해야 한다. 예를 들어 어떤 기업이 한국 내에서는 품질과 가격면에서는 경쟁우위가 있다고 하나 전 세계적인 경쟁기업과 비교하여 그 우위가 크지 않다면 그 기업은 해외시장에 진출해서 성공할 확률은 희박하다고 볼 수 있다. 따라서 기업들은 자신이 갖고 있는 경영자원이 국제적으로도 이전가능하여 경쟁우위를 유지할 수 있는가를 냉철하게 검토해 보아야 할 것이다.

둘째, 글로벌전략을 수립할 때에는 생산시설을 어디에 배치해야 할 것인가의 문제를 고려해야 한다. 글로벌전략의 수립시에는 생산활동을 여러 단계로 구분하고 개별생산활동을 전 세계적으로 가장 잘 수행할 수 있는 국가로 재배치하는 것이 중요하다.

셋째, 글로벌전략을 수립하는 기업은 구체적인 진입시장의 선택이 중요하다. 즉, 다국적기업의 해외시장 진출을 고려할 때에는 먼저 자사의 핵심역량을 기준으로 보아 진출 후 해외자회사가 경쟁력을 가질 수 있는가 여부를 고려하여 진입시장을 선택해야 한다.

넷째, 앞서서 개별생산활동을 국가별로 분산하기로 결정한 이후, 그 국가에 어떠한 형태로 진입할 것인가를 결정하는 진입방법의 선택이다. 해외시장에 진출하는데에는 여러 가지 방법이 있는데 수출, 라이센싱과 같은 계약형태, 합작투자, 전략적 제휴, 인수 · 합병 등 여러 진입방법이 있을 수 있다. 다국적기업이 해외시장에 진출할 때에는 자사의 상황을 고려하여 적당한 진입방법을 고려하는 것이 가장 중요한 점 중 하나라고 할 수 있다.

마지막으로 국제적으로 시장진출을 한 후에 전 세계에 퍼져 있는 자회사들에 대한 통제와 조정을 어떻게 효과적으로 할 것인가가 글로벌전략의 주요한 과제가 된다.

만약 다국적기업이 전 세계적으로 분산되어 있는 생산활동을 효과적으로 통제 하지 못하면 그 기업은 좋은 경영성과를 내기가 어려워진다.

(2) 다국적기업의 전략 유형

가. 현지화전략

현지화전략(multidomestic strategy)을 추구하는 기업들은 대체적으로 각국에 자회사를 설치해두고 자회사의 운영은 일임하기 때문에 본사(headquarters)와 자회사(subsidiary) 간의 긴밀한 협조는 없는 형태이다. 기업들은 최대한 현지화를 추구하기 위해서 국가별전략을 추구한다. 국가별전략을 추구하는 기업들은 자회사의 자율성(autonomy)이 높기 때문에 본사 입장에서는 통제가 힘들어진다.

국가별전략을 구사하는 기업들은 제품의 생산과 마케팅 전략을 현지국가의 상황에 맞게 폭 넓게 맞춘다. 호텔산업같은 경우는 각 국가마다 소득수준이 다르고 문화적 차이가 존재하기 때문에 국가별전략을 추구하는 경우가 많다고 할 수 있다. 그러나, 특급호텔의 경우는 주요 고객들이 전세계를 여행하며 활동하는 기업의 관리층에 있는 고객들이 많기 때문에 각국에서 오는 고객들에게 전세계 어디를 가더라도 동일한 수준의 서비스를 제공할 수 있어야 하고 같은 수준의 만족을 줄 수 있어야 한다.

Hilton, Intercontinental 등과 같은 특급호텔들은 전세계적인 예약시스템을 가지고 있으며 세계 어디를 가던지 같은 수준의 서비스를 제공할 수 있는 세계적인 체인망을 갖춘 호텔들이기 때문에 이런 특급호텔산업은 글로벌전략을 취한다고 할 수 있다. 또한 세계적인 크루즈 기업들도 위의 예와 마찬가지로 글로벌 전략을 구사한다고 할 수 있다.

나. 글로벌전략

글로벌전략(global strategy)은 본사가 전세계적으로 주요한 몇 지역에 해외 자회사를 설치하고 본사에서 자회사들을 강하게 통제하는 전략을 의미한다. 대부분의 한국과 일본의 다국적기업들이 글로벌전략을 구사하고 있다고 할 수 있다. 다국적기업들이 글로벌전략을 구사하게 되면 기업의 기능별로 여러 측면에서 규모의 경제를 이용하여 비용을 절감할 수 있는 장점이 있지만 현지화에 대한 압력이 강한 산업이나 시장에서는 적합하지 않은 전략이라고 할 수 있다.

다. 초국적전략

초국적전략(transnational strategy)이란 세계 여러 지역에 직접투자를 통하여 자회사를 설립한 후 강력한 통제로써 이들을 하나의 기업으로 묶는 전략을 의미한다. 초국적기업은 지역적으로 멀리 퍼져 있으면서 동시에 자회사간에도 아주 긴밀하게 협조하고 조정 시스템도 잘 형성되어 있다.

초국적전략은 기업이 비용절감(cost reduction)과 현지화에 대한 대응(local responsiveness)에 대해서 높은 압력을 받을 때 적합한 전략이라고 할 수 있다. 초국적전략을 추구하는 기업들은 동시에 저비용과 차별화의 장점도 성취하려한다. 초국적전략은 이렇게 매력적인 전략이지만 기업의 입장에서 현지화에 대한 대응과 비용절감을 동시에 추구하는 것은 쉽지 않다.

2) 해외시장 진입전략

다국적기업의 해외시장 진입전략으로는 크게 수출, 계약, 해외직접투자에 의한 진입방법이 있다. 수출이나 계약에 의한 해외시장 진입방법 보다는 해외직접투자가 상대적으로 공격적인 해외시장 진입방법 이지만 그만큼 위험성도 크다고 볼 수 있다. 또한, 해외시장 진입방법을 결정하기 위해서는 기업 요인, 제품 요인, 현지국 요인, 본국 요인 등을 고려해서 결정해야 한다. 기업요인으로는 기업 자원, 국제경험, 최고경영자의 경영방침 등을 고려해야하면 제품요인으로는 서비스 요구수준, 제품차별화 정도, 제품 유형 등을 고려해야 한다. 현지국 요인으로는 시장 요인 거시환경요인인 정치.사회.문화.법률적 요인 등을 고려해야 한다. 본국 요인으로는 시장규모, 경쟁구조, 생산비용, 정부 정책 등을 고려해야 한다.

(1) 수출

수출(export)은 해외시장으로 진출하는 가장 기본적이면서 간단한 방법으로 재화를 해외에 판매하는 활동을 말한다. 수출은 직접수출(direct export)과 간접수출(indirect export)로 분류할 수 있는데 직접수출은 기업내부에 수출을 담당하는 부서를 두고 기업이 직접 수출업무를 수행하는 방식을 말하며, 간접수출은 국내의 종합무역상사, 외국인 바이어, 무역대리인과 같은 수출중개인을 통한 수출방법을 말한다.

(2) 계약

계약에 의한 해외시장진입방법에는 라이센싱, 프랜차이징, 계약생산, 관리계약, 턴키계약 등이 있다. 라이센싱(licensing)이란 해외진출기업이 투자대상국의 기업에게 일정한 계약하에서 제품을 생산하도록 하고, 판매 및 마케팅은 해외진출기업이 직접 담당하는 형태를 말한다. 라이센싱을 하는 목적은 진출예정국에 수출이나 직접투자에 대한 무역장벽이 존재할 경우, 수송비가 비싸거나 국가간에 상품을 이동하는데 많은 비용이 소요되는 경우, 기술과 서비스와 같이 이전방법이 복잡하거나 이전비용이 많이 소요되는 무형자산의 경우, 투자국의 정치적 위험이 큰 경우 등이다.

라이센싱의 단점으로는 자사 브랜드나 기술에 대한 통제의 어려움, 자사가 현지에서 직접 생산활동이나 마케팅활동을 하는 경우에 비해서 작은 이익 실현, 잠재적 경쟁자의 양산, 유연성 측면에서의 제약 등이 있다.

계약에 의한 해외시장진입방법 중 프랜차이징(franchising)은 라이센싱의 한 형태이지만 라이센싱보다 훨씬 강한 통제가 가능하다. 라이센싱이 기술이나 브랜드만을 일정기간 동안 공여하는것에 비하여 프랜차이징은 품질관리, 경영방식, 마케팅 지원 등 프랜차이징 공여기업(franchisor)과 프랜차이징 수여기업(franchisee)을 직접적으로 관리하거나 통제한다.

호텔산업도 프랜차이징 형태로 운영되는 대표적인 업종이라고 할 수 있다. 프랜차이징의 장점은 적은 자본으로 해외시장 확대가 가능한 점과, 마케팅의 표준화, 프랜차이징 수여기업에 대한 동기부여 등이 있다. 반면에 프랜차이징의 단점으로는 기술이나 브랜드에 대한 통제가 어렵다는 점과 잠재적인 경쟁자를 양산할 수 있다는 점을 들 수 있다.

그 밖에 계약에 의한 해외시장 진입방법은 계약생산, 관리계약, 턴키계약 등이 있다.

첫째, 계약생산(contract manufacturing)이란 해외진출기업이 투자대상국의 기업에게 일정한 계약하에서 제품을 생산하도록 하고, 판매 및 마케팅은 해외진출기업이 직접 담당하는 형태를 말한다.

둘째, 관리계약(management contract)이란 계약에 의해 한 기업이 외국의 특정기업의 경영활동을 대신 수행해주고 그 대가를 받는 형태이다. 마지막으로 턴키계약(turnkey contract)이란 일반적으로 공장이나 여타 생산설비를 가동 직전까지 준비한 후 인도해주는 방식을 말한다

가. 라이센싱

라이센싱(licensing)이란 특정기업(licensor)이 자신의 기술 · 특허권 · 상표권, 혹은 기타 지적재산권을 다른 기업(licensee)에게 사용하도록 허락하고 그 대가로 로열티(royalty)를 받는 일종의 계약이다(전용욱, 2003 : 144).

기업이 라이센싱을 선택하는 이유는 다음과 같다.

① 무역장벽이 존재하는 경우

투자대상국(host country)에 수출 혹은 해외직접투자(foreign direct investment)에 대해서 무역장벽이 존재하는 경우, 기업들은 라이센싱의 방법을 선택하게 된다. 특히 개발도상국들의 경우 아직까지 투자국(home country)의 100% 소유 해외직접투자에 대해서 규제를 하는 경우가 있다.

② 이전에 문제가 있는 무형자산의 경우

고유한 기술이나 서비스와같이 이전방법이 복잡하거나 이전비용이 많이 소요되는 경우에 기업들은 라이센싱의 방법을 선택한다.

③ 투자대상국에 정치적 위험이 높은 경우

투자대상국에 정치적 위험이 큰 경우 기업들은 라이센싱을 선호하게 된다. 즉 최악의 경우 위험도를 줄일 수 있기 때문이다.

④ 경영자원을 투입할 수 없거나 투입할 의사가 없는 경우

기업이 자본 · 인적자원 등의 경영자원을 투입할 수 없거나 투입할 의사가 없는 경우에 라이센싱의 방법을 사용한다. 특히 국제화경험이 축적되지 않은 기업의 경우에는 상대적으로 안전한 시장진입방법이 될 수 있다.

⑤ 운송비용이 많이 소요될 경우

식음료품 등 무게가 많이 나가면서 부가가치가 상대적으로 많지 않은 제품들의 경우 운송비용이 너무 많이 들기 때문에 기업들은 라이센싱을 선택한다.

한편 라이센싱은 적은 자본의 지출, 신속한 현지시장 진입, 수월한 현지시장 사업허가 등의 장점이 있지만, 자사의 브랜드나 기술에 대한 보호와 통제의 어려움, 잠재적인 경쟁자 양성, 소액의 투자회수, 라이센싱업체(licensee)에 대한 통제의 어려움 등의 단점도 가지고 있다.

나. 프랜차이징

프랜차이징(franchising)은 제공기업(franchisor)이 상호 · 상표 · 기술 등의 사용권을 특정한 기업이나 개인(franchisee)에게 사용할 수 있는 권리를 부여하면서 그대가로 로열티를 받는 형태를 말한다. 또한 프랜차이저(franchisor)는 프랜차이지(franchisee)에게 관리적인 분야에서 지원을 제공하고, 프랜차이지(franchisee)는 프랜차이저(franchisor)의 의견을 따르는 것이 일반적인 형태의 프랜차이징이다.

특히 패스트푸드(fastfood), 호텔(Hotel), 렌터카(rentacar) 등의 서비스산업에서 많이 사용된다. 일반적으로 프랜차이징의 점포의 소유권은 프랜차이지가 가지게 되지만, 점포에서 사용되는 유형적인 장비 · 인테리어등은 프랜차이저가 일괄적으로 공급하기 때문에 소비자들의 입장에서는 어느 곳에서나 표준화된 제품과 서비스를 제공받을 수 있다.

프랜차이징의 장점으로는 적은 자본으로 해외사업확장이 가능하고, 표준화된 마케팅으로 인한 규모의 경제 활용과 독특한 이미지 형성이 가능하다. 또한 다른 시장진입방식에 비해서 상대적으로 정치적 위험성이 낮고, 프랜차이지들에게도 동기를 부여하여 성과를 극대화시킬 수 있는 장점이 있다.

프랜차이징의 단점은 기술이나 브랜드에 대한 통제의 어려움, 잠재적인 경쟁자의 위협, 소액의 투자회수 등을 들 수 있다. 특히 프랜차이징도 라이센싱과 마찬가지로 지리적으로 멀리 떨어져 있는 프랜차이지(franchisee)들을 잘 통제하고 표준화된 기준을 설립하는 것이 중요하다. 서비스산업의 경우는 제조업과는 달리 무형의 자산이 통제하는 것이기 때문에 더욱 중요성이 크다고 할 수 있다.

(3) 계약생산, 관리계약, 턴키계약

가. 계약생산

계약생산(contract manufacturing)방식은 해외진출기업이 투자대상국의 기업에게 일정한 계약하에서 제품을 생산하도록 하고, 판매 및 마케팅은 해외진출기업이 직접 담당하는 형태를 말한다.

나. 관리계약

관리계약(management contract)은 계약에 의해 한 기업이 외국의 특정기업의 경영활동을 대신 수행해 주고 그 대가를 받는 형태이다. 이러한 관리계약은 호텔 · 레스토랑 등 서비스산업에서 주로 활용된다. 예를 들어 호텔업의 경우 소유회사는 자산관리에 전념하고 경영회사가 실질적으로 호텔을 경영하기 때문에 소유와 경영이 분리되게 된다.

다. 턴키계약

턴키계약(turnkey contract)은 일반적으로 공장이나 여타 생산설비를 가동 직전까지 준비한 후 인도해 주는 방식을 말한다.

[표 10-1] 국제경영관리계약 내용예시(호텔산업)

계약조건	정의	1980년대	최근추세
Mangement fees	호텔소유주가 운영자에게 지급하기로한 보수	• 기본 : 총수익의 2.5~3.5% • 인센티브 : 총영업이익 8~14%	• 기본 : 총수익의 1~2% • 인센티브 : 총영업이익 6~12%
contract Term	계약기간	15~20년의 최초기간 +1~3년의 연장 옵션	8~12년의 최초기간 +5~10년의 연장
System Reimbursable Charges	광고 · 구매 · 교육훈련 · 예약과 관련하여 운영자에게 주어지는 비용에 관한 사항	총객실수익의 2%+ 예약당 US$ 5~10	총객실수익의 1% + 예약당 US$ 4~8
Technical Assistance Fee	호텔의 배치 · 디자인 · 건축과 관련해 운영자에게 지급되는 기술적 비용에 관한 사항	객실당 US$ 1,000 ~1,500+비용	객실당 US$ 1,000 ~1,500+비용
Pre-opening Expense	운영자의 호텔영업 이전에 인력훈련 · 마케팅 · 시설의 준비와 관련된 비용에 관한 사항	원가기준	원가기준

자료 : Goddard and Standish-Wilkinson, 70; 이장로, 신만수, 2003: 145 재인용.

3) 해외직접투자의 개념 및 의의

(1) 개념

조동성(2001:365)은 해외직접투자(FDI)를 "해외직접투자는 피 투자기업의 경영에 직접 참가함을 목적으로 자본 · 경영능력 · 기술 · 상표 등의 생산요소를 복합적으로 해외에 이전시키는 기업 활동이다(조동성, 2001: 365)"라고 정의하였다. 즉, 해외직접투자는 자본이득을 목적으로 외국증권을 취득하는 것과 같은 해외간접투자와 달리 투자가가 해외경영에 참가하여 이윤을 추구할 목적으로 국내자본 · 생산 · 경영 · 기술 등의 생산요소를 해외로 이전시키는 기업 활동을 의미한다.

(2) FDI의 의의

해외직접투자(FDI : Foreign Direct Investment)는 기업이 보유하고 있는 생산요소 및 경영자원을 해외로 이전하여 직접 경영활동을 전개하는 형태의 시장진입방식이지만, 해외직접투자는 시장진입방법으로서의 의미만 있는 것은 아니다. 따라서 해외직접투자는 수출이나 라이센싱과 같이 해외시장진입방식의 하나로서 분류할 수도 있지만, 투자대상국이 시장으로서의 의미보다는 조달(sourcing)기지로서의 의미가 더 큰 경우도 많이 있다. 대부분의 다국적기업들은 원자재 조달, 부품생산 및 조달, 완제품조립 등을 세계 여러 곳에서 분산해서 수행하기 때문에 본사와 자회사 혹은 자회사와 자회사 사이에 물동량이 증가하고 있다. 이러한 이유로 인해서 해외직접투자의 증가는 수출입의 증가로 이어질 수 있다. 또한 해외직접투자는 투자기업뿐만 아니라 투자대상국(host coun-try)과 본국(home country)에도 많은 영향을 미친다. 대규모 자본 · 기술 · 인력 · 경영자원의 국가간 이전은 투자대상국과 본국에 많은 영향을 미친다.

4) 해외직접투자의 동기

(1) 시장추구

가. 새로운 해외시장 개척

해외직접투자(FDI: Foreign Direct Investment)의 가장 일반적인 동기는 새로운 해외시장개척이다. 현지국에서 직접 생산과 판매를 하게 되면 시장저변의 확대를 가져올 수 있다.

나. 무역장벽회피

WTO(World Trade Organization)체제의 출범으로 무역장벽이 점점 감소되는 추세이지만, 아직도 일부 국가에서 무역장벽이 존재하기 때문에 해외직접투자는 무역장벽을 회피하는 수단으로 사용될 수 있다.

(2) 생산효율성 추구

가. 환율위험 대비

해외직접투자를 통한 생산지역의 다변화는 환율변동의 위험으로부터 기업을 보호해 주는 역할을 한다. 수출위주의 국제화전략을 추구하였던 일본기업들은 1980년대 후반부터 엔화의 급상승으로 손해를 보았다. 그 이후 일본기업들은 적극적으로 해외직접투자를 행하고 있다. 이는 생산기지가 일본에 집중됨으로써 나타나는 환위험을 직접투자를 통해 완화하려는 전략으로 이해할 수 있다(장세진, 2004: 245).

나. 생산비용절감

최근 대규모 다국적기업의 해외직접투자는 효율적인 입지선정을 통해 범세계적인 비용의 효율성을 달성하려는 의도로 이루어지는 경우가 많은데, 여기서의 비용이란 각종부품의 직접적인 생산비, 조립비용은 물론 부품공장과 조립공장 사이의 수송비, 시장국가까지의 수송비, 그리고 국가간 이전에 따른 관세, 각국의 환율이 고려된 비용 등을 모두 포함한다(전용욱 외, 2003 : 162).

(3) 자원추구

가. 안정적인 자원의 확보

원유 · 철광 · 원목 등 천연자원을 주요원재료로 사용하고 있는 기업들은 이러한 자원을 직접 채굴 · 개발 · 가공하기 위해 해외직접투자를 한다. 자원확보를 위한 해외직접투자는 안정적인 자원의 확보라는 측면과 더불어 수송비도 절감하는 효과를 나타낸다.

나. 선진기술의 습득

자원을 추구하는 해외직접투자는 천연자원 이외에도 기술 및 정보도 포함하고 있다. 특히 개발도상국 기업들의 선진국 투자 중 선진기술의 습득을 위한 투자를 많이 발견할 수 있다.

5) 해외직접투자이론

(1) 독점적우위론

Hymer가 주장한 독점적 우위이론(monopolistic advantage theory)은 해외직접투자(foreign direct investment)를 설명하기 가장 대표적인 이론 중 하나이다. 외국기업이 다른 국가에 진출할 때 현지국의 기업들에 비해 여러 가지 어려운 점들인 외국인비용(liabilities of foreignness)이 많이 발생되는데, 이러한 외국인비용을 상쇄할 만한 독점적 우위가 존재해야만 해외직접투자가 일어난다는 이론이다. 이러한 독점적 우위는 기술력, 제품차별화, 경영 및 마케팅 노하우, 저렴한 자본조달비용 등 여러 가지 형태로 나타날 수 있다.

독점적 우위론은 해외직접투자를 이론적으로 설명하려는 본격적인 시도로서 많은 가치와 기여도가 있지만, 몇 가지 한계점도 가지고 있다. 첫째, 독점적 우위를 왜 수출이나 라이센싱 등 다른 해외시장 진출 방법이 아닌 직접투자로만 활용해야 하는지에 대한 점을 설명하지 못하고 있다. 둘째, 개발도상국들의 선진국에 대한 해외직접투자에 대해서도 설명하기가 어려운 점이 있다. 왜냐하면 개발도상국들의 선진국에 대한 해외직접투자가 일반적으로 인정할 수 있는 독점적 우위를 보유하고 있다고 보기 어려운 경우가 많이 있기 때문이다.

(2) 내부화이론

해외직접투자가 일어나는 중요한 이유 중 하나는 기업이 해외경영을 하는데 필요한 여러 가지 경영자원을 시장을 통해서 이용하는 것보다 기업의 내부거래를 통하는 것이 더욱 효율적이기 때문이다. 이와같이 경영자원을 국가간에 효율적으로 이전할 수 있도록 해외직접투자가 일어난다는 설명은 거래비용이론(transanction cost theory)의 관점에서 설명할 수 있는데, 기술과 브랜드와 같은 경영자원은 시장을 통해서 거래하기 힘든 경영자원이며, 원자재의 해외구매 역시 가격 · 품질 · 납기일의 측면에서 많은 불확실성이 존재한다. 해외직접투자는 이와 같은 시장거래를 기업내부의 거래로 내부화함으로써 시장거래비용을 줄이고 효율성을 높인다.

내부화이론(internalization theory)은 해외시장에 진출하려는 기업이 직접투자를 선택하는 이유를 설명하고 있다는 점에서 독점적 우위론의 한계를 극복하고 있다고 할 수 있다. 하지만 내부화이론은 직접투자를 라이센싱과 비교하여 설명하는 데 치중하고 있기 때문에 다른 해외시장 진출방법인 수출과의 비교문제에 대해서는 충분히 설명하고 있지 못하다.

(3) 절충이론

영국의 경제학자인 Dunning은 해외직접투자가 이루어지려면 기업 특유의 독점적 우위요소(ownership-specific advantages) 이외에도 내부화의 우위(internalization incentive advantages)와 입지특유의 우위(location-spe-cific advantages)가 있어야 한다고 하였다. 다시 말해 해외직접투자가 이루어지려면 외국기업으로서의 불리함을 극복하고도 현지에서 경쟁해 나갈 수 있는 기업 특유의 독점적 우위가 있어야 함은 물론, 국내보다 외국이 생산입지상에서 우위에 있어야 하며, 또한 기업 특유의 독점적 우위를 외국기업에게 라이센싱해 주는 것보다 내부거래를 통해 이전하는 것이 유리해야 하는 내부화의 우위가 있어야 한다는 것이다.

이는 독점적 우위이론만으로는 수출이나 라이센싱에 대한 해외직접투자의 우위를 설명하기 어렵고, 내부화이론은 입지 특유의 우위에 대한 설명력이 약하기 때문이다. 이에 따라 Dunning은 수출 · 라이센싱 · 해외직접투자를 동시에 포괄하는 국제생산이론을 모색하였는데, 이것이 독점적 우위론과 내부화이론 및 입지이론을 포괄하고 있는 절충이론(eclectic theory)이다.

절충이론에 의하면 기업 특유의 독점적 우위를 외부시장에서 판매하는 것보다 내부화하는 것이 유리할 때 기업은 라이센싱방식을 버리고 수출이나 해외직접투자를 택할 것이고, 자본 · 기술 · 경영기법 등을 해외로 이전하여 현지의 생산요소와 결합하는 것이 국내 생산보다 유리할 때, 즉 입지 특유의 우위가 있을 때 기업은 수출 대신 해외직접투자를 한다는 것이다(조동성, 2001 : 387~388).

(4) 제품수명주기이론

Vernon 등에 의해 발전된 제품수명주기이론(product life cycle theory)은 제품이 시장에 도입되어 없어지기까지 성장기 · 성숙기 · 쇠퇴기의 일정한 수명주기를 가지고 있으며, 이러한 수명주기가 국가간에 시차를 두고 진행되기 때문에 그 과정에서 해외직접투자가 발생하여 선진국에서 개발도상국으로 생산기지가 옮겨 간다는 이론이다. 제품수명주기이론에 의하면 제품개발 초기에는 선진국에서 제품생산이 이루어지지만, 제품의 표준화가 개발도상국으로 생산기지가 옮겨 가고, 이에 따라 선진국에서 개발도상국으로 해외직접투자가 일어난다는 이론이다.

(5) 과점적 경쟁이론

knickerbocker에 의해서 제기된 과점적 경쟁이론(oligopolistic reaction theory)은 과점산업에 속한 기업들은 한 기업이 해외시장에 진출하게 되면 다른 경쟁기업들도 경쟁적으로 해외직접투자를 행한다는 패턴을 설명한 이론이다. 과점적 경쟁이론에 의하면 이렇게 과점산업에 속한 기업들의 해외직접투자는 같은 시점에 집중하는 현상을 보인다고 하였다.

6) 해외직접투자의 영향

해외직접투자는 본국과 현지국 모두에게 많은 영향을 미치게 된다.

(1) 본국에 미치는 영향

가. 자본의 이동 및 국제수지효과

초기투자 및 추가투자자본은 국제수지상의 유출로, 배당금이나 라이센싱 로열티는 유입으로 나타난다. 한편 현지 생산 및 조립을 위한 장비 · 부품 · 원자재 등의 수출이 수반되는 경우, 그리고 해외에서의 적극적인 마케팅 및 서비스활동으로 모기업 관련제품의 수출이 증가할 경우, 본국의 국제수지는 플러스효과를 얻게 된다. 그러나 기존의 국내생산후 수출형태의 해외시장 공급방식이 현지생산후 공급으로 전환됨에 따라 수출의 감소가 나타날 수 있으며, 국내 생산기지 이전으로서의 해외진출은 완제품의 역수입으로 나타날 수도 있다.

나. 고용효과

국내기업의 해외진출과 관련하여 본국의 입장에서 우려하는 사항 중의 하나가 생산시설의 이전에 따른 고용감소효과이다. 특히 해외의 저렴한 노동력이 해외직접투자의 주요동기가 되는 노동집약적 산업의 경우 국내 고용감소효과가 크게 나타날 수 있다. 하지만 해외생산에 따른 추가적인 수출증대가 이어질 경우 이에 따른 관련산업에서의 고용증가가 나타날 수 있다. 그렇기 때문에 해외직접투자로 인해 나타나는 본국의 고용효과는 해당산업이나 기업내의 파급효과와 고용의 질적구조의 변화 및 산업간의 고용구조 등의 측면에서 종합적으로 판단해야 한다.

(2) 현지국에 미치는 영향

가. 자본의 이동 및 국제수지효과

초기투자자본의 유입은 국제수지개선에 즉시 긍정적인 효과를 가져오게 된다. 해외직접투자가 현지국의 국제수지에 미치는 영향은 초기투자자본에 국한되지 않고 국내생산에 따른 수입대체효과나 수출효과와 같이 무역관련효과에도 긍정적으로 작용된다. 한편 원료나 부품의 수입 및 배당금이나 라이센싱 로열티 지급등은 현지국의 국제수지에 부정적인 영향을 미치는 요인들이다.

나. 고용의 창출

해외직접투자를 통한 외국기업의 국내진출은 현지국의 고용창출에 긍정적인 영향을 미치게 된다.

다. 경제성장 기여

외국기업의 국내진출은 유휴생산자원의 활용, 국내 잠재시장의 창출, 수출시장의 개척 등을 통해 현지국의 경제성장에 긍정적으로 기여 하게 된다.

라. 기술이전

자체적인 기술개발이 불가능한 상황이거나 시간과 비용이 많이 소요될 수 있는 개발도상국과 후진국의 입장에서는 선진국 기업의 국내활동을 통해 기술을 이전받을수 있는 기회를 갖게 된다. 기술이전효과는 해당기술의 성격이 국내경제발전단계나 기술상황에 적합할 때 극대화될 수 있으며, 해당투자기업의 기술제공의지나 태도에 크게 영향을 받는다.

(3) 해외직접투자가 본국 및 현지국에 미치는 효과

가. 투자국에 미치는 효과

① 긍정적 효과

- 국제수지의 개선(장기적 관점)
- 국제경쟁력의 강화
- 국제시장의 확보
- 고용의 증대와 질의 개선
- 생산요소의 확보: 원재료 · 노동 · 기술 등
- 경제 및 정치협력의 강화
- 산업구조의 조정

② 부정적 효과

- 국제수지의 악화(단기적 관점)
- 기술수출에 의한 국제경쟁력의 약화
- 공장수출에 의한 국내고용의 감소
- 이전가격의 조작에 의한 비시장경제의 조성
- 국내기업에 비해 불공정한 혜택 향유
- 소득분재의 불균형

- 산업집중과 금융지배
- 조세손실과 조세회피
- 정부정책에 영향력 행사
- 반경쟁효과

나. 투자대상국에 미치는 효과

① 긍정적 효과

경제적효과

- 자본형성
- 고용증대
- 소득증대
- 신제품 이용
- 가격인하
- 생산성 증대
- 조세증대
- 경제성장 촉진
- 시장개척(자국의 잠재시장 또는 수출시장)
- 전후방산업에 사업기회 제공
- 기술이전 및 자체기술능력 배양
- 경쟁조성
- 국제수지의 개선(단기적 관점)

사회적 효과

- 지역사회 개발
- 정적 사회에서 동적 사회로 전환
- 수평적 · 수직적 이동 증진

- 중간소득층의 확대
- 경제성장에 대한 적극적 자세 확립

정치적 효과

- 건전한 투자여건에 대한 대외적 인지도 증대
- 투자기업의 보호를 위한 투자국의 군사적 개입

② 부정적 효과

경제적 효과

- 국내기업의 발전 저해
- 경제발전의 불균형
- 소득분배의 불균형
- 외국자본에 의한 경제력 지배
- 국제수지의 악화(장기적 관점)
- 자체 연구개발 노력의 저하

사회적 효과

- 전통적 가치의 파괴
- 공해발생

정치적 효과

- 국내문제 간섭
- 주권의 침식
- 민족주의와 충돌(조동성, 2001 : 420~421 재인용)

2. 크루즈산업의 글로벌 경영전략

크루즈산업은 산업의 특성상 크루즈 선박들이 세계 여러 지역을 항해하고 기항지를 거치기 때문에 크루즈기업을 경영함에 있어서 글로벌 경영전략은 매우 중요하다고 할 수 있다. 또한, 크루즈산업은 호텔업이나 항공산업과 유사하게 초기투자비용이 많은 산업이기 때문에 다른산업에 비해서 상대적으로 시장진입장벽이 높은 산업이라고 할 수 있다.

이러한 이유로 인하여 시장경쟁구조(market competition structure)가 과점산업에 포함된다고 할 수 있는데 글로벌 시장에서 규모가 큰 크루즈기업들의 전략적 제휴도 활발한 편이라고 할 수 있다. 따라서 세계 4대 선사 혹은 세계 8대 선사와 같이 큰 규모의 글로벌 크루즈 기업들에게는 기업을 운영하는데 있어서 전략적 제휴(strategic alliances)는 기업의 생존을 좌우할 수도 있는 매우 중요한 부분이라고 할 수 있다.

크루즈기업의 글로벌 경영전략에서 전략적 제휴를 살펴보면, 전략적 제휴(strategic alliance)란 경쟁관계에 있는 기업이 일부 사업 또는 기능별 활동부문에서 경쟁기업과 일시적인 협조관계를 갖는 것이다. 전략적 제휴와 국제합작투자를 비교해 보면 국제합작투자(inter-national joint venture)는 큰 틀에서 보면 전략적 제휴의 한 유형이라고 할 수 있다. 일반적으로 국제합작투자가 자본투자를 필요로 하고, 많은기능분야에서 협조관계를 구축하는 것에 비하여 전략적 제휴는 자본투자 없이 사업의 일부분에서 일시적으로 협조관계를 갖는 형태를 의미한다. 전략적 제휴는 상당히 다양한 형태가 있으며 가장 단순하고 단기적인 성격이 강한 형태는 연구개발컨소시엄이나 기술제휴이다.

1) 전략적 제휴의 유형

(1) 국제기술제휴

기술제휴 또는 기술 라이센싱 형태는 한 기업이 다른 국가의 기업에게 생산 기술을 공여하거나 자신의 기술을 기반으로 하여 신제품을 개발할 수 있는 권리를 부여하는 것을 의미한다.

기술분야에서의 전략적 제휴는 참여기업들이 각자 보유하고 있는 기술들을 상호 교환하거나 새로운 기술을 공동개발할 목적으로 일어난다. 기술제휴에서 공동연구개발이란 기업들이 기존에 보유하고 있는 기술들을 상호교환해서 이용하고, 인력과 자본 등 연구개발자원을 분담해 새로운 기술을 공동으로 개발하는 것을 의미한다. 공동연구개발은 두 기업 사이에서 추진하는 연구개발에서부터 다수의 기업들이 참여하는 컨소시엄(consortium)형태에 이르기 까지 다양하다. 공동연구개발의 예로는 세계항공기산업에서 잘 알려진 Airbus를 예로 들 수 있는데, Airbus는 영국 · 독일 · 프랑스 · 스페인 등의 기업들이 공동출자한 컨소시엄 형태의 기업이다.

(2) 국제조달제휴

조달제휴에는 생산위탁 · 부품조달 · 외부소싱 등을 들 수 있다. 먼저 생산위탁은 구비품목을 다양화하기 위해 상대기업으로부터 자사에게 부족한 제품을 공급받는 형태의 제휴를 말한다. 부품조달은 2개 이상의 기업이 중간재를 포함하여 제품생산에 필요한 각종 부품을 상호 보완적으로 공급하는 것을 의미한다. 마지막으로 외부소싱은 단순외주가공을 통해 제품을 조달하는 것을 의미하는데, 제휴기업에게 모든 부품을 공급한 뒤 이를 단순히 조립 · 가공하여 제품을 완성하도록 한 다음 완성된 제품을 공급받는 형태를 말한다.

국제조달제휴가 일어나는 원인은 부품이나 제품을 장기간에 걸쳐 안정적으로 확보하기 위함인데, 특히 다국적기업들의 경우 최소의 운송비용으로 부품 및 제품을 원활하게 조달하는 일이 매우 중요하다고 할 수 있다.

(3) 국제생산제휴

생산제휴는 비교우위의 경영자원을 상호공급하여 제품을 공동생산하는 방식인데, 대표적인 생산제휴방식으로는 공동생산, 주문자상표부착방식(OEM : Original Equip ment Manufacturing), 세컨드 소싱(second sourcing) 등이 있다.

공동생산은 제휴에 참여한 기업들이 공동으로 특정제품을 만드는것이며, 각 기업은 노동 · 자본 · 기술 등 생산요소중 상대기업에 비해 우위에 있는 요소를 제공한다. 주문자상표부착방식(OEM)은 브랜드 이미지가 강한 기업과 생산능력은 있지만 브랜드 이미지가 약한 기업간에 이루어지는 전략적 제휴이다.

세컨드 소싱은 기술력이 뛰어나 특정제품의 세계시장을 장악하고 있는 기업이 늘어나는 수요를 독자적으로 감당하기 어려운 경우, 타사에 기술을 제공하여 위탁생산함으로써 부족한 공급분을 충당하려 할 때 이용되는 제휴방식이다.

(4) 국제판매제휴

판매제휴는 경로 · 노하우 등 제휴기업의 판매능력을 활용하여 상대시장에 보다 쉽게 접근하는 동시에 상대시장에서의 판매를 확대할 목적으로 이용되는 전략적 제휴이다. 판매제휴에는 일반적으로 공동브랜드 이용과 위탁판매 및 공동규격 설정 등이 있는데, 다른 분야에서의 제휴와 달리 특정지역에 대해 선택적으로 제휴활동이 이루어진다.

공동 브랜드 이용은 기업이 특정지역에 처음 진출할 때 주로 사용되는 제휴방식인데, 소비자들에 대한 이미지가 좋고 판매능력이 뛰어나 현지기업과 함께 현지인들에게 친숙한 느낌을 줄 수 있는 공동 브랜드를 만들어 이용함으로써 현지판매를 강화하는 방식이다.

위탁판매는 공동브랜드 이용과 달리 자사의 독자적 브랜드를 그대로 사용하면서 제휴기업의 유통망과 유통노하우를 활용하는 방식이다. 위탁기업은 수탁기업의 뛰어난 판매능력을 이용해 시장지배력을 강화하고, 수탁기업은 위탁기업으로부터 판매이익 중 일정분을 보장받는한편, 제품의 구색을 갖춘다는 이점을 얻게 된다.

마지막으로 공동규격설정은 두 기업이 상대기업의 현지판매능력을 이용하여 상대시장에서의 판매활동을 강화하기 위해 추진하는 제휴방식을 말하며, 서로 공동의 상품규격을 설정하여 특정판매지역이나 제품에 대해 자유롭게 크로스 마케팅을 전개한다.

[표 10-2] 전략적 제휴의 유형과 특성

유형	목적	종류	특성
기술제휴	기술의 공동개발과 상호교환	공동기술개발, 기술도입 및 교환, 특허공유, 연구참여	기술력격차 해소 용이, 신기술 · 제품의 공동개발, 생산 · 판매제휴로 발전
조달제휴	범세계적 조달활동으로 비용절감 및 조달원활화	생산위탁, 수탁, 부품조달, 단순외주가공	기업의 글로벌화와 연계
생산제휴	생산비 절감 및 자사 브랜드의 시장지배력 강화	공동생산, 생산위탁 · 수탁, OEM · 세컨드소싱	합작형태로 공동판매단계로 발전
판매제휴	상대국 시장접근 및 판매강화	공동브랜드, 판매위탁, 공동규격 설정	판매지역 · 제품의 선택적 활용으로 교차마케팅

2) 전략적 제휴의 동기

(1) 자원과 위험의 공유

기업들은 전략적 제휴를 결정할 때 자사가 보유하지 못한 경영자원을 보유한 기업들과 전략적 제휴를 시도하려고 한다. 여러 연구결과들에 의하면 이렇게 서로 보유하지 못한 경영자원의 공유를 위한 상호보완적인 전략적 제휴가 그렇지 않은 경우에 비해서 상대적으로 성공확률이 높은 것으로 나타나고 있다. 또한 급속하게 진행되는 기술의 발전으로 인해서 기업에서 부담해야 할 연구개발(research and development)비용이 증가하는 상황이다. 이러한 상황하에서 대규모 연구개발 및 생산시설에 대한 투자비용이 너무 막대하기 때문에 기업의 입장에서는 전략적 제휴를 고려하게 된다. 특히 고정투자비용이 많이 드는 자동차산업과 항공산업 및 생명공학 관련산업 등 첨단산업분야에서의 전략적 제휴가 활발하게 일어나고 있다.

(2) 신제품 개발과 시장진입의 속도단축

기업들이 신제품을 개발하여 시장에 출시하기 위해서는 일정한 시간이 소요되는데, 경쟁기업이 미리 자사가 신제품을 시장에 출시하기 전에 먼저 시장을 선점하게 되면 경쟁우위를 갖기가 어려워진다. 특히 요즘과 같은 디지털경제 기반 위에서 하루가 다르게 변화하는 시장환경하에서 이러한 현상은 더욱 두드러지게 나타난다.

특히 경쟁기업에 비해 더 빠르게 제품을 출시하는 기업일수록 이로 인해서 더 높은 수익을 보장받을 수 있고, 여러 가지 초기진입자(first mover's advangage)의 우위를 누릴 수 있게 된다. 이렇게 경쟁기업들과의 경쟁에서 보다 빨리 신제품을 개발하고 시장에 진입하려면 이에 필요한 비교우위가 있는 경영자원이 필요한데, 이러한 경영자원을 모두 보유하고 있는 기업은 흔하지 않다. 또한 만약 어떤 기업이 이러한 모든 경영자원을 보유하고 있다고 하더라도 다른 기업과의 전략적 제휴를 통해서 시장진입시간을 단축할 수 있다.

(3) 산업표준의 선택

여러 산업에서 전략적 제휴와 국제합작투자가 일어나는 이유 중 하나는 기술의 표준화를 위해서이다. 그 대표적인 사례로 VCR산업에서 SONY의 실패사례를 들 수 있다. VCR산업에서 일본의 SONY와 Matsus-hita가 산업표준화를 위해서 경쟁하였는데, SONY가 개발한 베타방식의 기술은 Matsushita의 자회사인 JVC가 개발한VHS 기술에 비해서 품질면에서 더 우위에 있었지만, SONY는 자사의 베타방식을 다른 경쟁사들에게 라이센싱하는 것을 기피하였다. 한편 SONY에 비해 기술적인 열위에 있던 JVC는 VHS방식을 경쟁사들에게 자유롭게 라이센싱하였는데, 그 결과 호환성(compatibility)의 문제 등으로 인하여 VC산업에 있어서 SONY의 시장점유율은 감소하고, SONY는 베타방식을 포기하게 되었다. 위에서 언급된 SONY 사례에서 보듯이 전략적 제휴를 통하여 산업표준을 결정하는 것은 기술적 환경이 급변하는 산업에서 기업들에게 중요한 부분이 된다.

(4) 기업의 유연성 확보

전략적 제휴를 통해서 기업의 유연성을 확보한다는 의미는 쇠퇴기에 있는 산업에 있어서 기업이 시장에서 철수하기보다 합작투자를 하여 기업을 운영하면서 다시 그산업의 환경이 좋아지게 되면 계속해서 그 산업을 시장에서 유지할 수 있다는 의미이다.

3) 전략적 제휴의 운영기법

(1) 파트너선정

성공적인 전략적 제휴를 위해서 가장 중요한 것은 파트너선정의 문제인데, De la sierra는 파트너선정시 고려해야 할 사항을 다음과 같이 강조하였다.

가. 양립성

양립성(compatibility)이란 양기업의 전략과 기업문화 및 경영관리 시스템 측면에서 서로 모순되거나 이해가 상반되지 않는가 하는 점을 의미한다. 전략의 양립성을 검증하기 위해서는 파트너의 현존하는 제휴 네트워크를 살펴 보아야 한다. 예를 들어 파트너가 자사의 경쟁기업과 밀접한 네트워크를 형성하고 있다면 기술이나 정보유출의 가능성이 있으므로 제휴가 끝나는 것을 가정하여 파트너선정을 결정하여야 한다. 기업문화의 양립성에 있어서 국제합작투자나 전략적 제휴는 각 나라별로 문화적 차이가 있기 때문에 더더욱 고려해야 할 사항이 된다. 경영관리 시스템의 양립성 부분은 의사결정의 집권화와 분권화 및 배당정책 등 여러 가지 경영관리 시스템들이 갈등의 소지가 있기 때문에 신중하게 고려해야 한다.

나. 능력

능력(capability)이란 전략적 제휴시 파트너가 가지고 있는 경영자원과 핵심역량(core competencies)을 파악하는 것을 의미한다. 국제합작투자와 전략적 제휴에서 파트너의 능력과 핵심역량을 평가하는 것은 자사가 보유하고 있는 약점을 보완하고 강점을 강화하는 것이 중요하기 때문이다. 핵심역량의 관점에서 합작투자나 제휴를 보면 파트너끼리 각자 취약한 분야에 상대방이 핵심역량을 보유하고 있는 것이 바람직하다고 할 수 있다.

다. 몰입도

몰입도(commitment)란 제휴 파트너가 얼마만큼 시간과 에너지 및 경영자원을 열심히 투입하는지를 의미한다. 아무리 제휴 파트너가 핵심역량과 경영자원을 보유하고 있고 양기업의 경영관리 시스템과 기업문화가 경영자원을 보유하고 있고 양기업의 경영관리 시스템과 기업문화가 양립성이 높더라도 제휴 파트너의 몰입도가 약하면 제휴의 성공가능성은 낮아진다. 이를 위해서는 먼저 제휴 파트너의 전략적 제휴가 핵심사업분야에서의 제휴인지 또는 주변사업분야에서의 제휴인지를 파악하는 것이 중요하다.

4) 국제합작투자

다국적기업이 해외직접투자(foreign direct investment)를 통해 현지기업의 경영에 참여할 때 그 기업의 지분을 100% 소유하면 단독투자가 되고, 100% 미만을 소유하면 합작투자(joint venture)가 된다.

(1) 합작투자기업의 유형

합작투자기업의 투자자본의 유무와 파트너의 대상 및 소유권의 정도에 따라서 분류할 수 있다.

첫째, 투자자본에 의한 분류는 계약형 합작투자기업과 소유형 합작투자기업으로 분류할 수 있다. 계약형 합작투자기업(contractual joint venture)은 투자국의 기업이 투자대상국 정부 또는 출자자에게 자본 · 장비 · 공업소유권 · 기술지원 · 노하우 등을 제공하고 그 대가로 생산 · 판매 · 이윤 또는 기타 조건에 따라 로열티를 받는 형태이다. 소유형 합작투자기업(equity joint venture)은 둘 이상의 출자자가 기존기업의 자본에 참여하는 경우도 있지만, 일반적으로 각 출자자가 자본의 일정 비율을 출자하여 새로운 기업을 설립한다.

둘째, 합자기업은 파트너의 대상에 따라서 제3국 기업체와의 합작투자기업, 투자대상국 사기업체와의 합작투자기업, 투자대상국 정부기관과의 합작투자기업으로 분류할 수 있다. 제3국 기업체와의 합작투자기업이란 투자국의 기업이 투자대상국 이외의 외국자본과 결합함으로써 합작투자의 형태를 이룬 기업을 말한다. 투자대상국 사기업체와의 합작투자기업이란 투자국기업이 투자대상국의 사기업체와 합작투자를 이룬 형태를 말한다. 투자대상국 정부기관과의 합작투자기업이란 투자국의 기업이 현지정부 또는 정부소유의 기업과 합작투자의 형태를 이룬 기업을 의미한다.

셋째, 합작투자기업은 소유권 정도에 따라 분류하는 방법인데, 일반적으로 의결권부 주식(voting stock)의 95% 이상 소유를 완전소유(complete ownership),

50% 이상 95% 미만 소유를 다수소유(majority owenership), 50% 미만 소유를 소수소유(minority ownership)로 정의할 수 있다.

(2) 합작투자기업의 장점

합작투자기업은 다음과 같은 장점이 있다.

❶ 투자대상국이 특정산업이나 자산의 외국인 매입을 금지할 때, 외국기업의 입장에서는 합작투자형식을 취하여 목표를 달성할 수 있다.

❷ 투자대상국 파트너의 기존판매량과 거래상 관계를 추가적인 투자없이 획득할 수 있다.

❸ 현지 파트너를 통해서 기술과 경험을 겸비한 노동력을 활용할 수 있다.

(3) 합작투자기업의 단점

투자국기업의 입장에서 볼 때, 합작투자기업의 단점으로는 다음과 같은 것들이 있다.

❶ 완전소유에 의한 진출시 이윤을 현지 파트너와 함께 나누어야 한다.

❷ 현지 파트너와의 갈등을 야기할 소지가 많다.

❸ 현지에서 자본동원능력이 떨어질 수 있다.

5) 인수 · 합병의 개념

합병(merger)이란 한 기업이 다른 기업을 흡수하여 한 개의 기업이 되는 것을 의미한다. 합병에는 흡수합병과 신설합병이 있다. 흡수합병은 한 기업이 다른 기업을 완전히 흡수하는 형태이고, 신설합병은 통합된 두 기업이 완전히 없어진 후 새로운 기업이 탄생하는 형태를 말한다. 인수(acquisition)는 피인수기업을 그대로 존속시키면서 경영권을 행사하는 방법을 말한다.

6) 인수 · 합병의 동기

(1) 시장진입시간의 단축

기업이 해외시장에 신설투자로 진입하려면 많은 시간과 비용이 소요된다. 하지만 인수 · 합병의 형태로 해외시장에 진출할 경우 그 기업은 피인수기업이 보유하고 있는 공장설비 · 브랜드 · 유통망 등을 단기간에 획득할 수 있다.

(2) 경영자원의 획득

해외인수 · 합병을 하게 되면 현지의 유통망과 고객에게 접근하기가 용이하고, 현지국의 공개시장에서 얻기 어려운 무형의 자원획득이 가능하게 된다. 또한 기존의 경영자를 활용하는 경우 현지사업의 환경을 다루는 경험을 획득할 수 있다. 따라서 해외경영의 경험이 적은 기업이나 현지시장에 대한 정보가 부족한 경우에 인수 · 합병은 적절한 시장진입방법이 될 수 있다.

(3) 성숙산업에서의 시장진입

인수 · 합병은 산업 전반적으로 유휴시설이 많은 산업에서 선호되는 시장진입방식이다. 특히 생산시설이 포화상태에 있는 산업에 신규진출 하고자 할 때, 공장을 새로 건설하여 산업 내에 과잉생산설비를 만들 필요가 없다. 또한 이와 같은 성숙산업에서는 높은 시장진입장벽이 존재하기 때문에 인수 · 합병이 효과적인 진입방법이 될 수 있다.

(4) 사업다각화전략

다각화(diversification)란 기업이 다른 여러 산업에 참여하는 것을 의미하는데 이러한 신규산업진출도 인수 · 합병의 동기가 될 수 있다. 하지만 투자가가 전혀 경험이 없는 분야라면 실패위험이 증대될 수 있다.

7) 인수 · 합병의 유형

(1) 수직적 인수

수직적 인수(vertical acquisition)는 수직적 통합 형태로 이루어지는 인수를 말한다. 수직적 인수에는 후방통합형과 전방통합형이 있다. 후방통합(backward vertical integration)형 인수는 원자재나 주요부품을 공급하던 기업을 인수하는 것이며, 전방통합(forward vertical integration)형 인수는 고객이나 유통망을 인수하는 것을 말한다.

(2) 수평적 인수

수평적 인수(horizontal acquisition)는 기존의 경쟁사를 인수하는 것을 의미한다.

(3) 제품확장형 인수

제품확장형 인수(product extension acquisition)는 제품 라인이나 브랜드, 혹은 기술분야를 확대 · 보완하기 위한 인수를 의미한다. 다각화를 통한 성장전략의 일환으로 단기간에 제품다각화를 이룰 수 있는 장점이 있다.

(4) 시장확장형 인수

시장확장형 인수(market extension acquisition)는 시장의 지리적 확대를 위해 특정시장에 기반을 두고 있는 기업을 인수하는 것을 말한다.

(5) 복합형 인수

복합형 인수(conglomerate acquisition)는 전혀 다른 산업에 속한 기업을 인수하는 것을 말한다.

제11장

세계 및 국내 크루즈산업 현황과 전망

제11장 세계 및 국내 크루즈산업 현황과 전망

19세기부터 크루즈여행은 미국, 영국 등 서양에서는 고품질 여행상품으로 보편화되었지만, 국내 크루즈여행은 상품의 비친숙성, 비용부담, 근거리. 중소규모 운항 등으로 국제적인 크루즈산업과 비교해서 경쟁력이 매우 미약하다고 할 수 있다.

특히, 아시아 지역은 지속적인 경제성장과 차별화된 문화와 관광거리로 크루즈여행을 할 만한 인구가 약 5억 명에 이를것으로 전망되고 있는 만큼 한국, 중국, 일본 등 동북아지역의 교류협력증진과 역내 관광시장 규모의 증가는 크루즈여행의 새로운 기회가 될 것으로 전망되며, 국민소득 증대, 여가시간의 증대 등으로 인하여 국내의 크루즈여행은 새로운 관광상품으로 자리 잡을 것으로 전망된다.

따라서 국내 크루즈산업이 발전하기 위해서는 크루즈여행산업의 전략적인 육성, 한국. 중국. 일본 간 연계관광의 새로운 기회 창출 등을 위해 중장기적인 방안을 마련하여 체계적인 지원체계를 구축하고 세계 크루즈여행시장에 전략적으로 접근해야한다(류기환, 2010, p.13 참조).

1. 국내 크루즈 시장 현황

3면이 바다로 둘러싸인 우리나라는 반도국가의 지리적 특성과 더불어 조선. 해운업 등이 발전한 해양선진국임에도 불구하고 크루즈 관광산업과 관련해서는 아직 초기단계에서 벗어나지 못하고 있다고 할 수 있다. 우리나라 국민의 여가 활동은 산악과 내륙지역을 중심으로 이루어지고 있어 해양관광과 관련된 관광 활동이나 기반시설자체가 발달하지 못하고 있는 실정이라고 할 수 있으며, 관광 활동시기가 여름철 휴가기간에 집중되어 있으며, 휴가기간도 1주일 미만의 짧은 시기에 이루어져 미국이나 유럽에서 판매되고 있는 중장기 크루즈 상품을 이용하는 시장여건과도 매우 큰 차이를 보이고 있다고 할 수 있다.

이에 따라 일반 국민들에게는 크루즈가 생소한 편이며, 크루즈와 관련된 정부의 관련 부처에 따라 크루즈사업의 인.허가 및 사업운영과 관련된 제반사항에 대하여 서로 다른 입장을 가지고 있어 실제 사업을 집행하는데도 다소 어려움이 있다고 할 수 있다.

국내 크루즈시장은 1998년 금강산 크루즈사업으로 시작되었는데, 이후 2001년 스타크루즈사는 부산과 평택 등을 기점으로 우리나라에 정기적으로 취항하여 중국-일본을 연계로한 크루즈상품을 통해 동북아 크루즈라인을 개척하려 하였으나 수익성 부족 등으로 인하여 현재 운항이 중단된 상태이다.

현재는 우리나라의 크루즈시장 규모가 2011년 약 16만 명에서 2020년에는 약 28만 명으로 연평균 약 6% 정도 증가할 것으로 전망되고 있다. 국토해양부의 연구 결과에 따르면 우리나라의 크루즈시장은 북미지역과 비교하면 아직은 활성화되지 못한 측면이 있지만 소득 및 여가시간의 증가 등에 따른 크루즈 수요의 증가가 예상되고 크루즈 산업이 고부가가치 신성장동력으로 주목받고 있다고 할 수 있다. 또한, 현재 우리나라에서 크루즈 전용 부두를 확보하고 있는 항으로는 부산항과 여수항이 있으며, 제주항은 현재 공사 중에 있다.

국토해양부에서 예측하고 있는 우리나라 크루즈시장 규모 전망은 아래의 표와 같다.

[표 11-1] 우리나라 크루즈시장 규모 전망

연도	국제크루즈 관광수요	연안크루즈 관광수요	총 크루즈 관광수요
2011	121,665	39,019	160,684
2012	131,510	39,463	170,973
2013	141,868	39,907	181,775
2014	153,033	40,351	193,384
2015	165,056	40,795	205,851
2016	177,627	41,238	218,865
2017	191,166	41,682	232,848
2018	205,548	42,126	247,674
2019	220,762	42,570	263,332
2020	237,153	43,014	280,167

자료 : KMI(한국해양수산개발원), 2009.

2. 국내 크루즈 상품판매

우리나라에서 판매되고 있는 대부분의 크루즈 상품은 해외 유명 크루즈선사의 한국대리점(GSA : General Sales Agent)을 통하여 판매가 이루어지고 있다. 이밖에도 국내여행사에서 해외여행패키지 상품의 형태로 크루즈 상품을 판매하고 있지만, 이것은 해외 크루즈선사의 상품을 판매하는 것이 아니라 한국 대리점의 상품을 판매하기 때문에 현지 판매사의 형태는 아니라고 할 수 있다.

크루즈 상품은 한국대리점과 일반여행사을 통하여 상품의 특성에 따라 개별 크루즈와 패키지 크루즈 상품으로 구분되어 판매되고 있다. 우선 개별 크루즈 상품은 크루즈 선내 활동만을 포함한 상품으로 크루즈 출항까지의 항공료 및 체재비가 포함되어 있지 않다. 따라서 기항지까지는 이용객 스스로 교통수단을 선택해야 되기 때문에 우리나라 관광객들이 이용하기에는 불편한 부분들이 있다고 할 수 있다. 하지만, 패키지 크루즈 상품은 기존 개별 패키지 상품과는 달리 일반 크루즈 상품에 출항지까지의 항공편이 모두 포함된 가격으로 판매된다. 이는 출항지 이외 국가의 이용객을 대상으로 마련된 상품으로 크루즈 상품가격에 출항지까지의 왕복 항공료 및 숙박료가 포함된 상품이다.

우리나라에서 판매되고 있는 패키지 상품은 아시아 지역을 기항하는 상품으로 대부분 지중해, 알래스카, 유럽을 기항하는 일정으로 구성되어 있으며 국내 여행업계에 따르면 해마다 해외 크루즈를 이용하는 고객은 약 5,000명 정도로 추정되고 있으며, 해마다 증가하고 있는 추세라고 할 수 있다.

3. 국내 크루즈 시장 규모 전망

한국해양수산개발원(2009)의 연구에 의하면, 우리나라 연안크루즈와 국제크루즈 시장규모는 2011년 약 16만 명에서 2020년 약 28만 명으로 증가할 것으로 예측되었으며, 중장기 수요예측결과로는 2009년 이후 2020년까지 약 85% 정도 증가할 것으로 예측되었다.

우리나라의 크루즈 시장은 북미 등과 비교하면 아직 활성화 되지 못하였지만, 소득 및 여가시간의 증대 등에 따른 크루즈 수요 증가가 예상되고 있을 뿐만 아니라 크루즈 산업이 고부가가치 신성장 동력으로 주목받고 있는 만큼 여객 증가 추이를 감안하여 항만별 크루즈 부두관련 계획을 집행할 할 것으로 예측된다.

한편, 크루즈산업은 다른 산업에 비해서 상대적으로 고용유발효과가 크고, 비교적 경제적인 여유가 있는 계층에서 이용하기 때문에 국가 전체의 소비를 진작시킬 수 있는 산업이라고 할 수 있다. 또한, 항공 및 육로관광 등과 연계된 다양한 상품개발을 할 수 있기 때문에 향후 대중화가 이루어지면 국가의 관광수지에도 매우 긍정적으로 작용할 것으로 예측되고 있다.

위에서 언급된 부분과 더불어 앞으로 우리나라에서 크루즈 산업이 대중화되려면 정부의 법률적인 제도정비와 인프라 구축이 매우 중요한 요인으로 작용될 것으로 생각된다.

4. 세계의 크루즈 목적지와 기항항

세계의 크루즈 지역은 승객들이 크루즈를 시작하기 위해 배에 오르는 승선지점(point of embarkation)으로 사용하는 특정한 항구도시를 가지고 있으며, 특정한 지역에서 각각의 크루즈선들은 승객들이 관광, 쇼핑, 문화, 체험활동 등을 하기 위해서 배에서 하선을 하게 되는데 그 정박항을 기항항(port of call)이라고 한다. 또한, 크루즈를 마치는 항구도시를 상륙지점(point of debarkation)이라고 한다. 일반적으로 상륙지점은 승선지점과 같은 항구일 수도 있고 다른 항구일 수도 있다.

5. 세계 주요 지역별 기항지

1) 북미지역 기항지

❶ 알래스카(Alaska)

❷ 북동부(Northeast)

❸ 미시시피강 지역(Mississippi River)

❹ 멕시코태평양 연안(Mexican and Pacific Ocean)

❺ 카리브해(The Caribbean)

❻ 바하마(The Bahamas)

❼ 카리브해 동부, 남부, 서부(Caribbean-Eastern, Southern, Western)

2) 유럽지역 기항지

❶ 지중해 서부(The Western Mediterranean)

❷ 지중해 동부(The Eastern Mediterranean)

❸ 대서양(Atlantic Ocean)

❹ 아일랜드, 영국, 북극해(Ireland, Great Britain, The North Sea)

❺ 발트해(Baltic Sea)

❻ 리버 크루즈(River Cruise)

3) 기타지역 기항지

❶ 중남미(Central and South America)

❷ 태평양(The Pacific)

❸ 아시아(Asia)

❹ 아프리카(Africa)

6. 크루즈산업의 현황 및 향후 전망

세계 크루즈 관광인구는 2006년 기준으로 1,700만 명에 달하며 세계 관광객의 연평균 증가율 3.9%보다 2배 이상 빠른 속도로 증가하고 지난 2001년 크루즈 관광객 1,000만 명 시대 이후 성장률이 연평균 10% 이상 빠르게 성장하고 있다. 지역적으로는 미국을 포함한 북미지역의 관광객이 전체 70%에 해당하는 1,000만 명을 차지하고 있으며, 유럽지역은 25%에 해당하는 380만 명으로 추산되고 있다. 아시아 지역은 크루즈 산업이 성장세를 보이고는 있지만 아직까지는 북미지역이나 유럽지역과 비교하면 상대적으로 매우 크루즈산업의 활성화과 미비한 지역이라고 할 수 있다. 하지만 향후 근거리 크루즈의 활성화, 중국관광시장의 성장 등과 맞물려 크루즈산업이 빠르게 성장할 것으로 기대되는 지역이라고 할 수 있다.

세계적으로 크루즈시장 규모는 레저산업 가운데 초고속 성장세를 보이며 지속적으로 증가하고 있고 향후 전망도 밝은 것으로 예측되고 있다. 특히 공급이 수요를 약 20% 정도 초과해 카리브해와 알래스카를 중심으로 크루즈기업들끼리 할인경쟁도 일어나고 있으며 선박 연령이 높은 선사들은 선박의 노후화를 극복하기 위해 타지역으로 리포지션하려는 시도와 함께 틈새시장 확보를 통한 시장의 세분화를 모색하고 있다. 또한, 제품수명주기상 성장기에 접어든 크루즈산업은 많은 경쟁기업들이 시장에 진입하고 있어 경쟁강도가 매우 높은 편이라고 할 수 있으며 그 경쟁상황에서 시장에서 철수하거나 다른 크루즈기업으로의 인수합병도 일어나고 있다.

크루즈 관광객의 증가와 함께 크루즈 선박의 공급도 급속하게 증가하고 있는데 2007년 Clarkson의 자료에 의하면 전 세계 크루즈 선박은 327척(1,310만톤)이고 이들 선박이 공급하는 선실은 약 34만5천 실 정도이다. 크루즈선의 수용능력은 100~3,100명이고, 평균 선령은 18.2년이다.

최근 대형선(5만톤급)의 집중적인 발주로 인하여 평균 수용능력은 확대되고 선령은 낮아지는 추세인데 선박의 대형화는 승객에게 많은 편의시설과 부대시설을 제공함으로써 발생하는 더 많은 이익을 창출할 수 있기 때문이다.

규모의 경제를 통해 상품가격이 내려가면 크루즈의 대중화가 실현된다는 측면도 있지만, 선박대형화는 도크시설, 수화물, 현지교통서비스, 출입국시설, 기항지의 선석 및 예인서비스, 쇼핑시설, 관광, 의료시설 등의 문제를 안고 있다고 할 수 있다. 1990년대 중반부터 아시아지역에서 싱가폴을 중심으로 근거리 크루즈항로가 개발되기 시작하였으며, 세계 일주 형태의 운항에서 하나의 출항항으로 1~3개항의 기항지를 기항하는 근거리항로 형태로 발전하고 있다. 싱가포르와 홍콩에서 운항하는 크루즈선은 항공과 크루즈를 연계하는 패키지 상품으로 판매가 증대되고 있으며, 항공료와 크루즈선의 운임, 숙박 및 식음료, 기본 부대시설 이용료가 포함되어 있다.

크루즈산업의 시장상황은 30대 연령층의 소득수준이 향상되고 삶의 질에 대한 욕구가 증대되면서 아시아지역은 3~4일 상품, 미주는 5~7일 상품의 단기 패키지 상품이 개발되고 있으며, 아시아 지역이 크루즈의 주요시장인 미주지역과 기간의 차이가 나는 것은 아시아지역 크루즈관광객은 어린 자녀와 노부모를 동반한 형태의 크루즈여행이기 때문이며, 성인 위주의

개인형 크루즈에서 수영장, 전용극장 등의 부대시설을 갖춘 가족형 소형 크루즈로 변모해 가고 있는 추세라고 할 수 있다.

I Carnival

I Royal Caribbean

크루즈산업은 1990년대 이후부터 기존의 고소득층, 고연령층 중심에서 다양한 수요자층으로 시장이 점차 확대되어가는 추세이며, 중저가 크루즈 관광상품의 개발과 판매로 크루즈관광객의 수요는 지속적으로 증가될 것으로 예측된다. 크루즈 선박을 공급하는 크루즈 선사는 세계적으로 약 110여 개 사가 있으나, 세계 3대 크루즈 기업이 전 세계 크루즈 시장을 주도하고 있다고 할 수 있다. 세계 3대 크루즈 기업은 Carnival 그룹, Royal Caribbean 그룹, Star Cruise 그룹으로 전 세계 크루즈 선박의 77% 이상을 차지하고 있다. 세계 4위 크루즈선사인 Louis Cruise와 제5위인 Mediterranean Shipping사를 포함하여 세계 5대 그룹이 보유한 크루즈 선박은 총 155척으로 전 세계 크루즈 선박의 84%를 차지하고 있다(Lloyd, 2007; 노윤구, 2009).

마지막으로, 크루즈 산업은 다른 관광산업에 비해서 상대적으로 아직까지 대중화되지 않은 산업이기 때문에 향후 발전가능성이 매우 높은 산업이라고 할 수 있다. 특히, 우리나라를 비롯한 아시아지역의 크루즈 산업이 북미나 유럽지역에 비해서 시장점유율에 매우 미비하기 때문에 소득과 여가시간의 증대로 인한 관광산업의 발전, 중국관광시장의 빠른 성장 등으로 인하여 매우 빠르게 성장할 것으로 예측되고 있다.

참·고·문·헌

강신겸 외, 동북아관광지도와 한국의 선택, 삼성경제연구소, 2005.

고석면 외, 관광정책론, 대왕사, 2001.

고정민 외, 전략 서비스산업의 경쟁력 강화방안, 삼성경제연구소, 2007

김광근 외, 관광학원론, 백산출판사, 2004.

김도희, 관광학개론, 백산출판사, 2003.

김성용, 관광마케팅, 기문사, 2006

김성용, 여행사경영론, 기문사, 2006

김성혁, 관광마케팅의 이해, 백산출판사, 2000.

김연성 외, 품질경영, 박영사, 1999.

김영규, 여행사경영과 실무, 대왕사, 2001.

김영규, 여행사실무론, 대왕사, 2003.

김인수, 거시조직이론, 무역경영사, 2005.

김재원, 항공사경영론, 기문사, 2004

김종의 외, 마케팅, 형설출판사, 2003.

김진섭, 관광학원론, 대왕사, 1996.

김천중, 크루즈관광의 이해, 백산출판사, 2008.

노윤구, 동해안 크루즈관광 타당성 연구, 대구경북연구원, 2009.

류기환, 크루즈여행실무론, 백산출판사, 2010.

문준연, 마케팅원론, 명경사, 2003.

박기홍 외, 디지털경제와 인터넷혁명, 을유문화사, 2000.

박상수, 국제관광원론, 형설출판사, 2004.

박호표, 신관광학의 이해, 학현사, 2004.

박흥수 · 하영원, 신제품마케팅, 학현사, 2004.

변우희 · 최학수 · 노정철, 실전관광사업론, 형설출판사, 2002.

사단법인 한국마케팅연구원, 마케팅 실천성공살례집II, 2002.

신강현 · 강인숙, 호텔경영학개론, 기문사, 2006

신형덕, 전략경영과 경쟁우위, 시그마프레스, 2007.

신혜숙, 호텔 · 관광마케팅, 대왕사, 2004.

안광호 · 김동훈. 김영찬, 시장지향적 마케팅전략, 학현사, 2005.

안광호 · 한상만 · 전성률, 전략적 브랜드관리, 학현사, 2003

양영종 · 김상훈 · 정걸진, 디지털시대 광고론, 형설출판사, 2003.

양창삼, 조직이론, 박영사, 1990.

원융희 · 박충희 · 이창욱, 최신관광인사관리, 백산출판사, 2004.

이명식, 서비스마케팅, 형설출판사, 2004.

이문규 · 안광호 · 김상용, 인터넷마케팅, 법문사, 2004.

이원우 · 서도원 · 이덕로, 경영학원론, 박영사, 2000

이우용 · 정구현 · 이문규, 마케팅원론, 형설출판사, 2003.

이유재, 서비스마케팅, 학현사, 2004.

이정실, 외식기업경영론, 기문사, 2002.

이정학, 관광마케팅, 기문사, 2003.

이철 · 장대련, 국제마케팅, 학현사, 1999.

임창희, 조직행동, 학현사, 2001.

장대련 · 한민희, 광고론, 학현사, 2002.

장세진, 경영전략, 박영사, 2003.

장세진, 글로벌경영, 박영사, 2004.

전용욱 외, 국제경영, 문영사, 2003.

전인수, 서비스마케팅, 석정출판사, 1999.

정규엽, 호텔. 외식. 관광마케팅, 연경문화사, 2004.

채서일, 마케팅, 학현사, 2004.

최승이 · 이미혜, 국제관광론, 대왕사, 2001.

최태광, 관광마케팅, 백산출판사, 2002.

한상만 · 하영원. 장대련, 마케팅전략, 박영사, 2004.

황규대, 전략적 인적자원관리, 박영사, 2008.

황현철 · 김규헌 · 윤정헌, 21세기 여행업경영론, 기문사, 2003.

Aaker, David A., Strategic Market Management, 6th ed., John Wiley, 2001.

American Marketing Association, "AMA Board Approves New Marketing Definition," Marketing News, March 1, 1985.

Barich and Kotler, "A Framework for Image Management", Sloan Management Review, 1991.

Barlett, C. and S. Ghoshal, Managing Across Borders, Harvard Business School Press, 1989.

Berry, Leonard L, A. Parasuraman, and Valarie A. Zeithmal, "Understnading Customer Expectations of Services", Sloan Management Review, 1991.

De la Sierra, M. Cauley, Managing Global Alliance: Key Steps for Successful Collaboration, Addison Wesley, 1995.

Garvin, David A, "Competing on the Eight Dimensions of Quality", Harvard Business Review, November/December, 1987.

Hofstede, Geert, "National Culture in Four Dimensions: A Research Theory of Cultural Differences Among Nations", International Studies of Management and Organization, 13, Spring-Summer, 1983.

Lovelock and Christopher H., "Classifying Services to Gain Strategic Marketing Insight", Journal of Marketing, 47(Summer), 1983.

Kotler, P. and G. Armstrong, Principle of Marketing, 9th ed., Prentice-Hall, Inc., 2001.

Kurtz, David L. and Kenneth E. Clow, Service Marketing, John Wiley and Sons, 1998.

Miles, R. E. and C. C. Snow, Organizational Strategy, Structure and Process, McGraw-Hill, 1978.

Parasuraman, A., Valarie A. Zeithmal, and Leonard L. Berry, "A Conceptual Mode of Service Quality and Its Implication the Future Research", Journal of Marketing, Fall, 1985.

Porter, Michael, "Competition in Global Industries, Harvard Business School Press, 1986.

Robertson, Thomas S., Innovative Behavior and Communication, Holt Rinehart and Winston, Inc., 1971.

Root, Franklin R., Entry Strategies for International Markets, Lexington Books, 1994.

Shostack, G. Lyun, "Breaking free from Product Marketing", The Journal of Marketing, April 1977.

Terpstra, V., International Marketing 3rd ed., Hinsdale, Dryden Press, 1988.

Zeithmal, Valarie A. and Mary Jo Bitner, Service Marketing, McGraw-Hill Co., 1996..

Bartlett, C.A., and Ghoshal, S.(1989). Managing Across Borders. The Transnational Solution, Boston, MA: Harvard Business School Press.

Birkinshaw, J.M. and Morrison, A.J.(1995). Configurations of strategy and structure in subsidiaries of multinational corporations. Journal of International Business Studies, vol. 26, pp.729-754.

Brooke, M.Z.(1984). Centralization and autonomy. A study in organization behavior, London and New York: Holt, Rinehart and Winston.

Child, J.(1973). Strategies of control and organization behavior, Administrative Science Quarterly, vol. 18(March), pp.1-17.

Garnier, G.(1982). Context and decision making autonomy in the foreign affiliates of U.S. multinational corporations, Academy of Management Journal(December), pp.893-908.

Gates, S.R. and Egelhoff, W.G.(1986). Centralization in headquarters-subsidiary relationships, Journal of International Business Studies, vol. 17(Summer), pp.71-92.

Gong, Yaping(2006). The impact of subsidiary top management team nationality diversity on subsidiary performance: Knowledge and legitimacy perspectives, Management International Review,vol.46, pp.771-789.

Ghoshal, S. and Bartlett, C.A.(1988). Creation, adoption and diffusion of innovations by subsidiaries of multinational corporations, Journal of International Business Studies, vol.19, pp.365-388.

Gupta, A.K., Govindrajan, V.(1991). Knowledge flows and the structure of control within multinational corporations, Academy of Management Review, 16(4), 768-792.

Harzing, A.W.K.(1999). Managing the multinationals: an international study of control mechanism, Northampton, MA: Edward Elgar.

Holm, U. and Pedersen, T.(2000). The emergence and impact of MNC centers of excellence. Mcmillan: Basingstoke, Hampshire.

Jakobsen and Rusten(2003). The autonomy of foreign subsidiaries. An Analysis of headquarter-subsidiary relations, Norwegian Journal of Geography, vol. 57, pp.20-30.

Jarillo, J.C. and Martinez, J.I.(1990). Different roles for subsidiaries: the case of multinational corporations in Spain, Strategic Management Journal, vol.11, pp.501-512.

Kahneman and Tversky(1979). "Prospect Theory : An Analysis of Decision under Risk", Econometrica, 47, p.263-291.

Kought,B. and Sing H.(1988). The effect of culture on the choice of entry mode, Journal of International Business Studies, vol.19, pp.411-432.

Martinez, J.I. and Jarillo, J.C.(1989). The evolution of research on coordination mechanism in multinational corporation, Journal of International Business Studies, vol. 20, No. 3, pp.489-514.

O' Donnell, S. W.(2000). Managing foreign subsidiaries: agents of headquarters, or an interdependent network? Strategic Management Journal, 21, pp.525-548.

Subramaniam and Watson(2006). How interdependence affects subsidiary performance, Journal of

Taggart, J.(1997). Autonomy and procedural justice: A framework for evaluating subsidiary strategy, Journal of International Business Studies, 28(1), pp.51-76.

Taggart, J. and Hood, N.(1999). Determinants of autonomy in multinational corporation subsidiary, European Management Journal, 17, pp.226-236.

Woodcock, C.P., Beamish, P. and Makino, S.(1994). Ownership-based mode strategies and international performance, Journal of International Business Studies, vol.25, No.2, pp.253-273.

Young, S. and Tavares, A.T.(2004). Centralization and autonomy: back to the future, International Business Review, 13, pp.215-237.

국토해양부 홈페이지

삼성경제연구소 홈페이지

한국문화관광정책연구원 홈페이지

저·자·소·개

■ **권 성 길**

- 한국크루즈연구소장, 한국관광대 호텔경영과 겸임교수, 경영학박사

■ **김 성 용**

- 한국관광대 호텔경영과 교수, 경영학박사

크루즈경영론

●발행일
2013년 3월 10일 초 판 인쇄
2013년 3월 20일 초 판 발행

●저 자
권성길 · 김성용

●발행인
한 인 환

●발행처
도서출판 **기 문 사**
서울시 동대문구 용두2동 730-4번지 홍신빌딩 3층
전 화 : 02) 2265-7214, 922-8662~3
팩시밀리 : 02) 922-8772
homepage : www.kimoonsa.co.kr
e-mail : book@kimoonsa.co.kr
등 록 : 1978. 8. 9. NO. 6-0637
ISBN : 978-89-7723-580-9 93320

저자와의 협의하에 인지생략

정가 : 18,000원